LA NOCHE DE LA ESTRELLA.
FANTASÍA ÁRABE

LA NOCHE DE LA ESTRELLA. FANTASÍA ÁRABE

M.ª Lucía Fortes de la Cruz

La noche de la estrella. Fantasía árabe

Ilustraciones de M.ª Lucía Fortes de la Cruz

ISBN: 978-84-9948-520-1
Depósito legal: A-13-2012

Edita: Editorial Club Universitario Telf.: 96 567 61 33
C/ Decano, n.º 4 – 03690 San Vicente (Alicante)
www.ecu.fm
e-mail: ecu@ecu.fm

Printed in Spain
Imprime: Imprenta Gamma Telf.: 96 567 19 87
C/ Cottolengo, n.º 25 – 03690 San Vicente (Alicante)
www.gamma.fm
gamma@gamma.fm

CAPÍTULO I

Todo hombre que se llama Alí no es Alí,
lo mismo que todo objeto redondo no es un roscón de dulce
(Proverbio árabe)

****

—No sé cómo te las arreglas para despertar en mí los peores instintos animales que todos llevamos dentro, eres todo un carácter, lo reconozco; pero ese carácter tuyo ha tropezado con el mío que lo supera en mucho, en muchísimo, sin punto de comparación. Como dice el proverbio árabe: «La mota de arena no puede rivalizar con la piedra».

Con meses de antelación, por diferentes medios de información, revistas de sociedad, radio, televisión y grandes afiches a todo color, anunciaban en árabe, francés, inglés y español la próxima inauguración de L'Etoile, hotel-restaurante-sala de fiestas ubicado en las afueras de Rabat, la bella capital marroquí, en plena naturaleza. Un fabuloso establecimiento concebido exclusivamente para recibir y albergar a la élite.

Hacía más de quince años que *monsieur* Marcel Desbois estaba afincado en Rabat, hablaba el árabe como un nativo y se conceptuaba integrado al medio. Había sabido penetrar en la idiosincrasia de los marroquíes, conocía sus defectos y sus virtudes; entre estas destacaría el enorme concepto que tienen de la familia, el respeto a sus mayores, el gran sentido de la amistad y su proverbial hospitalidad. Era un elegante caballero que contaba con excelentes amistades del país y era bien recibido en cualquier reunión aristocrática, marroquí o francesa, pues todo hacía suponer que gozaba de una bien saneada fortuna; aunque hubiera bastantes escépticos que se preguntasen con fundadas reservas cómo podía ser que una pequeña fábrica de ebonita diese para el tren de vida que él y la hija llevaban. Poseía una fabulosa mansión con planta baja y dos pisos, ocho habitaciones, un grandioso salón, y otras dependencias, rodeada por una gran extensión de terreno, parte ajardinado, parte dedicada a la práctica de la equitación y, por supuesto, una espléndida piscina, y una cuadra donde albergaba cuatro caballos purasangre, más un garaje con dos estupendos coches, un Mercedes Benz negro de él y un Porsche rojo descapotable de ella. Tal propiedad requería un personal que se encargase del mantenimiento, aparte de la servidumbre del hogar y, naturalmente, no faltaban unos ni otros.

Viudo, cincuentón bien conservado, atractivo, vivía con su única hija: Suzanne. Le dominaba el lujo, donde incluía las mujeres hermosas y los caballos de carreras, aunque su mayor debilidad era su hija, su preciosa Suzy, pues, a pesar de ser un hombre bastante egoísta e inconsciente, para él su niña era el centro del universo. En cuanto a ella, era caprichosa y déspota, orgullosa de su belleza y de ser francesa. Buena parte de su joven vida la había pasado en su patria, en París, en un reputado internado francés, pasando las vacaciones con el padre, siempre en territorio elegido por ella, y nunca marroquí, hasta que, recién cumplidos los dieciocho años, dijo que ya no estudiaba más, que quería libertad para divertirse a tope antes de hacerse vieja, y el padre, flojo de ánimo por naturaleza, y más aún con su niña, transigió. En lo que no la complació y se mantuvo firme fue en lo de marcharse de Marruecos para establecerse en Francia, o en cualquier otro lugar donde no hubiera moros. Entonces, a regañadientes, ella se instaló con él en Rabat, en la hermosa mansión, si bien los viajes de placer fuera del territorio marroquí eran harto frecuentes, siempre los dos juntos; aunque en la capital árabe no le faltaban distraimientos a ninguno de los dos, él ya los tenía, y ella enseguida de llegar de París se integró a una pandilla de jóvenes pasando a ser de inmediato la reina indiscutible del grupo donde predominaban los de nacionalidad francesa, y solamente tres españoles y dos ingleses. Todos chicos sin prejuicios, que lo mismo se fumaban un porro que se inyectaban drogas más duras, o copulaban con el amigo o la amiga de turno. Según una de ellas, Antoinette, lo único que importaba era que el tal tuviese un buen pene. En la pandilla no había ni un solo marroquí, al llegar Suzanne sí había cinco, chicos asaz bien, de pudientes y respetadas familias marroquíes; pero ella les menospreció tanto que al final optaron por alejarse en busca de nuevos horizontes. Porque Suzanne Desbois no soportaba a los árabes en general y a los marroquíes en particular, les tenía tirria. Por otra parte, para no pecar por omisión forzoso es aclarar, que, a pesar de sus ansias por divertirse a tope, por muchas cosas no pasaba: las drogas le daban pánico, y el sexo, imaginárselo sin amor, únicamente por un hipotético placer, le daba repugnancia. Pensaba que era hipotético porque no concebía que, sin estar enamorada, pudiera existir el gozo que sus amigas proclamaban, poniendo los ojos en blanco. Y no le importaba que tanto ellas como ellos, llevando las voces cantantes Antoinette y Frederic, que a este último lo que le reconcomía era el despecho porque no la había conseguido, la hubiesen llamado más de una vez estrecha, porque a ella, según palabras textuales, tales opiniones le importaban menos que un pimiento pocho. Respecto al hecho de estar creída de su persona, lo cierto es que tenía sobradas razones para ello, era preciosa: piel trigueña, óvalo del rostro perfecto, nariz cortita y recta, boca mediana de labios gorditos (comestibles, según los amigos, incluido Frederic.) Ojos muy grandes, verdes (diabólicamente verdes, también en versión de los amigos, incluido Frederic) con las pestañas largas, espesas y curvadas, y negras como las cejas, lo cual resultaba asombroso, pues que los cabellos de la exquisita criatura, aparte de muy rizados, eran rubios como rayos de sol. El cuerpo también de una hermosura casi increíble: uno setenta, preciosos senos pujantes, cintura estrecha, trasero y caderas redondeados y largas piernas maravillosamente torneadas.

La víspera de la inauguración de L'Etoile se hallaban padre e hija frente a la mesa donde acababan de desayunar, ambos a punto de salir hacia diferentes lugares y por distintos caminos, cuando él inició una conversación. Se puso a contarle que había hecho grandes mejoras en la fábrica, que había traído maquinaria moderna de Francia, y que como todo costaba mucho dinero se había asociado a un capitalista.

A ella nada de aquello le importaba, su única misión en la vida era gastar alegremente el dinero que papá ganaba, cómo lo ganaba no era de su incumbencia; pero lo de la sociedad la sorprendió y le desagradó:

—No me convence la idea de que te hayas asociado a nadie, pero si lo has hecho tus razones tendrás. Supongo que habrá sido a un compatriota. Si era eso todo lo que tenías que decirme por mí está bien, me voy...

Y él, con evidente inseguridad, la retuvo, contestando que no era solo aquello lo que quería decirle y que no se había asociado a un compatriota. Tal y como estaban las cosas en Marruecos no existían muchos extranjeros que se arriesgasen a invertir dinero en sociedades, él porque estaba afincado desde hacía mucho tiempo y le iba muy bien, en la fábrica contaba con mano de obra barata y obtenía buenos beneficios...

Suzanne se hallaba impaciente porque la conversación no le interesaba y estaba retrasando su salida. Pero él, aun percatándose de su creciente nerviosismo, continuó explicándole que se había asociado a un hombre de gran prestigio en los medios financieros de Marruecos y de muchas otras partes del mundo: Francia, España, Londres, New York...: sidi Cheik Abdelkrin, un gran personaje con prósperos negocios e industrias: aceros, textiles, metales preciosos... Poseía avión propio, yate, fabulosas mansiones, un palacio en Marrakech...

—... Y un castillo no estoy muy seguro dónde, creo que entre Taza y Oujda...

—¿Es que no tenemos dinero en el banco? —dijo solamente ella contrariada.

Ante la directa pregunta de la hija le ocurrió lo de siempre, se acobardó, y en lugar de hablar claro de una vez, optó por lo fácil, se apresuró a soltar lastre:

—¡Por supuesto que tenemos dinero en el banco!

—Entonces tú sabrás lo que haces, pero me sorprende y me fastidia horrores que te hayas asociado con un moro.

—No debería sorprenderte, hace tiempo te comenté que todos los europeos con negocios en Marruecos estábamos obligados a admitir en sociedad a un marroquí...

—Sí, pero también añadiste que por tu parte no había caso porque todos tus empleados son moros.

—Cariño, en una sociedad lo importante es el capital que pueda aportar el socio y ese personaje tiene para invertir en negocios y para regalar a manos llenas si le da la gana; figúrate que en los medios financieros marroquíes se ha puesto de moda una anécdota, dice así: «El país va muy pobre y las arcas de palacio están vacías, el sultán va a tenerle que pedir un préstamo a sidi Cheik Abdelkrin». —Terminó riendo él solo.

—No te dejes engañar por las apariencias, que esas gentes son muy ladinas, llevan unos cochazos impresionantes, te parece que son millonarios y el coche lo deben y en el banco tienen la cuenta en números rojos.

—Si aludes a ese caballero te diré que suena a disparate.

—¡Vaya, ese caballero! Ya veo que te ha comido el coco. Ojalá sea yo la equivocada y no tengas que arrepentirte de haberte asociado a un moro. Pero escúchame bien, no vaya a creerse el tipo que porque le has admitido como socio es igual a nosotros, ni se te ocurra la idea de presentármelo.

—¿Por qué eres tan intransigente?

—Soy realista. Sabes muy bien cómo pienso, si por mí fuera en esta casa no entraría ninguno, ni para limpiar, ni para atender el jardín o la cuadra. Claro, que si por mí fuese no viviríamos en Marruecos porque todos son unos sátiros que miran a las mujeres europeas con hambre; te consta que no miento.

—¡Sí mientes! Entre los moros, como en todas las razas, hay buenos y malos, y te aseguro que cuando un moro sale bueno lo es de verdad, mejor que nosotros los franceses. Si un pobre tiene para tomar nada más que un vaso de té y ve a otro más necesitado que él, se lo da. Pero dejemos esa cuestión

—continuó él, que finalmente se había armado de valor e iba a decirle lo que en realidad deseaba—: Verás, cariño, no deseo que le des a la cuestión más importancia de la que tiene...

—Menos circunloquios y al grano, mis amigos estarán aburridos de esperarme.

—Voy a ello. Como sabes, mañana es la inauguración de L'Etoile, sidi Cheik Abdelkrin es uno de los invitados de honor y ha tenido a su vez la gentileza de invitarnos a ti y a mí a pasar la velada en su compañía.

Seguramente consiguió terminar de hablar porque fue tanta la incredulidad e indignación de ella que no pudo ni interrumpirle; mas después saltó como si la hubiese mordido una víbora, los verdes ojos relampagueantes:

—¿Que ese moro se ha atrevido a invitarme a pasar la velada con él...?

—Bueno, no te ha invitado, digamos directamente...

—¿Has olvidado lo que acabo de decirte?

—Por favor, hija, comprende que yo no te diría de salir con una persona que no fuese digna, ni yo saldría tampoco.

—¡Vaya velada divertida que iba a pasar con mi padre y un viejo moro!

—No estarías obligada a permanecer todo el tiempo con nosotros...

—¿Para qué continúas si sabes que es inútil?

—Se trata de un gran señor, Suzanne, un hombre muy educado, correctísimo e inteligente; ha cursado estudios superiores en Francia e Inglaterra; es políglota, sabe muchos idiomas, y es un portentoso filósofo, ha publicado varios libros que han merecido críticas extraordinarias. Posee una conversación amena, cultivada y, aunque árabe, no profesa la religión islámica, es católico, y un hermano que tiene también. Te aseguro, hija mía, que es un hombre de gran valía, y humanitario, posee una Fundación-Hogar...

—¿Quieres dejar de hacer apología de semejante individuo? ¡Mis amistades las elijo yo, quédate con las tuyas que yo no te impondré las mías, mañana iré a la gala de L'Etoile con quienes me dé la gana y tú ve con ese moro, o con cien moros si se te antoja, pero te lo repito, ni se te ocurra presentármelo porque te dejo con la palabra en la boca! ¿Está claro?

Sin decir más ni esperar a que lo dijera el padre, que solo asintió con la cabeza, se puso en pie. Seguida por él fue a la puerta, abrió, salió al porche, bajó deprisa los tres escalones que había y se fue casi corriendo hacia el garaje, mientras él se quedaba parado en el porche, mirándola.

Iba ataviada con *leggins* negros y niqui holgado de punto color marrón, bolso en bandorela y zapatos de altísimos tacones, verdes. Llevaba la frondosa cabellera a su aire.

—Qué bella es, qué exquisitez de criatura... ¡Pero qué soberbia!

Estaba muy preocupado; pero no podía hacer más, aun sabiendo de antemano cuál iba a ser la reacción de la hija, lo había intentado; en cierto modo mintiéndole, pues sabía que el prepotente y sensual moro le había invitado a él solamente como un medio, que a quien verdaderamente quería conocer y ver a su lado era a ella...

—... Pasaré una encantadora velada con esa hija tan bella que dice usted que tiene, será para mí un gran placer y un alto honor...

Siendo algo que no parecía transcendental, puesto que la hija era muy dueña de aceptar o rechazar las invitaciones que le diera la gana, la cuestión le tenía sumido en un mar de inquietudes. No sabía cómo proceder en consecuencia, no sabía cómo transmitirle al árabe la negativa de ella; y, seguramente, estaba haciendo una montaña de un grano de arena, pues no creía que el marroquí tuviese un gran interés en el asunto, habida cuenta de que ni siquiera la conocía; y esto era estupendo, porque así si a la noche siguiente se encontraban por casualidad, como no sabría de quién se trataba no habría problema. ¿Cómo iba a imaginar que aquella joven era Suzanne Desbois? Aunque él, orgulloso como todo padre que se precie, le hubiese hablado bastante de ella: que era bellísima, rubia con los cabellos largos y ensortijados, los ojos verdes y las pestañas y las cejas negras...

Pero aun así no había por qué amontonarse. L'Etoile era muy grande, con tanta gente como habría sería una gran casualidad que se encontrasen, aparte de que no creía que entre tantas chicas bellas, que no faltarían, por supuesto marroquíes, y extranjeras residentes en el país, y muchas llegadas de fuera, fuese ella la única con los cabellos largos, rubios y rizados y los ojos verdes con las pestañas y las cejas negras; y, por su parte, con hacerse el ignorante, como si no conociera a la hija...

Tantas cábalas porque tenía que decirle a aquel tal sidi Cheik Abdelkrin que la hija no iba a acompañarles parecía exagerado; pero él se entendía; tendría que estrujarse las meninges para hallar la frase convincente de manera que el personaje a quien sabía con gran orgullo de casta no se sintiera en modo alguno menospreciado. Lo peor que había hecho había sido esperar hasta el último momento, porque ahora el tipo se había confiado y no iba a tener tiempo para invitar a otra.

El asunto requería sumo tacto, extremada moderación.

CAPÍTULO II

Al que se sustrae a tu vista por un hilo
opón a su mirada un muro
(Proverbio árabe)

La inauguración de L'Etoile fue un éxito y Suzanne Desbois se divirtió mucho con sus amigos; aunque no tanto como en principio presagiaba la noche. Llegaron a reunirse veintidós jóvenes de ambos sexos, alegres, escandalosos, dispuestos a todo con tal de divertirse. Por supuesto, entre el elemento femenino había chicas muy bonitas, pero ella las eclipsaba a todas, pues aparte de que era preciosa poseía algo, un peculiar dinamismo, una vitalidad desbordante, un brillo felino en las verdes pupilas, una belleza salvaje en la alborotada y rizada cabellera rubia...; algo especial que estaba en el conjunto y que no tenían las otras; aunque también las hubiera bellas. Sin importarles que la mayoría de las féminas llevasen vestidos largos de *soirée* todas iban muy cortas, Suzanne Desbois, con un *mini-robe* confeccionado en un tejido que parecía plata líquida, estaba bellísima, y cuando, al compás de la estridente música, se movía con gracia sin igual en la pista, contorsionándose con una elasticidad increíble, las bellísimas piernas enfundadas en pantis igualmente plateados, quedaban completamente al descubierto ofreciendo un espectáculo digno de admirarse, y lo admiraban bastantes caballeros, solos o acompañados, con disimulo o sin él, seguían con los ojos los movimientos de las extraordinarias extremidades y el vibrar de los preciosos senos que se adivinaban sin sujetador ni trabas de ninguna clase bajo el liviano tejido del vestido que por delante le llegaba hasta el cuello y por detrás le dejaba la espalda completamente libre; una espalda lisa, de piel satinada, y lo mismo que los redondos hombros y los brazos de un tono trigueño natural, sin afeites de ninguna clase. La larga, rubia y rizada cabellera, a su aire, sin más sujeción que una ancha banda, igualmente plateada, ciñéndole la frente.

El grupo no eligió mesa, se fueron directamente a la barra y allí estaban.

Desde que entró en el grandioso salón profusamente iluminado Suzanne vio a su padre en compañía de otro hombre, sin duda el socio moro. Aunque había mucha gente se trataba de un público selecto y no había nadie andando por doquier, todos estaban correctamente sentados ante las mesas, la que ocupaban los dos estaba muy bien situada: frente a la barra y no lejos de la pista de baile. En aquella ojeada Suzanne vio que el sujeto tendría algo menos de treinta años; no sabía por qué cuando su padre le habló de él se figuró que se trataba de un viejo moro, y no, moro sí, pero de viejo nada, y hasta podría ser que aparentase más edad porque llevaba bigote y barba, aunque muy bien recortados. Iba de etiqueta, como casi todos los concurrentes masculinos excepto otros árabes, que algunos llevaban túnicas.

En un momento dado, cuando la orquesta iniciaba una melodía según los jóvenes apta para carrozas, sucedió algo que, si bien no cambió el curso de la historia universal, sí influyó extraordinariamente en el inminente futuro de Suzanne Desbois. Aunque ella al principio no le dio al asunto la importancia que requería, ni remotamente pudo imaginar que unas palabras, que con el fin de hacerle justicia hemos de aclarar fueron impremeditadas, iban a traerle más cola que un planeta en plena órbita estelar. La cosa empezó así: en la mesa ocupada por los dos hombres, *monsieur* Marcel Desbois, que llevaba bastantes minutos fijándose en una madura y espléndida pelirroja, le dijo al árabe:

—Ruego me disculpe, voy a aprovechar este baile.

—Yo voy a hacer igual, a ver si consigo bailar con una *très charmante petite* que posee las piernas más bonitas que he visto en mi vida... Bueno, las piernas y todo, porque es una preciosidad de criatura...

Si el francés no hubiera estado tan encandilado con la madura pelirroja se habría dado cuenta de hacia dónde miraba el socio y a qué encantadora pequeña se había referido, pero...

Mientras, segundos antes de que los dos hombres se pusieran de pie para ir a bailar, en el grupo de Suzanne se había entablado una conversación:

—¿Quién es ese estupendísimo pedazo de tío que está con tu padre?

Y ella, que estaba encaramada en uno de los altos taburetes frente a la barra y de espaldas al objetivo indicado, sorbiendo mediante una pajita del líquido rojo que tenía en una alta copa, sin volverse, puesto que no lo necesitaba, replicó con otra pregunta:

— ¿Te refieres al tipo medio negro que parece recién llegado de la selva?

—Seguro que sí, pues con tu padre no hay nadie más, pero le has descrito muy mal... ¡El tío está de muerte!

Ya miraban todos con descaro hacia el lugar en cuestión, excepto ella.

—Los dos se han levantado... Creo que van a bailar.

—¡Vaya tío el moro, me derretiría de gusto entre sus potentes brazos!

—Y ya sabéis lo que dicen, que todos tienen un buen aparato...

—Qué puerca eres, Antoinette —masculló Suzanne sin cambiar de postura.

—A ti lo que te pasa es que eres una estrecha, a mí ese hombre me va una barbaridad, no me importaría que me hiciera un hijo... ¡Ay, qué gustazo!

—Todo lo que vosotras queráis pero se viste como un carroza.

—No seas imbécil, es un hombre elegante, y guapísimo... ¿Es eso lo que te pica, Frederic...?

—Callaos todos, parece que viene hacia nosotros.

Al escuchar la última observación hecha por una de las amigas, Suzanne respingó, porque supuso que si el tipo se les acercaba podría ser porque su padre le hubiera hablado de ella, le hubiese dicho que aquella rubia de tales características era su hija... No, imposible, no creía capaz a su padre de hacer tal cosa, máxime estando advertido. Además, aunque pareciese que el tipo iba hacia ellos, luego podría desviar sus pasos, o que fuera a hablar con cualquier persona, o personas que aparte de ellos había junto a la barra, o a tomar algo allí, o ir al baño que le cogía de paso...

De pronto se percató de que se había producido un gran silencio, ninguno de los amigos hablaba ni reía, y como no les veía se los imaginó expectantes. No le dio tiempo a pensar más porque oyó a su espalda una varonil voz decir en correcto francés:

—*Mademoiselle, s'il vous plaît...*

Fue más intuición que certeza, ya que no podía estar segura de que se estaba dirigiendo a ella, y se hizo la desentendida.

—Suzanne, el caballero te está hablando. —Oyó entonces decir a Marie Rose.

Se volvió con estudiada lentitud, alzando una ceja sobre uno de los verdísimos ojos, mirándole de abajo arriba con toda la displicencia del mundo.

Lo tenía ante ella, exhalando distinción y virilidad por todos los poros de su cuerpo, elegantísimo, con un esmoquin gris perla, en la solapa izquierda una insignia de oro y esmalte negro (niel), camisa de seda blanca con la pechera bordada, en la mano izquierda un espectacular anillo, muy grueso, de oro con un soberbio brillante. Levemente inclinada la cabeza de cabellos negrísimos, algo largos y ligeramente ondulados, sonriente, mostrando los dientes de impoluta blancura entre la también intensa negrura del bigote y la barba, los ojos de un indefinible tono azul grisáceo, mirándola, abarcándola con las pupilas muy brillantes...

Ella no le veía como le hemos descrito. Por muy elegante que fuese ataviado a la europea solo veía un moro, además prepotente, con un halo de superioridad que la irritó y la hizo desear humillarle ante sus amigos a los que sabía a la expectativa, tal vez dudando de que supiera estar a la altura de las circunstancias por tratarse de un marroquí que parecía alguien importante.

—*Et... ¿alors...?* —dijo, increíblemente despreciativa.

Pasando por alto la impertinente e ineducada actitud en gracia a tantos atractivos reunidos en una sola mujer, él, sin perder un ápice de su sonrisa, contestó:

—Sería para mí un alto honor y un gran placer bailar con usted, señorita...

Y la respuesta, como estudiada de antemano, surgió rápida y cortante de entre los bellos labios:

—Por si no se ha dado cuenta estoy con un grupo de amigos y no admitimos injerencias de extranjeros; no me he fijado pero supongo que en el salón habrá mujeres de su raza, tampoco sé si podrá bailar con ellas, pero nada de eso es de mi incumbencia. Baile con quien quiera, o con quien pueda; conmigo no, yo soy francesa.

Más énfasis ni más orgullo imposible, fue como si le hubiese dicho que ella, por ser francesa, era la reina del universo y él por ser marroquí un inmundo gusano; al menos así lo entendió Cheik Abdelkrin, el noble moro.

Aunque los amigos eran bastante intranscendentales, la respuesta sin ninguna educación a la correctísima demanda hizo que todos se sintieran molestos.

La bronceada tez del árabe adquirió un tono rojizo, no de vergüenza sino de cólera, como si tuviese la cabeza repleta de contundentes palabras que ya no podían salir al exterior porque instantáneamente la boca que sonreía se había cerrado con la fuerza de un cepo de hierro. Las claras pupilas se tornaron más oscuras, y las grandes manos se cerraron también, apretando tanto los puños que le blanqueaban los nudillos. Sin pronunciar ni una palabra más, se irguió cuan alto era apabullándoles a todos, dio media vuelta, y con la cabeza arrogantemente alzada se marchó por donde había ido.

Inmediatamente, los alucinados jóvenes se repusieron y fue el disloque:

—¡Has estado bestial, chica!

—Eres fabulosa, macha... ¡La monda lironda!

—Pues yo creo que te has pasado. ¿Te fijastes cómo te miraba? ¿Y las manos? Las cerró como si te estuviera estrangulando con el pensamiento.

—Nadie te obligaba a bailar con él, podrías haberte negado sin despreciarle.

—¿No temes que pueda tomar represalias contra tu padre? Se ve que ese personaje tendrá influencias...

Suzanne, irritada sin saber muy bien por qué ni contra quién, exclamó al fin:

—¡A ver si te crees que mi padre es un don nadie, él también tiene influencias!

—Es posible —dijo entonces uno de los chicos, un español que hasta entonces había permanecido silencioso—, pero no tendrá tanto poder como sidi Cheik Abdelkrin.

Ya todos aseguraban conocer al personje:

—¿Poder sidi Cheik Abdelkrin...? ¡Tanto como el sultán!

—Yo de ti tendría miedo, estas gentes son muy vengativas...

—Dejad de decir bobadas, en el país lo que necesitan son muchos extranjeros como mi padre que da trabajo en su fábrica a más de veinte marroquíes.

—Sí, pero la fábrica se la pueden incautar.

—¿Queréis dejarme en paz? ¡Si tanto le teméis y si a vosotras os gusta tanto, idos todos a consolarle de mi desprecio, yo con que me tocase una mano vomitaría!

—¿Por qué dices esas burradas? ¡Si es un hombre fabuloso!

—¡Una maravilla! ¡Y vaya cuerpazo, quién lo pillara!

—¡Pues os lo regalo, id a sacarle a bailar!

—Eres una exagerada.

—¿Tú también, André...? ¡Entre unos y otros me estáis amargando la noche!

—Yo creo que la noche te la has amargado tú solita, preciosa.

—Calma, la cuestión no es de vida o muerte, olvidemos el incidente. Estamos aquí para divertirnos a lo grande, ¿no? ¡Pues vamos a divertirnos a lo grande!

—¡Bien hablado, Antoinette!

—¡Y yo que creía que no sabías hablar nada más que de penes, orgasmos y cosas por el estilo!

Todos rieron, excepto Suzanne, y como en aquel momento los músicos cambiaron las notas melodiosas por otras con más ritmo, sin más comentarios se fueron todos corriendo hacia la pista, armando bulla, menos ella, que, por esta vez, pasó de baile, y allí se quedó, sola, sentada en el taburete, en la misma postura, de espaldas al salón, terminando de beberse con gesto meditabundo el líquido que le quedaba en la copa. No sabía qué le pasaba, no estaba satisfecha de sí misma, no se sentía feliz.

Cuando *monsieur* Desbois regresó a la mesa que compartía con el marroquí iba acompañado por la bella pelirroja. Un gran error en un hombre de gran experiencia en lides amorosas, pues en cuanto que la hermosa mujer (una dama francesa de paso en el país) tomó asiento junto a los dos hombres, dejó de interesarse por el elegante otoñal para desplegar todo su *charme* en torno al mucho más elegante, más tipazo, más interesante, más guapo y más joven, que era el enigmático árabe, quien a raíz de la escaramuza que sabemos había regresado a la mesa y allí estaba, impasible como una estatua, indiferente a cuantas féminas le invitaban a un acercamiento con prolongadas miradas. Tal comportamiento tenía al francés sumamente intrigado, y contrariado, ya que estaba viendo que su conquista de aquella noche se le escapaba de las manos. Por supuesto, daba por sentado que cuando él salió a bailar haciéndolo con la dama que ahora les acompañaba, el árabe también había bailado, no sabía con quién, porque no le vio en la pista de baile; pero esto no le escamó, a causa de lo grande que era el lugar y porque reconocía que él no había tenido ojos nada más que para su pareja. Lo que menos imaginaba era que al fin se había producido lo que tanto había temido, que la hija y el socio se habían visto y que se había producido un choque de tal magnitud quc habían saltado chispas, y no precisamente de amor. Era mejor que estuviese ignorante del hecho, porque así al menos podría disfrutar de la velada en paz; aunque existió un momento en que la tranquilidad se rompió. Fue cuando con entonación normal, pero que, no obstante, tuvo el poder de sobresaltarle y de marcar un gesto de contrariedad en el maquilladísimo rostro de la dama pelirroja, le preguntó el árabe:

—¿Quién es la *poupée blonde* que está con un grupo junto a la barra?

¡Qué catástrofe! Por un extraño e intrincado azar del destino había ocurrido lo que tanto había temido. ¿En quién había ido a posarse la mirada del sensual moro? En su hija, cuando la sala brillaba de bellas señoras y preciosas jovencitas.

—Me consta que sabe quién es porque observé que cambiaba una mirada con ella —continuó diciendo el árabe—, naturalmente me estoy refiriendo a la chica del cortísimo vestido plateado, si puede llamársele vestido, porque parece una blusa.

El francés logró recuperarse, a ver si conseguía engañar al otro:

—Hay muchas jovencitas rubias, y la mayoría llevan vestidos muy cortos.

—Cierto, hay muchas jovencitas rubias y casi todas con vestidos muy cortos, pero no plateados y, de todas formas, aunque todas las jóvenes rubias que hay en el salón llevaran vestidos muy cortos *argentés*, ninguna es como ella, no se la puede confundir —continuó ahora el árabe, siempre sonriente y amable, pero con un apenas perceptible cambio en la entonación—: no continúe disimulando, sé que la conoce y no me gusta en absoluto que intenten hacerme comulgar con ruedas de molino, como diría un gran amigo mío español —terminó sonriendo, o haciendo como que sonreía.

Inútil recriminar al destino, se dijo el francés, pensando que era en estos momentos que el moro se había fijado en ella, y él no podía continuar negándola. Además, si lo hiciera y después el tipo descubría la superchería todavía sería peor, pues aquel refrán que le había soltado como quien no hace la cosa parecía una amenaza; en fin, mientras que no se le ocurriese que se la presentara todo iría bien y, tras encomendarse a toda la corte celestial, fingiendo despreocupación, exclamó:

—¿Dónde tendría yo la cabeza? ¡Es Suzanne, mi hija! Ya le dije que no podría acompañarnos por estar comprometida con sus amigos...

El árabe hizo un simpático gesto con una mano subrayando su comprensión.

—¡Lo entiendo, *monsieur* Desbois, faltaría más! No podía desairar a sus amigos franceses o de las nacionalidades que sean. De lo que estoy plenamente seguro es de que en ese numeroso grupo no hay ni un solo marroquí, su hija no lo admitiría en su círculo de amistades.

—¡Qué disparate!

—No trate de disculparla, cada uno es muy dueño de pensar como le plazca; no vale la pena continuar con lo mismo y aburriendo a su invitada. Estamos perdiendo el tiempo que debemos dedicar para divertirnos, los negocios pueden esperar.

A juicio de *monsieur* Desbois, a veces Cheik Abdelkrin hablaba de manera enrevesada, no porque no dominase el idioma francés, ya que lo hablaba mejor que él mismo, sino por su manera de expresarse. ¿Qué habría querido decir ahora con aquello de que los negocios podían esperar?¿A qué negocio se había referido? ¿Había aludido a su hija, a su preciosa Suzy, como a un negocio en perspectiva...? ¡Claro que no, qué absurdo! Lo principal era que ni siquiera había sugerido que se la presentara, menos mal, ¡sudores de muerte le entraban solo de pensarlo!

La dama pelirroja miraba contrariada a los dos hombres, pero su faz se iluminó con una amplia sonrisa cuando el impresionante árabe, tras solicitar autorización de *monsieur* Desbois, que se la concedió encantado, de pie ante ella, galante, inquirió:

—¿*Voulez vous danser, madame*?

—Con inmenso placer —contestó ella de inmediato ofreciéndole una mano exquisitamente manicurada.

Mal le había salido la jugada al francés, no obstante, hombre de mundo y buen perdedor, aunque nada hubiera podido hacer teniendo como rival al árabe, al percatarse de hacia dónde disparaba los tiros la excitante mujer, finlmente optó por retirarse dejando el campo libre.

Chek Abdelkrin no era un obseso sexual, pero sí un hombre muy ardiente, de los que jamás desdeñan una aventura amorosa si quien se la ofrece en bandeja es una hermosa mujer. Pero conforme avanzaba la noche le aumentaba la rabia sorda que se le había agazapado dentro del pecho y, como para llevar a buen término ciertos asuntos el estado de ánimo es primordial, llegó a tener la certeza de que si aquella noche tuviera que satisfacer a una mujer en la cama iba a dejar en muy mal lugar el pabellón árabe; aunque aquel pabellón seguro que no quedó muy bien parado, pues no era probable que la bella dama pelirroja se quedara pensando maravillas del fabuloso hombre cuando, finalizada la velada, pasadas las tres de la madrugada sin que él se hubiera permitido ni la menor libertad con ella cuando la llevaba en el coche (un lujoso Cadillac) al hotel donde se hospedaba, y terminando de decepcionarla al rehusar, con exquisita cortesía, es cierto, acompañarla a su habitación para tomar la última copa. Después, solo en el coche camino del Agdal, uno de los barrios más aristocráticos de la capital donde poseía una de sus residencias, el atezado rostro era como una máscara de amenazadora ira. A tales horas apenas había tránsito, podría decirse que la carretera era suya y del potente Riley ocupado por el conductor y dos guardaespaldas que le seguía a corta distancia. Porque a él a veces le gustaba conducir su propio coche. La solitaria carretera del Suissi, brillante a causa de la lluvia que había caído hacía un rato, se le figuraba la pista de baile de L'Etoile, donde destacaban como faros en las tinieblas las preciosas piernas plateadas...

Los pensamientos se le desbocaban sin control.

«Descarada, moviéndose como una loca y enseñándolo todo, hasta la braguita se le veía más clara a través del panti calado plateado, ¿y los senos? Era como si los llevase al aire, se le notaban desnudos bajo el fino tejido de aquella especie de blusa que llevaba por vestido. No los tiene muy grandes, tampoco pequeños, son del tamaño ideal para que las manos grandes de un hombre, como las mías, puedan abarcar uno con cada una y turgentes, vibrantes, enchidos, con los pezones abultaditos, pues lógicamente se le marcaban los pezoncitos. ¿Cómo no si estaba casi desnuda? ¡Cuánto me gustaría raptarla, llevármela ahora mismo a mi chalé y violarla sin compasión, penetrarla brutalmente, hollarla una y mil veces, todas las que me diera la gana, hasta caer exhausto, destrozarla con mi virilidad exacerbada, hacerla gritar de dolor pidiéndome clemencia, a mí, a un moro, y yo desoyendo sus lamentos, sus lloros, gozando con su sufrimiento... ¡Qué inmenso gozo, qué placer de Dioses!».

Algo le hizo reaccionar del demencial ensueño brutalmente erótico. Él, que se había creído aquella noche poco menos que impotente, sintió una tremenda erección.

Se pasó una mano por la frente y la retiró mojada de sudor. Sacó un pañuelo del bolsillo del pantalón y se limpió la frente y la mano.

Respiraba agitadamente, pero ya era consciente de que por unos instantes había perdido los estribos, y se dijo que era contraproducente, que en ningún momento ni circunstancias se debe perder la serenidad, porque ello equivale a quedar inerme ante el enemigo, ya que con la pérdida de equilibrio merman las fuerzas. Las barbaridades que había estado pensando, además de ser indignas de él, que jamás sería capaz de violar a una mujer, tampoco le parecían castigo adecuado para Suzanne Desbois, porque a lo peor se trataba de una golfita moderna que ya están hartas de hacer de todo, y en el hipotético caso de llevar a cabo lo que había pensado, hasta le gustaba a la zorrita... O no, puesto que sería un moro quien se lo estaría haciendo...

Lo mismo que sintió la brutal erección, notó como le bajaba vertiginosamente.

No se tenía por un machista a ultranza, pero lo de la igualdad de los sexos le reventaba. Le gustaba la mujer, mujer; en todos los sentidos: ruborosa, turbada ante las audacias de los hombres... ¡Pero vaya usted a buscar en estos tiempos a una mujer así, a no ser que hubiera estado encerrada en un convento a piedra y lodo!

«Marcel Desbois es un sinvergüenza y le gusta mucho el dinero, sería capaz de venderme a la hija por una buena cantidad de dírhams, y aunque sienta escrúpulos es igual, no podrá hacer nada porque lo tengo dentro de un puño.

»Vaya, vaya, vaya, ¡conque esa es la hija de la que se muestra tan orgulloso ese indigno francés! Perfecto para mí y mala suerte para ti, Suzanne Desbois. Seguramente ya estás en tu casa, acostada, y puede que plácidamente dormida, sin imaginar la que se te viene encima, la negra nube que planea sobre tu cabeza, pues no sabes que yo, Cheik Abdelkrin, jamás he tolerado insolencias de nadie, y no vas a ser tú quien lo haga impunemente. Tú, una ignorante, una estólida, una francesita sin seso hija de un estafador que se dedica a vivir a lo grande engañando a unos y a otros; duerme tranquila lo poco que queda hasta que llegue la mañana, concedámosle una tregua al enemigo vencido de antemano; aunque tú, pobre imbécil, no eres enemigo para mí, no eres nada, menos que una mota de polvo, y el desprecio público del cual me has hecho objeto tratando de rebajarme ante tus preciados amigos voy a hacértelo pagar muy caro; aunque no lo has conseguido, ni lo conseguirás jamás, ni tú ni nadie, rebajar a los de mi casta, a los de mi linaje, al patrimonio de mi sangre noble que me legaron mis ilustres ancestros... ¡Ya verás lo que te espera! ¡Te encerraré a piedra y lodo en mi castillo de Oujda, mi *alcaçaba*, allí te tendré a mi merced y te enseñaré lo que es el respeto, la humildad y el recato femenino! ¡Yo te enseñaré lo que no te ha enseñado ese padre inútil que tienes ni en el reputado internado francés donde dice que te han educado! ¡Yo te educaré a mi manera, como es debido! ¡Yo te bajaré los humos, niñata engreída, francesita déspota y orgullosa! ¡Yo te enseñaré a respetarme y a reverenciarme! ¡Prepárate y tiembla, Suzanne Desbois, porque yo, un moro, voy a hacerte ver las estrellas en pleno día!

»Eres un egocéntrico, Cheik Abdelkrin».

Pero el noble moro desoyó la voz de su razón, tan obcecado se hallaba que no hizo lo que en otras ocasiones, enfrascarse en disquisiciones mentales buscando la verdad, la equidad, la templanza, porque esta madrugada su ánimo había perdido toda imparcialidad serena de juicio, carecía de ecuanimidad, y esto, en un hombre tan temperamental, iba resultar muy peligroso para alguien, sumamente peligroso.

CAPÍTULO III

Si en un juicio el juez te toma ojeriza, humilla la cabeza
y resígnate, nada podrá hacer por ti tu abogado
(Proverbio árabe)

A Suzanne le dio la impresión de que acababa de acostarse cuando la despertó su doncella, y se irritó sobremanera:

—¿Qué pasa, quién te ha dicho que me despiertes?

Connie, la doncella, era tan joven como su señorita; una rubita monísima de ojos azules y facciones pequeñas llenas de encanto francés y una simpatía descarada.

—Me lo ha ordenado su padre, porque tiene usted una visita —contestó recalcando lo último con segunda intención.

—¿A estas horas?

—Son las once.

—¡Vaya cosa! ¿Quién es la estúpida?

—No es la, sino él —replicó Connie, ahora además de maliciosa, misteriosa.

—Frederic, como si lo viera. Ese idiota nunca tiene sueño, parece un vampiro.

—No se trata de ninguno de sus amigos, este es un caballero.

Sin saber por qué Suzanne se hizo enseguida una idea de la identidad de su visitante mañanero. Tal vez porque no tenía la conciencia tranquila; pero aunque ya sentía desazón, trató de bromear:

—O sea, que tú no conceptúas caballeros a mis amigos...

—Perdone, no me he expresado bien, he querido decir que es más hombre.

—¿Sabes que lo estás arreglando?

—Lo que pasa es que su visitante está más hecho, y es guapísimo, impresionante, un fuera de serie, con unos ojazos grises que quitan el hipo y un tipazo que tira de espaldas... Pero no sé por qué le estoy contando nada si usted debe saber de sobra quién es y cómo es...

Suzanne apenas escuchaba a la doncella, con la mirada perdida inició un monólogo:

—Y tiene cara de moro, como si lo viera... Claro que sé quién es, ¿quién podría ser si no? El salvaje no habrá podido dormir del cabreo que cogió con mi desprecio, qué bien vi la cara que se le puso, y como, aunque estemos en su país, no puede meterme en la cárcel por semejante sandez, que ya le gustaría, ya, sobre todo porque mi padre tampoco es un don nadie, ha venido de buena mañana a mi propia casa a darle las quejas, y él como es un pusilánime se ha acobardado y me ha mandado llamar para que vaya a pedirle disculpas al socio... ¡Pues ya pueden esperar sentados los dos!

A pesar de haber hablado entre dientes, como Connie poseía un oído finísimo y había estado muy atenta para no perderse ni un punto ni una coma, maliciosa, inquirió:

—¿Le ha hecho algo malo ese moro increíble...?

—¡A mí no me ha hecho nada ese tipo, ni malo ni bueno! —se sulfuró Suzanne, reaccionando bruscamente, levantándose del lecho—. ¡Y basta de cháchara, que te conozco y sé lo propensa que eres a inventarte historias, igual que Antonio!

—A propósito de Antonio, me ha dicho que el moro lleva en la tarjeta un garrapato que parece una coronita, porque es emir, que en cristiano quiere decir «príncipe».

—Déjate de cuentos y prepáramelo todo mientras me ducho, voy a arreglarme bien para enfrentarme a la fiera corrupia.

—Sí, ese moro fabuloso le ha hecho algo —remachó Connie.

Pero ahora Suzanne no se enojó y las dos se echaron a reír.

Tenemos que retroceder un poco en el tiempo. Aproximadamente una hora antes de que Connie despertase a su señorita, *monsieur* Marcel Desbois fue a su vez despertado por Antonio, su ayuda de cámara español:

—Le ruego disculpas, este caballero insiste en ser recibido por usted al instante.

Sentado en la cama, los cabellos revueltos y los ojos abotargados de sueño fijos en la pequeña cartulina impresa que le había entregado su fámulo, *monsieur* Marcel Desbois, de tan perplejo que estaba no sabía qué pensar, no podía imaginar qué querría el árabe, qué urgencia le había llevado hasta su casa (por cierto, era la primera vez que le visitaba, razón por la cual no le conocían los sirvientes) habiéndole dejado hacía pocas horas camino del Agdal en compañía de la excitante dama pelirroja.

—Le he conducido al despacho, pero si usted quiere, aunque es un tipo que impone voy y le digo que se vaya y que regrese más tarde.

—¡Ni se te ocurra! —reaccionó vivamente *monsieur* Desbois, y agregó—: ¿No sabes quién es?

—Su físico y su nombre me suenan, pero ahora no caigo.

—Es un personaje importantísimo. Por mí no te preocupes, ve enseguida a atenderle y trátale a cuerpo de rey, ofrécele una copa, café, té; lo que quiera, y sírvele enseguida. Dile que me reuniré con él antes de diez minutos.

Estaba inquieto sin saber por qué.

Hizo honor a su palabra, apenas habían pasado ocho minutos cuando entraba en el despacho, donde le aguardaba, cómodamente instalado, Cheik Abdelkrin, vistiendo una elegante túnica color azulón con arabescos bordados en blanco, en el dedo anular de la mano izquierda un grueso anillo, un sello de oro y esmalte negro con un anagrama (lo mismo que llevaba anoche en la solapa) saboreando parsimoniosamente una tacita de café solo y fumando un cigarrillo.

—Discúlpeme por haberle sacado de la cama, pero el negocio que me ha traído no admite demoras. No para mí que una vez decidido estoy deseando ultimarlo.

—¿Un negocio? Diga, le escucho encantado.

—He de advertirle que me gusta llamar al pan, pan y al vino, vino, que soy enemigo de los eufemismos, de engalanar con floripondios la frase decisiva dilatándola cuando puedo hablar sin ambages. Tras este preámbulo que he creído necesario para evitar posteriores tergiversaciones que conllevarían disquisiciones sin cuento, no diré: quiero, o deseo, me expresaré escuetamente. Escúcheme, pues, con gran atención, *monsieur* Desbois: voy a casarme con su hija.

Dio la impresión de que el francés se había quedado sordo, o quizás sí que le oyó pero de pronto no asimiló el significado de la última frase de su visitante.

—Transmítaselo a ella ahora mismo, le dará una gran sorpresa, aunque no precisamente grata, estoy seguro. Y si usted se muestra reacio a dar ese paso lo haré yo con sumo placer. —Y como *monsieur* Desbois continuara sin reaccionar, el árabe siguió, inalterable—: A cambio usted recobrará íntegramente la fábrica de ebonita, ahora con más del doble de su valor, puesto que se ha ampliado mucho y se le ha incorporado maquinaria nueva donde usted solo tenía trastos viejos poco menos que inservibles, todo a mi costa, no creo necesario recordárselo. Además, cuando se haya celebrado la boda, aparte de reintegrarle para que los rompa o los queme, sus cheques, que me ha devuelto el banco por falta de provisión, saldaré las deudas que me consta tiene con otras personas, y para redondear su negocio levantaré la hipoteca, que también sé de buena tinta pesa sobre esta finca. Es el precio que he fijado por su bella hija, un precio exorbitante, lo sé, pero soy de la opinión de que los caprichos hay que pagarlos, y el que no pueda que se abstenga, yo puedo, y como no me agrada el regateo, ni estamos en el zoco, millón de dírhams más o millón menos, me da igual.

El patente cinismo del árabe hizo al fin reaccionar al francés:

—¿Qué maneras son esas, señor mío...? ¿Cómo se atreve a hablarme en términos tan injuriosos sobre mi propia hija?

—No existe injuria, hablo a cada cual como se merece, y en este caso es un alto honor el que les hago tanto a usted como a ella. Esa niñata sin seso no es más que una muñeca de lujo por la que estoy dispuesto a pagar una gran suma de dinero.

—¡Sidi Abdelkrin, está insultando a mi hija y eso no se lo permito!

—Usted no está en disposición de permitirme o de no permitirme nada, no puede mover ni un solo dedo sin que yo se lo aherroje si me da la gana. Soy dueño absoluto de la situación y lo sabe; por tanto, no le queda más que cerrar la boca, inclinar la cerviz y entregarme a su hija como esposa. La vi anoche, me encapriché de su belleza y he decidido poseerla, podría intentarlo de otra forma y esgrimiendo los mismos argumentos también la conseguiría; pero soy muy acaparador, me gusta tener mis caprichos para mí solo y, tratándose de una mujer tan bella, prefiero que sea de mi exclusiva propiedad y tenerla en mi casa a buen recaudo de las aves de rapiña.

Monsieur Desbois, amilanado, habló humildemente:

—Sidi Abdelkrin, siempre le he tenido por un hombre íntegro, por favor, no tome represalias por lo que le haya hecho o dicho mi hija, que es lo que estoy suponiendo. Es una criatura inocente, no sabe nada de mis cuentas, usted no puede obligarla a contraer ese absurdo matrimonio, compréndalo, no deseo ofenderle...

—No ofende quien quiere, sino quien puede.

—No es que yo sienta prevención, pero usted es de otra raza...

—¡Una raza muy noble y digna, tanto o más que la suya!

—No lo dudo. Le juro que yo carezco por completo de esos prejuicios...

—Su hija no comparte ese sentimiento.

—Si ya está enterado de cómo piensa ella con más razón... Escúcheme, usted es un hombre sensato y lo que ha pensado es una locura.

—A todos, sensatos o no, nos gusta cometer de vez en cuando una locura, es la sal y la pimienta de la vida.

—¡No puede ser, esa boda es un desatino! ¡Además, mi hija es una niña, acaba de cumplir veintiún años!

—Edad perfecta para casarse. Debe tranquilizarle saber que va a hacer una boda fabulosa, ateniéndonos a los baremos de nuestra sociedad de tanto tienes, tanto vales. Usted verá la forma conveniente de ponerla en antecedentes, como su padre que es...

—¿Pero cómo se lo digo? —se le escapó al francés un lamento de impotencia.

—Ese es su problema, no el mío.

—Observo que no hay forma de hacerle entrar en razón, está bien, le diré que desea tratarla...

—Veo que no me ha entendido. No quiero un noviazgo por tiempo indefinido, si aceptan yo me encargaré de todo para que la boda se celebre antes de un mes.

—¡Oiga, que no estamos en la Edad Media, cuando se obligaba a las mujeres a contraer matrimonio sin que ellas pudieran ni opinar!

—Ahora como entonces hay cárceles donde se encierra a los estafadores, si prefiere esa alternativa, es muy dueño... Ah, voy a advertirle otra cosa: si consiente, la boda se celebrará por la Iglesia y por lo civil, me gusta hacer bien las cosas.

Al entrar en el salón Suzanne se percató del deplorable aspecto del padre, pero no le dio importancia, le constaba que era muy corto de genio y se acobardaba por nada. Además, ella sabía o creía saber de qué iba la cosa.

—Suzy, cariño, tengo que hablar contigo de algo muy importante.

—Ya, algo muy importante. Como eres tan pusilánime le has dado al asunto mucha más importancia de la que tiene y has hecho que Connie me despierte como si hubiera un terremoto; pero ella me dijo que me esperabas con el moro.

—Él está en el despacho, primero voy a ponerte yo en antecedentes.

—Está bien, suelta lo que sea, no pienso perder la mañana con tonterías de moros. Pero si espera que me rebaje pidiéndole disculpas puede esperar sentado, ve a decírselo, y que coja la puerta, que en esta casa no es persona grata.

—No se trata de eso —dijo el padre devolviéndole la mirada, escrutador.

—No te entiendo. Explícate entonces y, por favor, sé breve.

—Suzy, mi pequeña, no tengo disculpas.

—¿Quieres decirme de una vez qué pasa?

—Estamos arruinados.

Naturalmente, al oír al padre sufrió un auténtico impacto emocional, máxime porque ni remotamente esperaba tal cosa, no obstante, replicó con una calma extraordinaria:

—Te lo avisé y no quisiste hacerme caso, en cuanto que me dijiste que te habías asociado con un moro supe que se te iban a torcer los negocios. Aunque no imaginé que fuera a robarte tan pron...

—¡Calla, insensata! —la interrumpió el padre, irritado pero sin alzar el tono de voz, temeroso de que el marroquí les oyera desde el despacho.

—¡Ríndete a la evidencia, en cuanto que te...!

—¡Cierra la boca y no digas más locuras! Cierra también la puerta.

Jamás le había visto ella tan enfadado y, sin decir nada más, fue y cerró la puerta. Cuando regresó él continuó:

—Quiero que sepas que cuando solicité ayuda financiera a ese hombre fue porque ya me era imposible solventar solo mis asuntos. La fábrica precisaba con urgencia muchos arreglos y la producción iba en franco declive, con su ayuda rinde más que nunca, y aun así no puedo aceptar todos los pedidos, ya que la demanda de plástico endurecido se ha incrementado.

—No me explico entonces cómo dices que estamos en la ruina...

—Porque llevo años arrastrando la crisis. Lo peor ha sido que tanto tú como yo hemos despilfarrado el dinero, viviendo a lo grande y haciendo viajes carísimos...

—Quizás te lo has tomado demasiado por lo trágico, si la fábrica ha mejorado, está produciendo más que nunca y vendes fácilmente la mercancía, pienso que esto es solo una mala racha, que será cuestión de paciencia y restringir gastos...

La sensatez de la hija acrecentaba sus remordimientos, a cada momento que pasaba estaba más desanimado, en cambio, ella al observarle se creció:

—¡No es amilanándose que se solucionan los problemas, la fábrica vale mucho dinero, aunque parte de las innovaciones que le has hecho se las debas a ese tipo, que no sé por qué tuviste que recurrir a un moro, todo lo demás es tuyo. Pide un préstamo en el banco, con las garantías de la fábrica y de la mansión ni necesitarás avalista, págale enseguida a ese indeseable lo que le debes y líbrate de él!

—No puedo pedir préstamos porque ya estoy entrampado con todos los bancos.

—¡Pero eso no puede ser!

Es posible que, si por casualidad Cheik Abdelkrin saliera del despacho y echara a andar por el corredor, quizás para ir al baño, y como no conocía la casa, entrase equivocadamente en el salón y sorprendiera al padre y a la hija tal y como se hallaban: ella preocupadísima por él y él angustiado por ella. Entonces, como en verdad se trataba de un hombre bueno y generoso, seguro que se compadecía y no continuaba adelante con sus planes; pero como no salió del despacho, ni echó a andar por el corredor en busca de un cuarto de baño, ni entró equivocadamente en el salón, no les vio, y como no les vio no se compadeció. ¿Mas es que aun sin verles no se estaría figurando poco más o menos lo que estaba sucediendo...?

—Lo siento mucho, cariño. No puedes imaginar todo lo que daría por poder retroceder en el tiempo y actuar de manera diferente.

—Lo hecho hecho está, tenemos que sacar dinero de donde sea. Vende estos cuadros y los caballos, y mi coche, quédate solo con el tuyo para ir a la fábrica, no vas a ir en autobús. Vende la finca; aunque tengas que liquidar la hipoteca todavía te quedará un buen dinero. Compra otra casa más pequeña, con menos servidumbre y sin gente cuidando el jardín y los caballos te ahorrarás un montón todos los meses. —Como vio que el padre aún parecía más abatido, tuvo un pálpito—. Todavía no me lo has dicho todo, ¿verdad? ¡Pues dímelo, suelta de una vez lo que sea!

—Cariño, aparte de a los bancos debo muchísimo dinero a particulares, no solamente a este hombre.

—Y supongo que a quien más le debes es a él, y esta mañana, como un salvaje que es a pesar del barniz de civilizado que se gasta, ha allanado nuestra morada para presentarte un ultimátum: o le devuelves inmediatamente todo el dinero que le debes o tendrás que atenerte a las consecuencias.

—Algo hay de eso; sin embargo, a pesar de todo me consta que es un hombre noble y generoso, íntegro donde los haya.

—¡Por favor, deja de decir bobadas! Tú no escarmientas nunca, ¿verdad? Debemos pensar con calma, buscar una solución, que debe haberla, seguro.

—No la hay, en cuanto que se corra la voz de mi ruina los otros acreedores se me echarán encima, no hay opción, es la cárcel para un montón de años, o...

—Luego sí que hay opción... —los verdes ojos de Suzanne relampaguearon—: me resisto a creer que sea cierto lo que estoy pensando, que ese asqueroso moro, para cobrarse lo que le debes, te ha propuesto que entre yo a formar parte de las existencias de su harén, como una concubina más...

—¡No, Suzanne, por Dios! ¿Cómo se te ocurre?

—¿Qué es lo que te ha propuesto entonces? Porque ya estoy segura de que sea lo que sea me concierne, que de una u otra manera va a vincularme a él, y como a pesar de su fachada no es más que un cobarde incapaz de dar la cara, te ha obligado a levantarme de la cama para que me pongas en antecedentes, mientras él espera en el despacho a que yo diga sí o no para obrar en consecuencia.

—Pequeña mía, te juro que si solamente contara yo apecharía con lo que fuese: ¿pero te das cuenta de lo que sería de ti, aquí, en Francia, o adonde quiera que te marcharas, sola, o acogida por caridad por algún familiar, y de todas formas sin dinero, y lo que es todavía peor, con la etiqueta colgada de por vida de que tu padre se estaba pudriendo en la cárcel por estafador...?

—No le des más vueltas, dime de un vez qué te ha propuesto ese animal.

—No es nada deshonesto, quiere casarse contigo, hasta por la Iglesia.

Sintió ella el rostro helado, pero continuó hablando con rara calma:

—Me asombra lo ingenuo que eres a tus años: ¿qué trabajo le cuesta casarse conmigo por la Iglesia? Para él la ceremonia no será más que una grotesca pantomima y los documentos papel mojado que a nada le obligarán respecto a mí, puesto que podrá casarse por la ley marroquí con moras cuando le dé la gana y con cuantas le dé la gana. Si te lo ha propuesto ha sido para deslumbrarte con lo de la boda, y porque sabe que los franceses no somos como ellos y que tú no le hubieras entregado a tu hija para integrarla en su harén aunque te matara. No diferencian gran cosa a una esposa de una concubina, puesto que sirven para lo mismo y de ambas pueden tener todas las que quieran, solo tienen que demostrar que pueden mantenerlas, y como, según tú, ¡tiene tanto dinero! ¿En cuánto me ha valorado, piensa pagarte bien por mí...?

—¡Por favor, hija, no utilices esos términos, que haces que me sienta aún más miserable! Te repito que es católico, y estando casado no puede casarse con otra mujer. Normalmente es amable, muy educado; y en cuanto al físico, habiéndole visto anoche, de lo cual ya no me caben dudas, tendrás que reconocer que es muy interesante, de los que os gustan a las mujeres, y no le faltan, hasta las más altas en la escala social, aristócratas y nobles, se lo rifan. Le reciben en los lugares más relevantes del mundo, se codea con la aristocracia mundial, y con la realeza, pues él mismo es un noble, sin contar la inmensa fortuna que posee... La verdad, hija mía, otra en tu lugar no se lo pensaría dos veces, estaría dando brincos de alegría.

—Yo no soy otra.

No obstante, ya había comprendido que si su padre se había atrevido a transmitirle la proposición del moro la situación era muy grave, y ella no podía permitir de ninguna manera que fuera encarcelado, si podía evitarlo, y al parecer sí que podía.

El prepotente sidi Cheik Abdelkrin, sabedor del ruinoso estado financiero de *monsieur* Marcel Desbois (¿no iba a saberlo si únicamente él habría sido el artífice enriqueciéndose a su vez todavía más?), se había aprovechado de las circunstancias para llevar a cabo la más deleznable e inicua venganza que nadie pudiera imaginar, todo por unas simples palabras, ¡ah!, pero es que el gran sidi Cheik Abdelkrin no podía perdonar el desprecio hecho a su exacerbado orgullo de macho omnipotente y, como además de vengarse podría disfrutar sexualmente de una bellísima mujer francesa, estaría impaciente por tenerla en su harén; porque seguro que todavía no tenía ninguna francesa, a sus paisanas no se las compraba tan fácilmente, y como tenía dinero de sobra... ¡Nada, hombre, a comprar a esta infeliz corderita y refocilarte con ella, que la vida son dos días!

No recordaba si se lo habían contado o lo había leído, que los árabes compraban a las mujeres como quien merca una vaca, un cordero, una mula o un camello; solo era cuestión de precio. Por supuesto, cuanto más bellas más caras y, si además estaban sin estrenar, los precios subían como la espuma...

—No te preocupes, papá, todo se va a arreglar. Supongo que en cuanto que yo acepte ya no te reclamará nada...

—Así es —contestó él en tono apagado.

—He pensado que para ganar tiempo podemos aceptar, seguirle la corriente...

—Eso no es posible, cariño. A mí también se me ocurrió, pero dice que la boda se celebrará en un plazo máximo de un mes... Cálmate, si no puedes continuar adelante con esta locura, déjalo, yo me las arreglaré, le explicaré el caso a mi abogado...

—No te preocupes, estoy bien. Una cosa, no me fío ni un pelo de ese moro, por tu seguridad será conveniente que antes de nada le exijas ciertas garantías.

—No son necesarias, te lo aseguro.

—Allá tú, pero no digas luego que no te avisé... Vamos, démosle gusto al gran sidi Cheik Abdelkrin, que por lo visto necesita carne fresca para su harén.

—Estás muy nerviosa y desbarras, te repito una vez más que es católico.

—Ese no es más que un renegado y, como según dice, católico, puede tomar alcohol y, como es musulmán y rico, tendrá un harén, hasta habrá heredado el de su padre, como escogen a las mujeres siendo niñas todavía pueden servirle a él... Pero dejemos esa cuestión, no es cosa que vaya a quitarme el sueño. Solo voy a decirte una cosa más, papá: te juro solemnemente que ese moro va a maldecir hasta la hora en que puso en mí su lasciva mirada.

—¡Hija, por Dios!

Los ojos de ella brillaban de tal forma que parecían dos auténticas esmeraldas:

—Ahora ríe él, después reiré yo... Venga, vamos al despacho.

—Ten cuidado, Suzanne, no te dejes llevar por tu carácter. Lo mejor será que mantengas la boca cerrada, no vayas a soltar una de tus tontas bravatas y empeores todavía más la situación. Por favor, hija, hazme caso por una vez en tu vida, sé cauta.

CAPÍTULO IV

¿De dónde viene el fuego al horno?
Viene de mi boca
(Proverbio árabe)

****

En el despacho se formalizó no la petición de mano, sino el acuerdo de compraventa y, como todo se hizo de palabra, sin ningún documento firmado, a Suzanne no le inspiró ni la más mínima confianza.

—Inmediatamente después de celebrarse la boda mi secretario le devolverá sus cheques y otros recibos. Será conveniente que tenga usted preparada una lista de sus otros acreedores y las cantidades que les debe a cada uno. Todo será saldado sin dilación, no quiero que se corra la voz por las altas esferas sociales de que el suegro de Cheik Abdelkrin es un tramposo.

El árabe hablaba en tono mesurado, a veces sarcástico, haciendo caso omiso a la palidez extrema que inundaba por igual el rostro del padre y el de la hija, silenciosos oyentes; ella, de pie detrás del sillón que ocupaba él, con las manos en sus hombros para infundirle ánimos o para recibirlos, y con los labios apretados, sin decir palabra.

—Solo me resta advertirle lo siguiente: no vaya a creer que porque seré su yerno va a tener en mi fortuna una cantera inagotable para estarla exprimiendo toda la vida como si fuese un jugoso limón, después de que sean saldadas todas sus deudas, incluida la hipoteca que pesa sobre esta finca y con la fábrica a pleno rendimiento, no cuente por mi parte ni con un solo dírham más. Si luego vuelven a torcérsele las cosas tendrá que salir del atolladero por sus propios medios, pues creo que ya es un magnífico precio el que estoy dispuesto a pagar por esta muñeca. Ustedes tienen la última palabra, si creen contar con otras posibilidades aún están a tiempo de rechazar mi oferta.

Olvidando la advertencia del padre, Suzanne despegó los labios; aunque solo lo justo para decir como si masticara la palabra:

—Animal.

El padre respingó, el árabe ni se inmutó, como si no la hubiese oído.

—Soy partidario de dejar siempre las cosas bien claras, así nadie puede sentirse estafado. —Y continuó, de pronto sonriendo de una manera que Suzanne no supo calificar pero que de todos modos le dio repelús—. Como tenía la certeza de que la situación iba a decantarse a mi favor, puesto que todos los triunfos estaban de mi parte, me he permitido traer, nada demasiado importante, una bagatela, un brazalete y un anillo para mi bella prometida...

Cogió de la mesa del despacho un estuche negro que había estado allí todo el tiempo e hizo intención de abrirlo, evidentemente para ofrecérselo a Suzanne abierto, pero otra vez despegó ella los labios, en esta ocasión un poco más que antes:

—Guárdate tu brazalete y tu anillo, salvaje.

El padre volvió a respingar y el árabe continuó imperturbable:

—A tu gusto —dijo solamente, quedándose con el estuche en la mano, cerrado, y en leve transición, añadió—: Mañana salgo de viaje a El Cairo y a Cachemira, como utilizaré mi avión particular calculo que estaré fuera de Rabat a lo sumo tres días; estén preparados, a mi regreso iremos a París para encargar el atuendo nupcial.

La constante intromisión del prometido en todo sacaba a Suzanne de sus casillas, por ejemplo, él fue quien escogió, sin llegar a verlo ella hasta que lo tuvo en su casa, el *trousseau* de novia porque, como decía, ya que era el pagano tenía derecho a exigir que todo fuese de su gusto, ¿y cómo mejor que eligiéndolo personalmente? También, tal y como había decidido y ordenado, para la elección del modelo del vestido nupcial fueron a París en su avión particular. Tres viajes relámpago podría decirse. El modelo fue elegido por él, sin que nadie le hiciera ni la menor objeción, puesto que la única persona que lógicamente hubiera podido hacérselas, que era la novia, no se molestó ni en mirar el catálogo de diseños exclusivos, le daba igual si era un lujoso vestido que un saco de arpillera. En el primer viaje le tomaron las medidas y Cheik Abdelkrin le advirtió al modista que él y sus empleados mantuvieran las bocas bien cerradas, nada de telefonear a los reporteros dándoles la noticia de que le estaban confeccionando el vestido de boda a la prometida de sidi Cheik Abdelkrin y, como lo dijo en tono amenazador, para lo cual no tuvo que forzarse nada, la discreción quedaba asegurada. Después regresaron dos veces para las pruebas. En ambas ocasiones Suzanne se negó rotundamente a que el novio asomara la nariz por el probador, a lo que accedió él con una sonrisa mefistofélica diciendo, ceremonioso, que estaba de acuerdo, pero que la última tenía que presenciarla para dar su visto bueno. Entonces, el modista dijo que como deferencia especial iría personalmente a Rabat, acompañado de su mejor oficiala, para aquella última prueba. El vestido lo llevarían terminado, no obstante, llegarían con tiempo suficiente por si hubiera que hacerle algún retoque de última hora, para lo cual contaban con el *atelier* de un colega residente en la capital de Marruecos.

Y sucedió justamente dos días antes del fijado para la boda, cuando llegaron de París el modista y su oficiala portando el vestido de novia en una caja de cartón alargada, que a Suzanne estuvo a punto de darle un ataque histérico.

En presencia del árabe, que como de costumbre se hallaba en la casa, sacaron con sumo cuidado el delicado atuendo y lo extendieron sobre un sofá para que él pudiera verlo bien. Mientras, Connie fue corriendo a la habitación, donde también, como de costumbre, se hallaba Suzanne encerrada, y le dio la noticia a través de la puerta, gritando a voz en cuello, pues ella tenía puesta la televisión a todo volumen. No le contestó ni le abrió; no obstante, cuando al rato regresó la doncella con la oficiala del modista llevando entre las dos el vestido de novia, tenía apagado el televisor, les franqueó la entrada y permitió que se lo pusieran.

Era de satén de seda blanco con bordados en rosa. Cortado al bies, escote en uve con un elegante drapeado en un hombro, continuando la pieza hasta la cadera del otro lado donde se recogía en otro drapeado. En su momento, llevaría en el hombro recogiendo los pliegues un broche que, según había dicho Cheik Abdelkrin, aparte de otras joyas, estaban terminando de hacer sus orfebres.

Erguida en medio de la habitación parecía una bella estatua, hasta que la bella estatua pareció cobrar vida y dijo a la doncella:

—Ve a decirle al moro que puede venir cuando le dé la gana.

—No es esto lo que quiero, no me gusta, está anchísimo, —dijo él nada más entrar en compañía del futuro suegro y del modista.

Este, que era pequeño y raquítico y, por añadidura, con la voz atiplada, explicó:

—Tenga en cuenta, *monsieur*, que a causa de las mangas murciélago...

—No trate de enredarme, el vestido está ancho y punto.

—Es que al tener las mangas murciélago...

—Me molesta sobremanera que me repitan las cosas; ya sé que al tener las mangas murciélago, como dice, forzosamente el busto ha de quedar un poco holgado; pero no tiene por qué estarlo también en la cintura y en las caderas. Pónganse manos a la obra, retóquenlo, y cuando esté listo mi prometida se lo volverá a probar.

—¡Ni lo sueñes!—gritó Suzanne.

Todos, hasta el árabe, enmudecieron, si bien él se recuperó de súbito.

—Estamos siendo muy desconsiderados contigo —le dijo mirándola mientras ella le devolvía la mirada—, pero tenemos el tiempo justo, tendrás que probártelo...

—No me lo volveré a probar: ¿te has enterado o te lo digo por escrito?

Monsieur Desbois estaba inquieto, temiendo un choque entre los novios, Connie aturdida, y el modista sin hacer caso, con lo suyo, poniéndole alfileres al vestido y dándole instrucciones en voz baja a la oficiala, que sonreía sardónica.

—Muy bien, poseo unos conductos auditivos en perfecto funcionamiento... Vale, el vestido se retocará como yo quiero. No obstante, quedas exenta de volvértelo a probar; pero te lo advierto, que esto no sirva de precedente: yo soy quien manda.

¡Machista! ¡Déspota! ¡Mandón! ¡Fatuo! ¡Prepotente! ¡Moro!

Todo esto y más pensaba ella, rabiosa, con ganas de clavarle las uñas.

—Nosotros ya no tenemos nada que hacer aquí —añadió él dirigiéndose hacia la puerta seguido por los otros. Pero al llegar allí les cedió el paso quedándose rezagado, volviendo la cara y mirando a la de Suzanne. Por tal razón, lo último que vieron las relampagueantes pupilas de ella fue su sonrisa burlonamente cruel.

Sentía un angustioso ahogo que amenazaba con aniquilarla, pero no quería expulsar de sí aquel fuego, no quería sucumbir, no quería llorar...; mas estaba sucumbiendo y estaba llorando.

Con gestos bruscos, sin darle tiempo a nadie para que la ayudasen, se sacó el vestido por la cabeza, y sí, debía estar bastante ancho, puesto que no necesitó abrirse la larga cremallera de la espalda.

—¡Cuidado, lo puede romper! —exclamó la oficiala, haciéndose con la prenda.

—¿Qué hace usted aquí todavía? —gritó Suzanne, que hasta la había olvidado—. ¡Fuera, fuera!

Y la otra, alzando la cabeza, salió de la habitación con su dignidad ofendida.

—¿Por qué, señorita, por qué...? —se asombró Connie al verla llorar.

—¡Vete de aquí tú también, metomentodo, vete a cascarle lo que has visto y oído a Antonio y a todos los que quieran escucharte, chivata!

—Es cierto que soy una metomentodo, pero ahora solo quiero ayudarla, si tanto odia a ese hombre, ¿por qué va a casarse con él? Aunque estemos en su país no creo que puedan obligarla a contraer matrimonio con un marroquí si usted no quiere...

—¡Nadie te ha dado vela en este entierro, vete y no vuelvas, no quiero ver a nadie en todo el día, tú incluida, y si vienen mis amigas, que vendrán, las recibes tú y les dices lo que te dé la gana, que estoy enferma, que me he muerto! ¡Y ojalá me muriera o se muriera ese salvaje, ojalá!

—¡No diga eso, por favor, señorita! —rogó Connie, llorando también.

Luego, bajando la escalera iba hecha un auténtico lío mental, no comprendía qué le pasaba a su señorita, con el novio que le había caído en suerte, tan guapísimo, con aquel tipazo, con tanta categoría y con tantísimo dinero...

Tan ensimismada iba con la vista baja que al final de la escalera casi se dio de bruces precisamente con la impresionante humanidad del árabe.

—¡Oh, *pardon, monsieur*!

Él la miraba sonriendo amablemente, cordialmente:

—No tiene importancia, a veces vamos tan distraídos que no vemos ni a una montaña que se nos ponga delante hasta que estamos encima —dijo ingenioso, cercano y, al mismo tiempo, el señor.

No era una chica muy instruida, pero sí lista y perspicaz, y el árabe le parecía una persona muy compleja. Al pensar así no trataba en modo alguno de rebajarle, al contrario, a su parecer tal complejidad era un compendio de cualidades, por ejemplo, allí estaba delante de ella, prodigándole una amabilidad que no escatimaba a nadie, lo mismo a Antonio que a la criada mora de la limpieza, al jardinero y al caballerizo, ambos marroquíes, o a la cocinera peruana... A todos los trataba con afabilidad, y allí era donde veía ella la complejidad del marroquí, aquella manera de ser él se ganaba un grandioso respeto por parte de todos, porque se trataba de una afabilidad de gran señor, de los que ya nacen siendo señores...

—Observo que continúas absorta en tus pensamientos...

—¡Oh, *pardon, monsieur*! —repitió la chica tremendamente azarada.

—Nuevamente perdonada. Te he preguntado dos veces si mi prometida está indispuesta, me ha parecido oírla llorar...

—Verá, señor, lo que pasa es que es muy nerviosa...

—Lo sé —replicó él pensativo, y continuó murmurando, como si en vez de hablarle a la doncella se estuviese hablando a sí mismo—: pero hasta hoy había conseguido dominarse con una fuerza de voluntad digna de encomio —enseguida, ya de vuelta de su abstracción, añadió—: gracias, Connie, puedes continuar tu camino.

Hallarse al pie de la escalera no había sido casualidad. En un impulso, con una excusa baladí había dejado al presunto suegro en el salón y había regresado plantándose allí, en concreto sin saber para qué; pero resultó, obtuvo frutos; aunque fueran unos frutos nada agradables al paladar y muy difíciles de digerir.

Con la cabeza alzada y la mirada puesta más allá del final de la escalera, en un lugar donde solo llegaba con los ojos de la imaginación, se dijo que estaba llevando demasiado lejos una idea absurda que se le había ocurrido en un momento de enajenación mental. Suzanne Desbois podría ser todo lo malcriada, orgullosa, soberbia y golfa como se complacía en imaginársela para tener más motivos de avasallarla, ¿pero quién era él para castigarla metiéndose a redentor, acaso un santo, o Dios?

En el mes que llevaban de relaciones, si relaciones podía llamársele a aquella especie de convenio donde apenas se veían desde lejos y de pasada y ni se hablaban, solamente en contadísimas ocasiones se habían dirigido la palabra. Jamás se le había ocurrido intentar un acercamiento, porque sabía que en el remoto supuesto de que le hubiese sugerido la posibilidad de salir juntos, por ejemplo a presenciar una obra teatral y luego a cenar, o quizás a unas carreras de caballos que sabía que le gustaban mucho, a lo que fuera, ella le habría mirado de abajo arriba con aquel gesto displicente que se gastaba y rechazándole con alguna expresión vejatoria.

Por tanto, mejor no darle la oportunidad. Ya tenía él bastante, gracias.

Había visitado la casa asiduamente, pero en muy pocas ocasiones habían coincidido, y para que tal cosa sucediese había tenido que sorprenderla, pecando de indiscreto y maleducado, presentándose de improviso a primeras horas de la mañana sin avisar. Y, de todas formas, era igual, pues si por lo intempestivo de la hora ella se hallaba aún en su habitación, se encerraba con llave y ya no salía ni para comer, porque sabía que el padre le había invitado a su mesa y mientras él permaneciera en la casa ella no asomaba ni la nariz por la puerta; pero lo que más le sacaba de quicio era cuando no la hallaba en casa y sabía que iba a pasarse todo el día y buena parte de la noche fuera, sin que nadie la atara corto porque aquel padre que tenía era tan débil que no servía ni para eso, para ser padre. Y siempre con los niñatos que le giraban alrededor como satélites que dieran vueltas en torno a un hermoso planeta sin poderse desviar de la trayectoria, de la radiante luz que despedían los ojos tan verdes y brillantes como pulidas esmeraldas...

Se tenía por un hombre sensato, si bien de un tiempo a esta parte poco honor había hecho a tal sensatez; pero en un momento u otro tenía que reaccionar de aquella especie de locura, y si quería ser consecuente consigo mismo había llegado ese momento, el de hacer examen de conciencia, so pena de cometer un solemne dislate que le arrebatase la tranquilidad de espíritu de por vida.

«Porque si nos dejamos llevar por un fogoso pronto y nos liamos la manta a la cabeza nos cegamos y podemos darnos de bruces contra un muro».

Recapacitando con calma sobre el asunto: ¿por qué había llegado a la presente situación, por un inconfesable deseo de venganza, por desquitarse de la actitud de una niñata boba e irresponsable, por una chiquillada a fin de cuentas...?

«Demasiado, Cheik Abdelkrin. Te has pasado de rosca, macho».

Aquella tarde, en el despacho de *monsieur* Desbois, a petición del árabe, los dos hombres tuvieron una larga conversación privada...

—Siempre le tuve por un hombre íntegro —dijo por último *monsieur* Desbois emocionado, estrechándole la mano con calor.

—Reconozco que me dejé dominar por la soberbia y la cólera, dos defectos heredados de mi padre y que siempre trató de corregir mi madre sin conseguirlo... En fin, esto ya pertenece al pasado —y terminó, riendo y exclamando—: ¡Qué le vamos a hacer!, lo de ser su yerno era una idea utópica, no volveré a poner los pies en esta casa.

—¡En mi casa siempre será bien recibido! —protestó el francés con firmeza.

—No nos engañemos, sería bien recibido únicamente por usted, y comprenda que en esas condiciones mi natural orgullo quedaría muy mal parado; aunque hasta hoy, en mi tremendo ofuscamiento, lo del orgullo me haya importado un ardite.

—Insisto, puede venir siempre que lo desee y yo le recibiré encantado.

—No, *monsieur* Desbois, su hija ya ha tenido bastante; después de todo lo sucedido mi presencia en esta casa sería una completa falta de tacto, pero no se preocupe, por mi parte deseo continuar cultivando su amistad y, como amigo, a pesar de la diferencia de edad, voy a permitirme darle un consejo: ha visto muy de cerca la boca del lobo, no vuelva a exponer a su hija a tener que casarse sin amor. En cuanto a lo otro, tenga confianza en mí, soy hombre de palabra, todo se hará como quedó convenido, igual que si se hubiese celebrado la boda. Tómelo si quiere como un capricho.

—Sidi Abdelkrin, estoy apabullado ante su generosidad.

—No se preocupe. Ahora permítame un ruego: cuando haya puesto a su hija en antecedentes llámeme por teléfono y dígame exactamente todo lo que diga, aunque no sea nada agradable para mí.

En cuanto que se marchó el marroquí, *monsieur* Desbois, loco de alegría, corrió a la habitación de la hija y le explicó cómo estaban las cosas. Esperaba por parte de ella una verdadera explosión de júbilo, no todo lo contrario; lo cual le dejó perplejo:

—¡Suzy, cariño! ¿Qué te pasa? Te juro que no entiendo nada.

—Tú qué vas a entender si eres más inocente que un búcaro, no captas la perversidad que puede ocultarse tras unas palabras que parecen llenas de generosidad; pero a mí no puede engañarme ese moro. ¿Te has creído el cuento de que va a perdonarte todo lo que le debes, que va a levantar la hipoteca de la finca y que además va a saldar tus otras deudas, y todo eso sin ningún benficio para él...?

—¡Sí, Suzanne, me lo creo!

—¡Pues yo no! ¿Por qué no te devuelve tus cheques hoy? ¿Y por qué mañana no arregla los otros asuntos en vez de esperar hasta pasado mañana? Porque no va a hacer nada, quiere que nos confiemos para clavarnos el aguijón. Además, ¿qué se cree, que siempre va a salirse con la suya? Ah, no, él empezó todo este jaleo porque le dio la real gana y nosotros tuvimos que acatar sus órdenes, pues ahora se terminará cuando me dé la real gana a mí y él tendrá que pasar por el aro. Seguramente, al ver que conmigo no puede ha empezado a aburrirle el jueguecito y ha decidido abreviarlo y cortar, que era lo que perseguía desde el principio, desairarme ante mis amistades, y ante el mundo entero que debe estar pendiente de la gran boda del año, a saber lo que pensará decirles a los reporteros sobre el motivo de nuestra ruptura, porque con lo fanfarrón que es seguro que convoca una rueda de prensa...

—La prensa no sabe nada, nada se ha publicado sobre el particular porque nadie os ha visto juntos en ningún sitio. Estás desorbitando las cosas.

—¡No estoy desorbitando nada, sé muy bien lo que puede dar de sí ese tipo!

Con la frondosa cabellera revuelta, en pijama corto de raso celeste y zapatillas del mismo color, se movía de un lado a otro, nerviosa, fuera de sí, trastornada.

Ante tan sorprendente reacción, el padre, aturdido, se dejó caer sentado en el lecho.

—Por favor, hija, reacciona de ese demencial ofuscamiento, reconoce que Cheik Abdelkrin es un hombre fuera de serie, como no creo que existan muchos en el mundo.

—Piensa lo que quieras pero de mí no se pitorrea ese salvaje lleno de dinero.

—¿Y qué vas a hacer? —preguntó él, ya recuperado, hasta socarrón.

—¿No te ha dicho que me devuelve mi palabra de matrimonio como en los años de la pera...? ¡Pues yo no le devuelvo la suya, y a ver qué pasa!

—Ven, cariño, siéntate —dijo él cogiéndole una mano y tirando de ella suavemente hasta conseguir que se sentase a su lado—. Debo andar muy mal de los oídos porque he creído entender que quieres casarte con Cheik Abdelkrin...

—¡No tergiverses todo lo que digo, por supuesto que no quiero casarme con ese animal, pero de mí no se chulea nadie, y menos un moro. Todavía no ha nacido el hombre con la suficiente categoría para dejarme plantada y que sea el hazmerreír de propios y extraños! Ahora mismo vas a llamarle por teléfono y le dices que no estoy conforme con su decisión, que prefiero llegar hasta la boda. Échale la excusa que te dé la gana y dile que si no está dispuesto a secundarme que se atenga a las consecuencias.

—Lo que hará será reírse de nosotros si le digo tales sandeces...

—¡Que te crees tú eso! En cuanto le digas que pienso convocar una rueda de prensa para decir que he sido yo quien ha roto el compromiso matrimonial porque me he dado cuenta a tiempo de que Cheik Abdelkrin es homosexual ya verás...

—¡Suzanne! —Se sobresaltó el padre, no obstante, consiguió calmarse enseguida—: Vamos a ver, alocada, ¿te has detenido a pensar en las gravísimas consecuencias que podría acarrearnos tamaña difamación? Y si lo que estás tramando es jugarle una barrabasada, quítatelo inmediatamente de la cabeza porque la jugada podría salirte muy cara... Mira, hija, deja las cosas como están, que mejor no podrían habernos salido, y no tientes al diablo.

—¡No me da la gana de dejar las cosas como están, él ya se ha divertido, pues ahora voy a divertirme yo!

—Me cuesta trabajo seguir el hilo de tus pensamientos, pero lo intentaré una vez más: supongamos que ese hombre, que tan noble y desinteresadamente se ha portado con nosotros, se toma en serio tus palabras. No quiero decir con esto que se preocupase de tu absurdo rumor, que él podría aventar de un soplido, pero que, no obstante, se enfadase mucho, y espoleado por tu insensata actitud decidiera terminar lo que había empezado, o sea, seguirte la corriente y llegar hasta el matrimonio, ¿y después, qué? ¿Qué persigues en concreto? Si es que lo sabes, lo cual dudo mucho. Me parece que no has recapacitado en que una boda civil y eclesiástica es una cosa muy seria, y una vez cumplida tu tonta venganza, o lo que quiera que sea que te traigas entre manos, querrás divorciarte, y si él no quiere concederte el divorcio, aparte de la oposición de la Iglesia, ¿qué harás? Porque supongo que no entrará en tus planes unirte a un moro de por vida para formar un hogar con hijos...

—No te preocupes, yo sé muy bien lo que voy a hacer. Una mujer joven, inteligente y bella tiene un poder casi ilimitado.

—¡Cuán equivocada estás respecto a Cheik Abdelkrin! Creo que te tiene confundida su actitud actual sin exigirte nada como prometido, ni siquiera una mínima atención, aunque solo fuera por educación, pues te lo digo ahora, me tienes avergonzado, al menos podrías recibirle cuando viene, en vez de encerrarte en tu cuarto, o irte por ahí y no aparecer en todo el día hasta bien entrada la noche cuando él ya se ha ido. Pero por si se te ha olvidado, recuerda el origen de la cuestión, el principio. No te confíes, Suzanne, no lo hagas, porque Cheik Abdelkrin no es la balsa de aceite que ahora parece, muy educado, sí, pero un mal enemigo, un temible enemigo, diría yo.

—¡Uy, qué miedo, no ves cómo tiemblo! ¡Venga, telefonéale de una vez!

—No sé qué sería mejor, si darte yo ese par de bofetones que nunca te he dado, o dejar que sigas con tu locura y que sea Cheik Abdelkrin quien te dé la lección. Pero como eres mi hija y me aterra la idea de que puedas meterte en un tremendo lío...

—¡Déjate de cuentos y marca ya!

—Está bien, voy a llamarle, con dos condiciones: no pienso decirle nada de tus tontas amenazas, y si se niega a secundarte, que será lo que hará porque es un hombre sensato y él sí ha reaccionado de su locura, te conformarás sin más chaladuras.

—De acuerdo.

CAPÍTULO V

Si lo único que falta son los músicos con los tambores,
puede decirse que los preparativos para la boda han concluido
(Proverbio árabe)

Cheik Abdelkrin era una persona privilegiada, de un altísimo coeficiente intelectual, poseyendo vastísima cultura y de un trato sumamente educado, atento y amable. Contaba con muchos y muy buenos amigos. Uno de sus más íntimos era Hervé J. Villaret, el escritor francés de fama internacional que solía pasar largas temporadas recorriendo a lo largo y a lo ancho territorios marroquíes en busca de vivencias árabes que trasladaba a sus novelas de manera genial, hasta el punto de haber conseguido extraordinario prestigio universal con varios de sus libros convertidos en *best seller*, por ejemplo: *Los ojos de Leila*, llevado recientemente a la gran pantalla. Solía pernoctar más tiempo que en ningún otro lugar en Rabat, donde poseía casa propia, según él, su cuartel general, pues fuera a donde fuere siempre terminaba recalando allí.

Habían empezado a frecuentarse cuando eran dos jóvenes imberbes y estudiaban en la Sorbona de París y, desde entonces, la gran amistad, simpatía y compenetración entre ellos se había consolidado. Por estas razones, el escritor francés era el único que estaba enterado de todo lo concerniente a Suzanne Desbois y, dada la estima y confianza que se profesaban, al principio había tratado de disuadir al amigo de sus absurdos planes de boda y, cuando aquella tarde le llamó aquel por teléfono para decirle que había decidido cortar sus relaciones con la francesita, el escritor se alegró y le felicitó por su buen sentido común. Entonces, el marroquí le pidió que si no tenía nada mejor que hacer que fuese a su chalé del Agdal para tomar unos aperitivos juntos y conversar sobre el particular. Nada más deseado en aquellos momentos por el escritor, para quien, aparte de significarle un gran placer pasar unas horas de solaz con el inteligente marroquí, también sentía curiosidad por conocer más detalles del asunto; y al rato se hallaban cómodamente instalados en sillones de cuerda trenzada en una acogedora terraza del chalé sombreada por sicómoros. Ante ellos, una mesita y, en ella, una gran bandeja de plata con una botella de excelente cava español y platitos conteniendo exquisiteces gastronómicas marroquíes.

Sin hacerse de rogar Cheik Abdelkrin satisfizo cumplidamente el interés del amigo francés, que al final volvió a darle su aprobación:

—Como siempre, has sabido estar a la altura de las circunstancias, haciendo marcha atrás antes de que las cosas se embrollaran todavía más y llegaran a un punto de difícil solución. Y ahora que tu mente ha recobrado la lucidez, dime: ¿qué fue lo que en realidad te molestó tanto en tu primer encuentro con Suzanne Desbois, que no quisiera bailar contigo o que te llamase extranjero en tu propio país cuando la extranjera es ella...? ¡Menuda perogrullada se tiró la muy boba, hasta da risa!

En silencio el marroquí sacó una bella pitillera de oro con un anagrama de esmalte negro en una esquina y le ofreció un cigarrillo a su visitante, que aceptó. Tomó otro para sí y prendió los dos con un encendedor de oro a juego con la pitillera y con el sello que llevaba en el dedo anular de la mano izquierda, y se pusieron a fumar.

Lo cierto era que al escritor, con su gran perspicacia y su acendrada costumbre de bucear en el alma árabe, le parecía que el amigo no estaba conforme con la decisión que había tomado. Le veía extrañamente silencioso, absorto en sus pensamientos, que, a juzgar por la expresión taciturna de su rostro, no debían ser nada halagüeños. Fumando casi sin pausas, cuando precisamente siempre había sostenido la personalísima tesis de que un cigarrillo, una mujer y una taza de café no se deben consumir deprisa, sino saboreándolos despacio para sacarles toda la esencia.

—Voy a darte un consejo de amigo: deja el asunto correr, olvida que existen esas personas. Si, como me has dicho, la niña ignoraba la verdadera situación financiera del padre, con haberla descubierto ya ha tenido suficiente. ¡Vaya varapalo asestado a su orgullo! ¿Me estás escuchando o estoy hablando con los sicómoros?

—¡Naturalmente que te estoy escuchando, estimado amigo!

—Sinceramente, tu actitud me está dando mucho que pensar.

—¿En qué sentido?

—Tú dirás, estás callado como un mudo, y con una cara de enterramiento que espanta, todo esto me está haciendo conjeturar que Suzanne Desbois te interesa mucho más de lo que dices.

—¿Que me interesa esa niñata boba? Me extraña mucho que me lo digas, cuando sabes perfectamente cuál es mi ideal femenino, un ideal que, excepto en la belleza, no se parece en nada a Suzanne Desbois.

—No te mosquees, hombre. Explícame entonces por qué sientes tanto desasosiego. ¡Y no lo niegues, que conmigo no te vale y te consta!

El árabe se echó a reír, si bien cuando contestó volvía a estar serio:

—No lo niego, pero te has equivocado de matiz, no es exactamente desasosiego, lo que siento es frustración, y diría que también hastío. Me explico: Suzanne Desbois, esa zahareña capaz de sacar de sus casillas al hombre más templado, a la que he observado lo poco que he podido, siempre de pasada y casi sin cruzarnos la palabra ni para darnos los buenos días, te digo con motivos de causa, estimado amigo, que a veces parece una niña. Figúrate si será infantil que muchos días por no verme ni desde lejos se encerraba en su habitación, según me dijo la doncella entreteniéndose como podía con la televisión y el ordenador, y ya no salía ni para comer. La chica tenía que llevarle una bandeja con alimentos; aunque yo me quedara en la casa todo el día hasta bien entrada la noche, que te lo confieso, me quedaba adrede, a mi vez cansado y con un aburrimiento de muerte de estar allí metido tantas horas con otro tío, a ver si conseguía que ella no resistiese más y saliera al salón, aunque solo fuese de pasada para irse a la calle; pero resistía, no salía... Te lo juro, me daba tanta rabia que me entraban ganas de subir al primer piso donde tienen las habitaciones, abrir su puerta de un empellón, cogerla, ponerla bocabajo en mis rodillas y darle una buena paliza en el culo.

—¡Cheik! —rio el otro—. ¿Cómo lo soportabas, y tu orgullo, macho?

—¡A saber por dónde andaría mi orgullo! En fin, pasemos página, iba a decirte que esa niña malcriada no despierta en mí ningún sentimiento amoroso. A pesar de su extraordinaria hermosura solo me inspira una especie de morbo, un deseo imperioso de dominarla, de avasallarla, de retorcer sus nervios de gata rabiosa... Por eso me siento frustrado, me da coraje no haber tenido la oportunidad de ver la soberbia de Suzanne Desbois convertida en débil femineidad, no haber tenido ocasión de haberla convertido en una mujer ávida de besos y caricias, ávida de amor...

El árabe terminó de hablar, gacha la cabeza, bajando también el tono de voz hasta hacerlo casi inaudible, y no vio la expresión socarrona del amigo.

—¿Por qué no continuaste entonces tus proyectos? Después te habrías divorciado y asunto concluido...

—Porque me conmovió recapacitar en la nobleza de su gesto, ya que al transigir por algo que detesta con toda su alma, que es casarse con un moro, no lo hacía como lo hubiera podido hacer cualquier otra mujer, por afán de riquezas, pues estoy plenamente seguro de que mi fortuna le importa un bledo. No quiero decir con esto que no le guste el dinero y el lujo, pero no hasta el extremo de pignorar su vida por ello, y menos con un moro. Si aceptó el convenio fue únicamente por el padre, para librarle de la cárcel y la deshonra.

—Te conozco y sé que no habrías sido capaz de llevar a cabo tamaña venganza.

—Aquellos días no sé de lo que habría sido capaz, estaba demasiado ofuscado; pero ella sí lo creyó y eso es lo que cuenta, lo que Suzanne Desbois creyese.

Unos golpecitos dados en la puerta encristalada que les aislaba del interior del chalé les hicieron a los dos enmudecer y mirar rápidamente hacia allí:

Salió a la terraza un sirviente ataviado como todos los de la casa Abdelkrin: zaragüelles, camisola y chaleco de algodón blanco y la última prenda adornada con pasamanería marroquí en color verde. Portaba un teléfono móvil.

—Llamada telefónica de *monsieur* Desbois, sidi.

Cuando Hervé J. Villaret observó la leve crispación que sufrieron las facciones del rostro del amigo, que tras apagar en el cenicero el cigarrillo se apresuró a coger el aparato que le tendía el sirviente, se dijo para sus adentros que al fin la inmutabilidad del árabe se había resquebrajado, y ya no le quitó ojo, ¡a él con sofismo!

La conversación telefónica fue muy breve. Al principio el marroquí se limitó a escuchar al tiempo que paulatinamente se le fue operando una gran transformación en el atezado rostro, un cambio tan notable que de ninguna manera podía pasarle desapercibido al inteligente escritor, que era capaz de desentrañar el significado de un parpadeo. Después de escuchar durante algunos segundos en silencio, la sensual boca se distendió en una gran sonrisa...

—*Oui... Oui... Oui, je suis d'acord... Oui... D'acord...*

Finalmente, con la mirada perdida, le devolvió el teléfono al criado, que se había retirado unos pasos y que se acercó de nuevo para recogerlo saliendo de la terraza después de una profunda inclinación y, de pronto, soltó una estentórea carcajada, luego otra, y otra, y otra...

—¿Puedo saber qué te ha dicho el padre para que te pongas tan eufórico?

Tardó unos segundos en poder calmar la hilaridad y contestar al amigo:

—Me ha dicho que la hija quiere continuar con lo de la boda.

— ¡Qué me dices!

—Ya ves, cosas raras que ocurren a veces en la vida. Yo tampoco podía dar crédito a mis oídos, pensé que iba a tenérmelos que lavar con agua y jabón.

—¿No ha quedado conforme con tu sensata decisión de cortar?

—Mira tú, no. Como una tigresa que es no ha reaccionado como una mujer vulgar y corriente... Y fíjate, yo me estaba oliendo la tostada, ya ves que ni había mandado aviso a la iglesia cancelando la boda, no sé por qué, una corazonada.

—¿No estarás equivocado y Suzanne Desbois no es tan indiferente a tu fortuna como imaginas y no ha querido perder lo que ya tenía al alcance de las manos?

—No, respecto a eso estoy completamente seguro de no equivocarme, y tampoco creo que sea por lo que me ha dicho el padre de que le disgusta exponerse al qué dirán si a estas alturas anulamos la boda... Hervé, estimado amigo, voy a decirte lo que pienso: a Suzanne Desbois le importa un pito lo que diga la gente, no por falta de orgullo sino por todo lo contrario, por exceso. Habrá conseguido engañar al padre, pero no a mí, y me da en la nariz que esa fierecilla trama algo, seguramente ser ella quien diga la última palabra, quien me deje plantado y en interdicto; pero de una manera tan escandalosa que todo el mundo se entere que Suzanne Desbois ha dejado tirado como a una colilla a sidi Cheik Abdelkrin. ¿Cuándo y cómo? Precisamente a partir de ahora no van a faltarle oportunidades, y maneras; las circunstancias que se avecinan van a serle muy propicias.

—¿Y qué vas a hacer?

—Aceptar el reto. Va a ser lo más excitante de mi vida, ¿quién habló de frustración y hastío, qué son esas cosas, cómo se comen, con cuchara o tenedor?

—¿Y hasta dónde piensas llegar?

—Hasta donde Suzanne Desbois me lleve.

—¿Hasta la boda?

—¡Por supuesto, hasta la boda si ella lo ha decidido así! Pero no, ni remotamente creo que sus verdaderas intenciones sean casarse conmigo; seguro que está preparando algo sonado, un campanazo de órdago, y no precisamente la boda, pues es inconcebible que lleve sus tontas represalias a tal extremo, sería absurdo y la cosa no tendría ni pizca de gracia para ella, ya que su revancha se revolvería en su contra, porque me entregaría gratuitamente todas las bazas ganadoras... No, imposible. Me figuro que el escándalo lo dará pasado mañana, el fijado para la celebración, pero antes. En cuanto al momento va a haber dos muy buenos: la puerta de la iglesia y dentro ante el altar, a esa tigresa no creo que la detengan barras; o tal vez opte por algo menos espectacular: no aparecerá por el templo dejándome plantado con dos palmos de narices ante mis invitados y los reporteros, pues seguro que ya ha trascendido la noticia...

—Te expones mucho —dijo el escritor, circunspecto.

—No exageres, de todas formas me figuro que la sorpresita que me prepara mi bella prometida no será atentar contra mi vida, lo más que puede suceder es que el escándalo sea casi a nivel mundial, y que a raíz de ello, durante una temporada que podrá ser más o menos larga, todo dependerá de lo que tarde en saltar a la palestra otra noticia con la suficiente garra como para desbancar la proporcionada por nosotros, me encuentre a los reporteros hasta en la harira.

—Permíteme que te diga que en esta ocasión no estás obrando con sensatez.

—Te lo permito, dilecto amigo, te lo permito; pero ocurre que he descubierto que la sensatez y el buen juicio me provocan aburrimiento.

—Por lo menos no deberías darle facilidades, y si no rehusas secundarla en sus descabellados propósitos porque a tu vez estés acariciando otros para darle cumplida réplica, que es lo que estoy imaginando, retrasa la fecha de la boda, ponle trabas.

—Si le pusiera inconvenientes para quien no tendría gracia la cosa sería para mí... No, ni retrasos ni trabas, porque si la suerte se pusiera de mi parte y ella llegase hasta el final..., ¡ah, amigo mío!, entonces sería yo quien tendría la sartén bien cogida por el mango; pero más me vale no soñar con imposibles. Por otra parte, aunque la boda no se celebre, mis invitados disfrutarán de buena música y una excelente comida, lo único que cambiaría sería el lugar del convite, que lo trasladaría aquí, sin novia. Los que no saben nada son mis familiares, ni pienso avisarles hasta el último momento, precisamente para que no les dé tiempo a venir, por si se produce lo que sospecho, que no estén presentes. Por lo demás, todo sigue adelante, tú eres uno de mis invitados de honor y testigo de mi boda con Suzanne Desbois, demos el hecho por seguro y lo que sea tronará, no voy a ponerme el parche antes de que me salga el grano.

Suzanne no lograba conciliar el sueño, estaba muy inquieta, empezaba a preguntarse si tendría razón su padre y ella sola se estaba poniendo la soga al cuello.

Bah, bobadas, sabía muy bien lo que hacía; aunque ya reconocía que las cosas no iban a resultarle tan fáciles como en principio había supuesto. La batalla que iba a librar teniendo como contrincante a Cheik Abdelkrin iba a ser más que ardua; porque Cheik Abdelkrin no era un hombre corriente, a pesar de su cultura (que también reconocía), en sus genes llevaba el instinto cruel de sus antepasados, una amalgama terrorífica: refinada inteligencia y salvajismo primitivo.

Se dio media vuelta en la cama poniéndose bocabajo con la cabeza de lado.

Se trataba de uno de esos fanfarrones orgullosos que se conceptúan los más machos de la creación, y esto, que Cheik Abdelkrin se creyese muy hombre, podría ser su punto débil, su talón de Aquiles y lo que le diera a ella el triunfo. Tenía entendido que los hombres muy viriles son los más vulnerables ante la seducción de una bella mujer, porque les domina la pasión, son incapaces de contener sus exacerbados apetitos y se entregan como niños, creyéndose los amos cuando en realidad son esclavos de sus propios deseos. No tenía más que recordar al imbécil de Frederic, y a todos los de la pandilla, en cuanto ella coqueteaba un poco se ponían a babear.

No, no tenía por qué sentirse inquieta, valiéndose de su belleza, aquel animal, por muy fiero que fuese, se convertiría en un muñeco de cera blanda entre sus manos.

Con tanta excitación y tantísimas ideas cruzándole el cerebro, aquella noche, igual que otras desde hacía un mes, apenas durmió y por la mañana estaba agotada.

Como el moro se había hecho tan asiduo visitante que parecía que vivía en la casa, pues lo único que no hacía allí era dormir, suponía que aquel día también se presentaría con sus aires de dueño, y su padre, obligado por las circunstancias y por la cortesía que le caracterizaba, le invitaría a comer, y luego pasarían buena parte de la tarde enfrascados en larguísima partida de ajedrez, ¡qué tío más pesado!

Era Connie quien iba a la habitación a contárselo todo, lo mismo que le avisaba cuando ya no había moros en la costa, y nunca mejor dicho. Entonces ella salía, porque los dos, el padre y el moro, habían adoptado la costumbre de acomodarse en el salón donde tenían de todo, y para salir a la calle ella tenía que bajar la escalera y pasar forzosamente por allí, a no ser que se descolgara desde el balcón de su habitación hasta el jardín utilizando el añoso eucalipto que había justo en frente.

Ni una sola vez la había invitado él a salir, ni solos los dos, tampoco cuando invitaba al padre a cenar fuera. Naturalmente, si lo hubiera hecho, ella habría aprovechado la ocasión para despreciarle; aunque sí tenía detalles de cortesía: todos los días a su llegada a la mansión se interesaba por su salud, y después, cuando iba a marcharse, solo o con el padre, le transmitía sus saludos; todo valiéndose de la correveidile de Connie, que decía que el tipo hablaba de manera rara pero muy finolis. Pero ella sabía lo que significaban aquellos recados: al interesarse a su llegada por su salud era como si se burlara de antemano del día de tremendo tedio que la esperaba encerrada sola en su cuarto, y al transmitirle por las noches el último saludo se lo restregaba por las narices, como si le dijera que ya podía salir, que le dejaba vía libre.

Al principio de todo se figuró que iba a colmarla de regalos, que un día sí y el otro también iba a enviarle, por mediación de la doncella, una bagatela, como decía el fanfarrón, y acompañando las valiosas joyas (porque serían valiosas), hermosos ramos de rosas rojas y cajas de exquisitos bombones, y se recreó con la idea de devolvérselo todo intacto, pero no, ni siquiera la tarde anterior después del amago de ruptura le mandó un ramo de flores, que casi era obligado.

Así se hallaban las cosas la víspera de la boda; o de la presunta boda, porque nunca se sabe lo que puede ocurrir en unas horas.

Finalmente, se levantó, se duchó, se vistió un pantalón blanco y un niqui negro, escotado y con mangas anchas caídas, se calzó zapatos negros de tacones altos, se tomó un vaso de zumo de naranja y, sin dar explicaciones a nadie, lo que no era nuevo, fue al garaje, montó en su descapotable rojo y se marchó.

En lo de que Cheik Abdelkrin visitaría la casa Suzanne no se equivocó, aunque adivinar esto no tenía ningún mérito, puesto que era la visita cotidiana, y aquel día con más razón. Aparte de que se producía después de la frustrada ruptura porque era víspera de la boda, y nada más natural que el novio visitara a la novia, lo raro es que cuando llegó el único que le recibió, al único que vio y con el único que habló, como siempre, fue el futuro suegro, de manera que la novia parecía él en vez de la hija. Lo que no supuso ella es esto, que el novio no se presentase hasta el crepúsculo, previo aviso telefónico y que, enterado por el presunto futuro suegro de la ausencia de su prometida, lo cual tampoco era novedad, condescendiente decidió esperarla, y esto sí que sorprendió al francés, ya que era la primera vez que sucedía. Pasaron lo que restaba de tarde, como otras veces, enfrascados en una partida de ajedrez, cosa que tuvo poco menos que maravillado a *monsieur* Desbois, que jamás había visto a un hombre tan inalterable como aquel, esperando hasta altas horas de la noche a la mujer con la que se suponía que iba a contraer matrimonio al día siguiente.

El tiempo era muy desapacible, a causa de la espesa niebla que se había alzado que casi no permitía ver nada a través de la encristalada terraza, a pesar de las luces colocadas estratégicamente por todo el jardín. Todas las noches era lo mismo, desde el atardecer hasta por la mañana había niebla y, según los partes meteorológicos, el tiempo tendía a empeorar, las boiras serían reemplazadas por lluvias torrenciales.

Más tarde, *monsieur* Desbois invitó a su visitante a cenar y, una vez finalizado el yantar, regresaron a la terraza, ahora para conversar, o permanecer en silencio cada uno enfrascado en sus pensamientos. La acogedora penumbra, sin luces directas, solamente con la tenue claridad que llegaba del salón, se prestaba a ello.

El francés, preocupado por la tardanza de la hija, con una excusa para no ponerle la mosca en la oreja al otro (aunque el otro no debería tener ya una mosca en la oreja sino un moscardón) entró, fue a una habitación y desde allí, por medio del móvil, intentó comunicarse con ella, pero no lo consiguió, o bien no tenía cobertura, o lo había apagado como solía hacer la muy insensata.

Después, otra vez en la terraza, no cesaba de echar disimuladas miradas a su cronómetro. El árabe hacía lo mismo pero disimulando mucho mejor, exteriormente tranquilo, su interior como si le hirviese el pecho de rabia:

«Dame una oportunidad, niñata loca, una sola, y te juro que voy a atarte tan corto que hasta para ir al baño a orinar vas a tener que pedirme permiso».

Presintieron su llegada por lo menos con cinco minutos de antelación: primero el impetuoso rodar del coche, cual bólido de carreras por la carretera que se hallaba en frente, luego saliéndose y enfilando el camino por terreno algo accidentado hacia la casa, a juzgar por la inquietante velocidad a la audaz conductora no la arredraba la escasa visibilidad, después la entrada en el jardín y, finalmente, frente al garaje un frenazo escalofriante, terrorífico; luego, el silencio; y a los escasos momentos los dos hombres, que desde que habían empezado los estridentes sonidos se habían quedado silenciosos y con las miradas como clavadas en los cristales, vieron entre jirones de niebla, como algo irreal, la grácil figura femenina caminando hacia la entrada de la mansión y casi enseguida la oyeron hablar con su doncella.

Era una buena chiquita la tal Connie, pensaba Cheik Abdelkrin, confiaba en que no le delatase. Le había facilitado muchos datos importantes. Desde casa telefonearía a su secretario para que le entregase un sustancioso cheque que dejaría esta noche preparado y firmado, no fuera a ser cosa que por la mañana con todo lo que se le avecinaba se olvidara, y él era de los que nunca dejan de pagar un favor, más espléndidamente cuanto más desinteresadamente se lo hacían, y respecto al desinterés de la chiquita francesa no le cabía ni la menor duda.

A continuación, oyeron el taconeo en el salón y a los pocos segundos se abrió la puerta vidriada de la terraza y apareció Suzanne encuadrada en el marco, según los pensamientos del árabe que hasta en sus peores momentos solía ser bastante poético:

«Bella como una rosa al amanecer con los pétalos con gotas de rocío cual aljófar».

Desde el penumbroso lugar donde se hallaba sentado la observaba atentamente y llegó a la conclusión de que la doncella había seguido sus instrucciones al pie de la letra, pues le constaba que si Suzanne Desbois hubiera sabido que él estaba en la terraza, se habría ido directa a su cuarto sin darle ni las buenas noches al padre; además, captó su sorpresa, aunque ella se rehízo al instante:

—Hombre, lo que menos esperaba era encontrarte todavía en mi casa, ¿piensas dormir también aquí?

Monsieur Desbois soltó una contenida exclamación al oír la impertinencia de la hija, pero quien habló fue el marroquí, muy tranquilo, poniéndose ya de pie:

—De ninguna manera, pernoctar en esta casa sería una tremenda incorrección de mi parte, viviendo tú en ella, mi futura esposa. Me has encontrado aquí porque no he querido marcharme sin desearte felices sueños en esta, tu última noche de soltera.

—¡Qué detalle! Si lo hubiera imaginado habría regresado antes.

«¡Mentirosa! —se dijo él para sus adentros—. Si hubieras sabido que yo estaba aquí esperándote habrías sido capaz de no regresar en toda la noche. Qué bonito, correteando por ahí a tan altas horas como una golfa cualquiera, y hasta exponiéndote a sufrir un grave accidente con esta tremenda niebla. Ya te arreglaré yo las cuentas, niñata moderna, a poca oportunidad que me des voy a hacer lo que seguramente no ha hecho nunca este padre tan blando que tienes, voy a darte tal zurra en ese culito redondito como un melocotón, que te lo voy a poner más rojo que un tomate maduro... Lástima que esto sea solo una quimera y no se me presente esa oportunidad... ¡Qué frustración!».

—¿Te sientas a tomar algo con nosotros o todavía no has cenado...?

Como el árabe no decía nada, ella se envalentonó:

—No te preocupes, papá, ya he cenado. Estoy muy cansada, voy a acostarme enseguida, a ver si me recupero y mañana estoy en forma para la ardua batalla que tengo que librar, pues me siento como si me estuviera preparando para emprender una cacería de piezas mayores y fuese a medir mis fuerzas con una fiera carnicera...

El padre, finalmente tranquilo puesto que lo único que le importaba era que su hija ya estaba en casa sana y salva, al oírla se sobresaltó.

La lucecita del cigarrillo de Cheik Abdelkrin se vio como si volara sola por el aire, hasta asentarse en el cenicero y finalmente extinguirse al ser aplastada por los fuertes dedos cuyas yemas se vieron durante un fugaz instante. A continuación, desde aquel rincón casi oscuro, surgió una risita entre dientes, y la voz:

—Qué coincidencia, me ocurre algo análogo, la única diferencia estriba en que yo te llevo muchísima delantera, y no es que experimente la sensación de que voy a emprender una emocionante montería, sino que ya me siento inmerso en ella, ya noto la inigualable excitación de estar avistando una hermosa pieza que no he de tardar en cobrar; e intuyo, con tanto realismo como si lo estuviese viviendo, el inmenso placer que ha de proporcionarme tener la ambicionada pieza en mis dominios, a buen recaudo, a mi merced para que yo la dome a capricho.

Buena retórica la del árabe, muy buena, sí, señor, se dijo *monsieur* Desbois.

Lo cierto es que a estas alturas había dejado de preocuparle el porvenir de la hija, por dos razones: porque confiaba en la hombría de bien de Cheik Abdelkrin y porque estaba seguro de que él estaba muy enamorado de ella... ¿Cómo no iba a estarlo con lo preciosa que era? Además, ¿por qué iba a casarse si no? En cuanto a ella, ¿quién la entendía? Había que ver el jaleo que armó el día anterior porque él quiso cortar la relación, ¿y ahora, qué? Allí la tenía, soltando absurdas bravatas como siempre, pero al parecer dispuesta a casarse... ¿O estaría guardándose un as dentro de la manga? Ayer era eso lo que le había dado a entender, que le preparaba al novio una barrabasada. ¡Bah!, chifladuras de la hija, mañana se casarían y todo iría bien.

Ella tuvo que hacer un esfuerzo para mantener la actitud displicente y disimular el temblor que la acometió por todo al oír las intencionadas palabras del novio.

CAPÍTULO VI

Hay quien prepara una salsa de cuscús con
la liebre que está todavía en la madriguera
(Proverbio árabe)

****

Había sido una inconsciente al haber pasado todo el día fuera de casa, máxime con la mala noche que había pasado casi sin dormir, y ahora estaba agotada.

Al principio, se reunió con lo amigos, pero de un tiempo a esta parte todo lo que hacían o decían la enervaba, especialmente cuando se ponían a criticar sus extrañas relaciones con el árabe y, peor todavía, cuando Antoinette se refería a su presunta próxima noche de bodas, y como esta mañana, víspera del acontecimiento, todos se explayaron, no les aguantó y se marchó dejándoles plantados, y sin pensar se fue a una playa solitaria. En esta época del año, a finales de marzo, todas las del litoral estaban más o menos desiertas, especialmente porque llevaban varios días con mucha niebla. Además, a la que fue no era frecuentada por bañistas a causa de las grandes rocas que se adentraban en el mar y que hacían el lugar sumamente peligroso; para los que sí resultaba inmejorable era para los suicidas, se sabía de muchos que habían puesto allí fin a sus días; verbigracia una muchachita española de apenas quince años a quien los hermanos mayores fiscalizaban demasiado y no la dejaban salir con un chico marroquí del cual se había enamorado, fue, se tiró al mar y desapareció para siempre; porque lanzándose desde los acantilados las rocas que aguardaban en el fondo hacían el resto. Después, ni siquiera era posible rescatar los cuerpos, hasta para los hombres rana de salvamento era muy peligroso bajar a buscarlos. Lo que sí solían abundar eran los pescadores de caña, con mal tiempo o con bueno, con frío o calor, siempre había pescadores de caña. Les vio desde lejos, parecían todos marroquíes porque llevaban chilabas, esperando pacientemente a que lo peces mordieran la carnada.

No había aparcamiento, detuvo el Porsche donde empezaba la arena. Se descalzó, cogió una revista que llevaba en el otro asiento y el bolso, se apeó dejando dentro los zapatos, cerró la puerta con llave, guardó el llavero en el bolso que se colgó en bandolera y, sin más, echó a andar hacia los acantilados.

Eligió uno donde no había pescadores, la roca estaba resbaladiza pero consiguió subir. Arriba no estaba demasiado mojada, dobló la revista, la puso encima, y se sentó. Y eso fue todo, allí se quedó mirando al mar, viendo el acompasado ir y venir de las olas que se rompían contra las rocas salpicándolas de blanca espuma y oyendo el sonido que le llegaba desde las profundidades marinas como tristes lamentos de los que buscaron y hallaron allí la muerte, el descanso para sus preocupaciones, o sus cuitas de amor igual que la dulce muchachita española. Como contrapunto, el incesante aletear y los graznidos de las innumerables gaviotas que volaban sobre el mar, sobre su cabeza, y por todos los sitios en una gran extensión del cielo, sin desviarse demasiado, volando en círculo, raudas, planeando sobre las alborotadas aguas y dejándose caer en picado para atrapar algún pez que incautamente se hubiese puesto al alcance de la aguda vista de los volátiles, peleándose entre ellas por el manjar...

Pasó toda la tarde sin moverse del sitio, ensimismada, abrumada, hasta que reaccionó y se dio cuenta de que la marea había subido y le llegaban las salpicaduras de las olas al chocar contra las rocas; también se percató de la espesa niebla y, por último, vio que los pescadores se habían marchado, pero al pie de la roca donde se hallaba se habían congregado cinco. Todos parecían casi viejos y nerviosos, gritaban mirando hacia arriba, señalándola con un dedo. No entendía lo que decían, solo que repetían: «¡la, la, la!», y esto sí que sabía qué quería decir: «¡no, no, no!».

Le dio miedo y se apresuró a descender lo más alejada que pudo del grupo de hombres. Luego, a pesar de la dificultad, se fue casi corriendo por la arena; pero en vista de que no la seguían, se tranquilizó y, por primera vez en su vida, se arrepintió de haber pensado mal de unos moros; seguramente, al verla allí sola pensaron que se trataba de una suicida en potencia.

La niebla no dejaba ver nada a tres metros de distancia. Llegó al coche y montó. Sentía los pies fríos, húmedos y llenos de arena. Se los limpió como pudo con un pañuelo, se calzó, puso el vehículo en marcha, salió a la carretera y, casi sin pensar, rodó durante un tiempo impreciso, hasta que reaccionó otra vez y se percató de que estaba llegando a Casablanca. Entonces, detuvo el vehículo junto al arcén, y ya, con capacidad para discernir, se puso atenta al paso de los otros coches que iban en uno y en otro sentido y de los cuales solo veía las luces de posición. Cuando se le presentó la ocasión dio la vuelta y emprendió definitivamente el regreso a Rabat, a casa.

No había cenado, le había mentido al padre, pero no sentía apetito ni sueño, ¿cómo iba a sentir hambre ni sueño ante el enorme problema que se le venía encima?

Seguro que Cheik Abdelkrin estaba loco por poseerla, deseando que se celebrase la boda para tirársele encima como una fiera hambrienta y, si llegara el momento y ella no pudiera evitarlo, ¿qué haría, insultarle diciéndole todo lo más ofensivo que se le ocurriese, confiaba en que sus insultos fueran tan contundentes como para que él no se le revolviera cual venenosa áspid, agachara la cabeza acobardado y se marchase dejándola tan pancha, e intacta? ¡Pobre ilusa! Si se tratase de otro hombre, por ejemplo, alguno de sus amigos, Frederic u otro, sí podría burlarse impunemente; pero de Cheik Abdelkrin no, rotundamente no.

¿Cómo había podido estar tan obcecada para no aprovechar la oportunidad que él mismo le brindó? Porque claro, a estas alturas, la noche antes del día fijado para la boda no podía telefonearle y decirle que aceptaba el trato, que no se casaran, pero que cumpliera con su padre lo prometido, que le perdonara sus deudas y demás...

Bueno... ¡Las risotadas que iba a dar el tío iban a escucharse hasta en Marte!

Y, por supuesto, no aceptaría, por cabezonería, cabreado porque ella no aceptó cuando él lo propuso; también porque no querría renunciar a la posesión de su cuerpo y, naturalmente, por sus importantísimos invitados, que, según le contó Connie aquella noche nada más llegar ella, ya se hallaban todos en Rabat, hospedados por él en L'Etoile. Se armaría un escándalo enorme, porque, aunque la noticia no hubiera trascendido todavía a los periodistas, lo cual parecía imposible, al tratarse de unos personajes tan importantes, obligatoriamente, por unos u otros se difundiría. Cierto que él mismo había tratado de romper el compromiso hacía solamente dos días, pero era diferente, faltaban esos dos días, aún no era la víspera de la boda, los invitados no habían llegado todavía; hubiera podido evitarse el escándalo, que con lo orgulloso que era no estaría dispuesto a soportar.

Sí, seguro que no había estado en sus cabales, y bien que se lo advirtió el pobre padre una y otra vez tratando de hacerla entrar en razón, ¿pero cómo se puede hacer entrar en razón a una loca que se niega a razonar, o que como está tan rematadamente chiflada no puede razonar?

«Calma, no te alteres, que los nervios no son buenos consejeros, todavía no existe razón para que te tires de los pelos, no todo está perdido; el asunto se te presenta peliagudo, es cierto, pero tú eres una mujer de recursos, no desfallezcas, sigue con los planes que te habías trazado y todo irá bien».

Tenía que escaparse en cuanto regresaran de la iglesia y el secretario le entregara a su padre lo convenido, antes de que el moro pudiera llevársela al castillo que decía que tenía cerca de Oujda.

¡Miren que vivir en un castillo en esta época! Cosas de moro pretencioso y, al parecer, era un castillo medieval de verdad, con almenas y cosas de esas, posiblemente un vetusto edificio casi en ruinas, medio derruido... ¡Qué horror!

De madrugada la rindió el sueño, y dormía profundamente cuando oyó la voz de su doncella. Normalmente le costaba mucho despabilarse, pero aquella mañana no necesitó más llamadas, de un brinco se sentó en el lecho con el corazón alborotado y la sangre circulándole por las venas a toda presión: había llegado el día.

—¡Oh, señorita, qué maravillosa mañana para su boda!

El tiempo había cambiado, no había niebla, pero un experto meteorólogo diría que aquel sol tan espléndido era engañoso, que presagiaba lluvia.

Enseguida sus pensamientos iniciaron la barahúnda habitual...

Le asustaba sobremanera el brillo como metalizado de los ojos del maldito moro, las escasas ocasiones en que habían cruzado las miradas le dio la inquietante impresión de que por muchos esfuerzos que hiciese ella mostrándose hermética, él conseguía penetrarle en el cerebro con las taladrantes pupilas semejantes a dos estiletes y hurgarle en los entresijos descubriéndole hasta los más recónditos pensamientos.

Había de tener mucho cuidado, porque aquel tío era un lince.

Únicamente iba a tener una ocasión propicia para la evasión: cuando subiera a su habitación, donde estaba ahora, para cambiarse las galas nupciales por el traje para el viaje a caballo. Esa era otra: el viaje a caballo, ¡qué cosa más estrafalaria! Un día le explicó el moro al padre y él se lo transmitió a ella que la tradición de su familia exigía que los nuevos esposos llegasen al que sería su hogar en común montados a caballo, aunque naturalmente no era cosa de meterle en el cuerpo a la gentil desposada una cabalgada de muchos kilómetros, eso lo hacían antiguamente, cuando casi no existían otros medios de locomoción. Por tanto, irían en coche hasta un punto, desde donde continuarían el viaje hasta el castillo a caballo. En fin, la cosa no era tan mala, peor hubiera sido que tuviera que ir montada en la giba de un camello; aunque no iba a ir de ninguna forma.

Recordar lo de los caballos la hacía sentirse humillada hasta los topes, porque sucedió que cuando su padre se lo contó se puso tan rabiosa que, aunque no solía dirigirle la palabra al moro ni ir donde él se hallase, al día siguiente, cuando fue él otra vez a la quinta, hizo una excepción y bajó al salón *ex profeso* para mofarse en su cara, y nada más abrir la boca al tiempo que componía en el rostro un gesto sarcástico para decir con entonación ídem que lo de ir la recién casada a caballo era una ridiculez y una salvajada, no le dio tiempo nada más que a pronunciar la primera palabra, el odioso moro hizo que cerrase la boca, atajándola, interrumpiéndola con su habitual despotismo y grandilocuencia, diciendo que se trataba de una tradición que les venía de sus ilustres ancestros y que no sería él, precisamente el que ostentaba el mayorazgo, quien la rompiese, por nada ni por nadie.

También había dicho, como siempre no a ella directamente, al padre:

«Quiero una boda a la antigua usanza, celebrada en casa de la *arousa* para que el esposo la saque del hogar paterno llevándosela con él; pero como no me parece justo celebrarla solo por la ley marroquí, la haremos también por la ley francesa».

¡Y además civil y eclesiástica! El muy déspota mandón, ¡para lo que le iban a servir tantos documentos y tantas ceremonias!

Como plantado *ex profeso* para facilitar la huida de una esposa aterrorizada, o ayudar en la escalada a un fogoso enamorado, frente al balcón de su habitación había un eucalipto, no le sería difícil descender por él (ya llevaba días pensándolo); luego iría al garaje, montaría en el Porsche, emprendería raudo viaje hasta el aeropuerto de Casablanca y allí tomaría el avión para Francia. Solamente cuando se hallase en tierra patria, lejos de la fiera corrupia, podría cantar victoria.

¿Haría que la buscase La Interpol? ¡Como decían que tenía tantas influencias!

Qué ocurrencia, tampoco había que exagerar, ella no era una peligrosa Mata Hari ni nadie por el estilo; además, en cuanto llegara a Francia se pondría bajo la protección de su embajada. Desde allí telefonearía al padre para tranquilizarle y decirle que vendiera todo lo que tenía de valor, naturalmente incluida la finca y, como no se podían sacar divisas del país, que escondiese el dinero en su coche, montara en un barco y se reuniese con ella en Francia lo antes posible, ¡y adiós para siempre Marruecos, hasta nunca, endiosado sidi Cheik Abdelkrin!

Qué ofuscada estaba, ni se había dado cuenta de que ya estaba vestida, no recordaba cuándo le habían puesto el vestido de novia... ¿Se había duchado antes...? Suponía que sí, por costumbre, pero no lo recordaba...

—Hace mal en no desayunar, señorita, puede marearse en la iglesia.

De un momento a otro esperaban la llegada de un criado portando las joyas que habían hecho los orfebres de Cheik Abdelkrin exclusivamente para ella (¡qué cosas!) y el ramo de novia que, según él, provenía de muy lejos y para traerlo había fletado su avión, ¡no te digo, por fanfarronada más o menos que no quedase!

Había cometido una negligencia increíble: no había sacado el billete de avión. Bueno, no importaba, si no quedaban pasajes para su patria embarcaría en el primero que saliera, le daba igual el destino, lo único importante era desaparecer rápidamente de Marruecos, pero para subir al avión antes tendría que pasar el control policial y, si el demonio moro la había echado de menos y se había dado cuenta de su fuga, que habría sido así con todo el rato que faltaba ella de la mesa, y como aquel tío no tenía un pelo de tonto, en seguida se figuraría que ella iba a tomar un avión para huir a Francia y telefonearía a la policía del aeropuerto dando la descripción física y el nombre de la esposa fugitiva, y finalmente iría en persona a hacerse cargo del asunto, o sea, de ella, librándola de las temibles garras policiales para llevársela en la suya, todavía más temibles.

¡Dios, cuántas complicaciones, estaba agotada de tanto maquinar, hasta le daba vueltas la cabeza!

La maquilladora y la peluquera habían terminado cada una su cometido. La última le había hecho un bello recogido, dejándole el rostro descubierto con rizos sueltos sobre las orejas y en la nuca. Por supuesto, estaba preciosa, como siempre.

—Señorita...

Reaccionó a duras penas. Si continuaba así podría delatarse ella misma; aunque el verdadero peligro existiría cuando se hallase en presencia del diablo moro.

—Ha llegado el mensajero —le explicó la doncella—. Está ahí fuera con el señor y el señor solicita autorización para entrar.

—¿Qué señor? —preguntó, ya enfrentada a la realidad, ya excitada.

—Su señor padre, señorita.

—Ah, bueno... —dijo como si se desinflara, y continuó, impaciente, acusadora—: ¿Por qué has dicho esa tontería de que el señor solicita autorización para entrar? Creo que te estás contagiando de la manera rara de hablar el moro... ¿Qué haces ahí parada? ¡Dile a mi padre y al tipejo que entren!

Monsieur Marcel Desbois, muy elegante con el traje de etiqueta, como cualquier otro padre que se dispusiera a casar a su única hija, se hallaba afectado; pero no demasiado, después del mes en perpetua tensión la boda iba a significarle un gran descanso, además, con la perspectiva de vivir tranquilo, sin atosigantes acreedores.

—Han llegado tus amigos, están esperando abajo, dicen que van a atronar los espacios de Rabat con los cláxones... ¡Qué chicos!

Detrás había entrado un marroquí joven, ataviado como todos los sirvientes de la casa Abdelkrin: de blanco con adornos de pasamanería verde. Sin pronunciar palabra, se inclinó ceremonioso ante ella y le entregó dos objetos, una caja alargada a través de cuya tapa transparente se veía un delicado ramo de orquídeas rosadas y una arqueta de fina madera, ribeteada de oro y con rubíes incrustados.

Tomó las dos cosas y la llavecita de oro que le entregó el sirviente por separado, y a su vez le dio a Connie la caja alargada para que sacara el ramo.

El joven marroquí, tras nuevas reverencias a ella y al padre, se retiró.

El joyero estaba forrado por dentro con satén rosa pálido, y contenía unas joyas fantásticas, un aderezo completísimo de platino y brillantes: corona, broche, pendientes largos, preciosos, brazalete y anillo. Una auténtica fortuna.

«Gracias, Cheik Abdelkrin; en Francia me las pagarán bien».

Parsimoniosamente empezó a ponérselo todo: primero el broche en el hombro...

—Ya puede colocarme el velo y la corona —le dijo por último a la peluquera.

Y cuando lo tuvo puesto todo...

—Suzy, mi pequeña... ¡Estás maravillosa! —exclamó el padre emocionado.

Connie le entregó una cuartilla de papel blanco, doblada:

—Estaba debajo de las flores.

Con el ceño fruncido la cogió, la desdobló y vio en una esquina un membrete muy raro en dorado y negro, luego leyó lo que había escrito a mano, con letra cuidada y en perfecto francés: «Como soy un enemigo legal, te prevengo: piensa muy bien lo que haces, porque dentro de una hora ya no habrá salvación para ti, me pertenecerás por derecho; se acerca el momento de que midamos realmente nuestras fuerzas, bella tigresa». En el lugar de la firma un rasgo ininteligible. ¿Pero es que ella necesitaba una firma más clara?

Bajo las curiosas miradas de los presentes, incluida la del padre, que se había puesto muy serio, se puso a romper el papel una y otra vez hasta convertirlo en trocitos tan pequeños como confetis, que fueron cayendo al suelo. Finalmente le dijo a Connie:

—Haz el favor de barrer esa basura.

CAPÍTULO VII

Lo que el camello imagina el camellero lo adivina
(Proverbio árabe)

****

Llegó frente a la iglesia en el Mercedes Benz del padre, con el que iba a ser el padrino. El vehículo, conducido por el chófer, se detuvo suavemente.

Enseguida se pusieron a disparar las cámaras fotográficas los numerosos reporteros gráficos que se hallaban apostados por los alrededores (por lo visto el secreto de la boda había dejado de serlo), la mayoría llegados desde muchos otros lugares del mundo *ex profeso* para informar sobre la boda del año: la del prestigioso y noble marroquí sidi Cheik Abdelkrin, de Marrakech.

Él, elegantísimo, con chaqué gris marengo, en la solapa izquierda la insignia de oro y esmalte negro y camisa de satén blanco bordado. Había llegado hacía casi media hora en un fabuloso Rolls-Royce negro acharolado con la tapicería de terciopelo granate, conducido por Abdallah, su chófer, ataviado de gala con la camisola de seda en vez de algodón y el chaleco más profusamente bordado, no solo con hilos verdes, también dorados, y un gorro redondo rojo con un borlón igualmente de hilos dorados.

Había estado esperando (sin ninguna seguridad de que apareciese la novia) en compañía del escritor Hervé J. Villaret y de una elegante dama francesa ataviada con un vestido de gasa rosa y pamela a juego que iba a ser la madrina.

Cuando vio aparecer el Mercedes y detenerse, muy sonriente, sin menoscabo de su arrogancia se acercó presuroso, abrió la puerta y le ofreció galantemente la mano a la novia. Una mano grande, morena, viril y señorial, libre de guante, luciendo en un dedo un soberbio y original anillo de oro blanco con un corindón. Sobre aquella mano firme como un pilar, Suzanne puso una suya, mucho más pequeña y blanca, también sin guante, luciendo como él un fabuloso anillo, además del brazalete en la muñeca.

Él la abarcó con la mirada que relucía, pero ella no le vio los brillantes ojos porque mantenía los suyos bajos. A continuación, le dio el brazo al padre y echó a andar con él hacia la entrada de la iglesia y, como su cerebro no descansaba ni un segundo, se preguntó cómo reaccionarían todos aquellos encopetados personajes que la habían estado esperando, si se detuviera allí, en plena calle, y dijese en tono alto y claro: «¡No entro en la iglesia, no me caso con este moro, se acabó la pantomima!».

Suponía que todos pondrían expresión de estupor. ¿Y el fantasioso moro, qué haría, qué diría, disimularía como si no le afectase...? Los que se lo pasarían en grande serían los reporteros, disparando sus cámaras como si disparasen metralletas, todos hablando a la vez, preguntando, queriendo saber...

Paciencia, no podía hacer nada hasta que su padre se hallase fuera de peligro.

Al entrar en la iglesia los acordes del Ave María de Gounod le llenaron el pecho de congojas, y cuando se vio delante del reclinatorio se dejó caer de rodillas.

Se sorprendió cuando oyó al sacerdote preguntarle si quería a Daniel por esposo. ¡Era un fraude, no se llamaba Daniel, era Cheik Abdelkrin! ¿Y si ahora en vez de decir que sí, que quería a aquel moro por esposo, decía que no?

El padre le tocó suavemente una mano mirándola a la cara, y al devolverle ella la mirada le pareció que él tenía expresión suplicante, y no vaciló:

—Sí, quiero —dijo, sorprendiéndose ella misma por su firmeza.

Y otra persona también se sorprendió muchísimo al oírla.

Enseguida volvió a sumergirse en sus cavilaciones.

Reaccionó y alzó la mirada al sentir sobre el brazo izquierdo una mano más grande, más fuerte y mucho más firme que la de su padre.

Los reporteros aprovecharon la ocasión para fotografiar a la bellísima novia.

¿Ya era Cheik Abdelkrin su marido, solamente porque el sacerdote les hubiera dicho que eran marido y mujer aquel moro tenía derecho a exigirle la entrega de su cuerpo? ¡Allí faltaban todavía muchas cosas! ¿Y el beso? ¡El cura no había dicho lo de que el novio podía besar a la novia, ella no lo había oído, ni había sentido el beso! Aunque él le levantó el velo de la cara y muy sonriente se la quedó mirando durante un breve instante mientras los reporteros se ponían a disparar sus cámaras deprisa, iluminando profusamente el interior de la iglesia con los destellos de los *flashes* como si fuesen fugaces relámpagos, seguramente para no perderse el inminente beso que gracias a Dios no se produjo, pues de todo esto sí que se percató ella muy bien.

Otra vez ofuscada, otra vez casi sin darse cuenta de lo que hacía, se vio de pie, del brazo del que ya era su marido, caminando hacia la salida del templo.

Por deferencia hacia el ilustre contrayente, para que no tuvieran que molestarse, en la misma sacristía les esperaban, por parte árabe, un juez y, por la francesa, el renombrado juez francés *monsieur* Albert Lanke, gran amigo de la familia Abdelkrin, que había ido expresamente de París para efectuar el matrimonio civil.

Sin leer los documentos en francés que le ponían delante los fue firmando todos; y los que estaban redactados en árabe y además escritos con sus signos gráficos, también. ¿Qué importaba una firma más o una firma menos?

Finalmente, ya casados, y recasados, salieron a la calle donde se habían congregado bastantes curiosos alertados por la furgoneta de la televisión y la de tantos coches lujosos y tanta gente distinguida.

Plácemes, enhorabuenas, besos, apretones de manos...

Los invitados eran pocos, pero muy seleccionados: príncipes y princesas, no solamente de los países árabes, también de casas reales europeas, y relevantes figuras de las finanzas, del mundo de las letras y de las artes en general, valgan como ejemplo los cuatro personajes de raza amarilla: un poeta, un rico financiero, un culto anticuario y un famoso pintor. Sin embargo, tanto por parte del novio como de la novia no había más representantes familiares que *monsieur* Marcel Desbois.

Antes de que se iniciara la desbandada general hacia los vehículos, los nuevos desposados quedaron unos momentos separados y Hervé J. Villaret aprovechó la ocasión para intercambiar unas palabras con el estimado amigo y felicitarle:

—*Bonne chance, mon ami.*

—*Alea iacta est...* Gracias y discúlpame, tengo que estar constantemente ojo avizor, no puedo bajar la guardia ni un instante. Tonto sería si lo hiciera creyendo que como se ha casado conmigo su juego ha terminado, cuando intuyo que es precisamente ahora cuando empieza. De todas formas, como he dicho en latín, la suerte está echada, ya veremos lo que resulta de todo esto. Una cosa es segura, me siento vibrar de excitación; porque ocurra lo que ocurra presiento que voy a pasármelo en grande. Indudablemente Suzanne Desbois está loca... ¿Te das cuenta? ¡Estoy casado con ella, somos marido y mujer! Amigo mío, pellízcame para cerciorarme de que estoy despierto.

—Estás bien despierto... Anda pues, ve con tu bella esposa.

Todos se dispersaron y a los escasos segundos rodaban los coches por la carretera. En primer lugar, el Rolls-Royce conducido por el chófer engalanado, en el asiento trasero los recién casados. Les seguían inmediatamente detrás un Riley negro al que nadie prestaba atención, quizá porque nadie sabía quiénes iban en su interior. Luego toda la larga fila de coches y, al final, los ocupados por los amigos de Suzanne armando tremendo ruido con los cláxones.

Desde que entraron en el vehículo Suzanne se arrimó a la ventanilla de su lado y se puso a mirar a través del cristal, como si lo que veía fuese lo más interesante del mundo, hasta que empezó a oír la risita y la voz casi al oído.

—Me decepcionas, tigresa, observo que eres incapaz de enfrentarme la mirada.

Antes de volver la cara, Suzanne respiró hondo y, cuando se le enfrentó, hasta pudo mirarle con displicencia; pero no dijo nada, y Cheik Abdelkrin continuó:

—Me agradan los desafíos, nunca me han gustado los triunfos fáciles; por el contrario las dificultades me sirven de estímulo. En la nota que te envié con las flores, y que estoy seguro has leído aunque solo haya sido por curiosidad, te lo puse, ya no tienes escapatoria, es inútil que esa cabecita sin seso se esfuerce buscando una salida que no ha de hallar, tu soberbia te ha perdido, has caído en la trampa que tú misma habías preparado. Voy a confesarte algo, cuando hace dos días me telefoneó tu padre y me transmitió tu deseo de continuar adelante con lo de la boda con la tonta excusa de que no querías quedar en mal lugar delante de tus amigos, aunque no le creí, acepté, por lo que te he dicho de los desafíos, y desde entonces he estado a la expectativa, a ver por dónde me salías, nunca pensé que llegaras a casarte conmigo. Figúrate que cuando te esperaba en la puerta de la iglesia pensaba que no ibas a aparecer; pero, como apareciste, y dicho sea de paso, bellísima cual aparición onírica —intercaló una breve sonrisa—, empecé a suponer que me habías preparado una venganza más espectacular, por ejemplo, que cuando el sacerdote te preguntase si me querías por esposo ibas a contestar que ni loca te casarías con un moro, y hasta me pareció que hesitabas...

—No podía hacerlo —replicó ella con voz insegura—. Si te hubiese despreciado en presencia de tus invitados y de los reporteros te creo capaz de tomarte la más cruel de las venganzas contra mí y contra mi padre.

Cheik Abdelkrin alzó las manos como clamando al cielo:

—¡Pero si yo te di toda clase de facilidades! ¿Por qué no aceptaste mi ofrecimiento? —como ella no contestaba, continuó—: Suzanne Desbois, eres la mujer más imprevisible y la de reacciones más absurdas que he conocido en mi vida, y que conste que he conocido algunas también con la masa encefálica un poco a la deriva; pero tú las superas a todas con creces... Bien, ya estamos casados, ¿y ahora qué? ¿Qué nueva locura ronda por esa cabecita, cuáles son tus planes de futuro? Porque imagino que te habrás trazado unos planes, y desde luego estoy seguro de que esos planes no son formar conmigo una verdadera familia, con muchos hijos míos, muchos moritos...

En vez de contestar Suzanne apretó los labios con fuerza.

—Ya, es tu juego y no piensas descubrirlo todavía; por mi parte confieso que a estas alturas no puedo imaginar cuáles pueden ser tus proyectos, seguramente como mi cerebro razona con lógica no puede concebir los pensamientos de una niña estulta; pero estoy seguro de que estás maquinando algo, ahora bien, noblemente te advierto, por si esa cabecita de chorlito que tienes todavía no se ha dado cuenta, que has llegado demasiado lejos, tú solita has metido la cabeza en la boca del lobo, que soy yo y no voy a dejarte que la saques. Desde hoy me perteneces porque he cumplido con lo convenido, he pagado por ti lo estipulado, sin regateo, con esplendidez...; continúa con la boquita cerrada, no vayas a llamarme animal, salvaje o cafre, como sueles hacer, porque si yo soy todo eso tú eres otras cosas que por delicadeza me callo. Tampoco abras la boca para decirme que no sé lo que es la delicadeza porque lo sé muy bien y me encanta emplearla con las mujeres; pero tú no sé cómo te las arreglas para despertar en mí los peores instintos animales que todos llevamos dentro, eres todo un carácter, lo reconozco; pero ese carácter tuyo ha tropezado con el mío, que le supera en mucho, infinitamente, sin punto de comparación. Como dice el proverbio árabe: la mota de arena no puede rivalizar con la piedra. Y entiende bien esto otro que voy a decirte, abre tus orejitas al máximo porque te conviene oírlo: cuando adquiero algo de valor velo noche y día para que no se me pierda ni me lo roben, y otra cosa más, poco he de tardar en ver esa soberbia tuya convertida en polvo arrastrado por el siroco del desierto, convertida en un átomo insignificante, en aire, en nada.

Sin poderlo evitar Suzanne se estremeció de pies a cabeza.

Era un hermoso salón y al retirar algunos muebles de envergadura y abrir de par en par las puertas correderas de la terraza, quedó en óptimas condiciones para recibir sin agobios a los invitados. Los sirvientes de Cheik Abdelkrin hicieron todo el trabajo a la perfección. Estos y otros más, hasta veinte, contando un cocinero y un repostero con sus correspondientes pinches, habían venido especialmente para el evento (como él decía) de su casa de Marrakech. El servicio de las mesas corría, así mismo, a cargo de sus criados, ataviados de gala y con guantes blancos.

Con una presentación exquisita sirvieron los deliciosos canapés de caviar iraní, los variados pastelillos salados rellenos de carne, pescado, queso, verduras o mixtos; la ensalada de marisco, los centollos, las langostas, el salmón ahumado de Escocia, pollos con una salsa cuyos ingredientes eran cebollas, canela, almendras y ciruelas pasas; pierna de cordero horneada con guarnición de verduras rehogadas en manteca, y pescado, dorada al horno acompañada de salsa verde con alcaparras. Todas las salsas fueron muy elogiadas y Cheik Abdelkrin, riendo simpáticamente, explicó que se trataba de recetas antiquísimas que se transmitían sus cocineros de padres a hijos. Todo el larguísimo menú fue muy elogiado, hasta el exquisito sabor de las carnes, su consistencia y jugosidad, cuando actualmente, dijo alguien, los alimentos cárnicos habían perdido gran parte de su auténtico sabor. Entonces él aclaró orgulloso que las viandas cárnicas que estaban degustando tenían tan buen sabor porque, además del mérito de su cocinero, no habían sido adulteradas, ya que procedían directamente de los animales que se criaban en su granja de Meknés, lo mismo que la leche, la manteca y los huevos; en cuanto a las verduras y frutas, provenían de su finca de Kenitra.

«¡Arrogante idiota —se decía Suzanne—, seguro que al oír tantas fanfarronadas tus invitados se estarán burlando de ti para sus adentros!».

Sentada junto a la mesa donde más que un ágape se estaba sirviendo un banquete pantagruélico, con una excitación nerviosa casi insoportable, esperaba que se le presentase pronto la ocasión de escapar, porque a cada momento que pasaba le daba más miedo Cheik Abdelkrin, y no debía olvidar que Cheik Abdelkrin era ya su marido; y un tío muy listo, más le valía reconocerlo de una vez para saber a qué atenerse.

Los componentes de la orquesta francesa (porque hasta tenían orquesta) iniciaron los bailes con un vals para los novios.

La invadió una extraña e indefinible sensación al sentirse por primera vez entre sus brazos, que la aprisionaron con fuerza y al mismo tiempo con una delicadeza extraordinaria. Todo el tiempo que duró la pieza musical estuvo callada (él tampoco dijo nada) con la cabeza ladeada, tropezando su mirada con uno de sus hombros, que era a lo más que llegaba. Fue un auténtico martirio, no porque no llegase más alto, sino por estar entre sus brazos.

Luego bailó con el padre, a él sí le sonrió y le habló:

Estaba muy animoso, y a la ansiosa pregunta de ella respondió muy contento:

—Sí, pequeña, ya está todo arreglado, y a plena satisfacción.

—¿Qué quieres decir?

—Que ya están saldadas absolutamente todas mis deudas y que ya ha sido levantada la hipoteca de nuestra casa... Cariño, me siento como un hombre nuevo.

Sintió una auténtica conmoción al oírle, casi se echó a llorar de rabia.

—¿Cuándo te ha traído el secretario los documentos de todo eso? ¿No estarás pecando como siempre de ingenuo y Cheik Abdelkrin te la está dando con queso?

—¿Y tú cuándo vas a aprender a conocer a ese gran hombre que es ya tu marido...? —se irritó él, e impaciente explicó—:

Esta mañana, antes de que llegara el criado con las joyas y el ramo, me telefoneó para decirme que todas las operaciones habían sido llevadas a cabo ayer por la tarde.

—¿Pero te ha entregado el secretario los justificantes o solo te lo ha dicho él?

—¡Sí, enseguida vino el secretario y me lo entregó todo! Por favor, hija...

—Está bien, no te sulfures.

—Cariño, quiero que recapacites en un detalle al que yo le doy mucha importancia: las operaciones fueron hechas ayer tarde, no esta mañana después de celebrarse la boda... ¿Lo captas? ¿Te das cuenta de lo que significa? Para mí es un dato concluyente, demuestra que lo que dijo aquel día de que te compraba no fue más que una baladronada porque estaba enfadado contigo. Tu marido es un hombre íntegro, por ello, a pesar de las extrañas circunstancias que han motivado vuestro matrimonio, no estoy preocupado, sé que estás en buenas manos y presiento que vas a ser muy feliz.

¿A qué llamaría su padre íntegro, a que le hubiera pagado un buen precio por ella, por la hija...? Porque hacer hincapié en lo de que había llevado a cabo las operaciones ayer tarde en vez de esta mañana después de la boda era una tontería, ya procuró el tipo que el hecho no llegase a oídos de ella con tiempo suficiente para anular el casamiento sin peligro para su padre.

—¿Por qué no me lo dijiste enseguida?—preguntó, enfadada.

—No tuve ocasión, no iba a decírtelo en tu cuarto en presencia de Connie y de las otras, ni en el coche para que lo oyera el chófer... Es igual, ya lo sabes.

—Sí, ya lo sé —sonrió, para tranquilizar al padre, pues le parecía receloso.

Con un fabuloso alfanje de plata con la empuñadura formando con profusión de gemas engastadas la efigie de un raro animal, los novios cortaron la tarta de tres pisos, a base de pasta de almendras, nata montada y frutas confitadas, una delicia para el paladar, decían todos, la única que no participaba en las alabanzas, puesto que ni llegó a probarla, fue la novia, ¡para delicias gastronómicas estaba ella, sí, sí!

Parecía absurdo, pero el caso es que abiertamente todavía no había mirado al marido a la cara, porque cuantas veces lo había hecho de soslayo sus pupilas habían tropezado con aquellas otras tan claras y penetrantes como taladros y le dio repelús.

Sentía agobio, menos mal que nada más llegar hizo que Connie le quitara el velo, pero luego volvió a ponerse la bellísima corona.

¿Y si con cualquier pretexto se levantase de la silla, hiciera una disimulada seña al embajador francés y al juez, que estaban sentados con las respectivas esposas, fueran a una habitación y les contara su problema pidiéndoles ayuda...? Como ya no tenía nada que temer respecto a su padre podrían darle a ella protección en la embajada francesa hasta que le concedieran la separación matrimonial, por lo menos la civil...

¡Cuántas locuras se le ocurrían, se hallaba en territorio marroquí, casada con uno de los más prestigiosos marroquíes, ni el embajador ni el juez querrían saber nada!

Tenía que ingeniárselas sola, hacerlo como lo tenía planeado, escaparse ya, sin más demoras; ahora o nunca.

—Voy a subir a cambiarme de ropa —le dijo al marido, de prisa, alzándose de la silla y añadiendo, para disponer de más tiempo—: De paso me ducharé, tengo calor.

El galante se puso también de pie:

—Me parece una magnífica idea —y continuó, como facilitándole las cosas—: Tómate el tiempo que necesites, no te preocupes, te esperaré aquí sentado sin impacientarme (embustero). Cuando vuelvas iré yo a prepararme también para el viaje.

Hay que advertir que muy de mañana había enviado a su ayuda de cámara con todo lo necesario. Por cierto, el hombre estaba allí, al pie de la escalera.

El padre, que había estado distraído hablando con Hervé J. Villaret, al verla de pronto de pie le preguntó:

—¿A dónde vas?

—A cambiarme de ropas.

—¿Pensáis marcharos ya?

—Supongo que sí, porque él dice —¿por qué le costaría tanto pronunciar el nombre del marido...?— que cuando yo regrese subirá a su vez a cambiarse.

—¿Por qué no sube contigo?

¿Qué le pasaba al tontorrón del padre, estaría ebrio? ¡Iba a estropearlo todo!

Contestó Cheik Abdelkrin, ahora como si le echara un capote:

—Yo iré cuando ella regrese, así no desatendemos tan pronto a los invitados.

Mirando al padre Suzanne se emocionó, le echó los brazos al cuello y le besó en las mejillas. Y Cheik Abdelkrin, que no le quitaba ojo, sonriendo para su bigote pensó:

«Se está despidiendo del padre, ¡pero qué mala actriz serías, criatura, qué mal finges, hasta das pena!».

Conteniendo las ganas de echar a correr se retiró atravesando el salón por un lateral, maldiciendo para sus adentros a los amigos, que como se habían posesionado de la terraza la vieron pasar y salieron todos en tropel, y cuando les dijo que iba a su cuarto a cambiarse de ropa las chicas se ofrecieron para ayudarla; menos mal que consiguió zafarse pronto. Subió rápidamente la escalera y a los pocos segundos estaba en su cuarto con la puerta cerrada con llave. Sentía como si el corazón se le fuera a salir por la boca; sin embargo, aquella tremenda excitación no era nada comparada con la que habría sentido si por casualidad hubiera regresado al salón y a la mesa frente a la que había estado sentada, porque ya no había una sola silla vacía, había dos, la que había ocupado ella y la de al lado en la que había estado sentado Cheik Abdelkrin, que antes, seguro de que ella no iba a volver la cabeza, en cuanto que la vio subir la escalera tras la escaramuza con los amigos, empezó a moverse a su vez, pasó deprisa por detrás de los que estaban sentados ante la gran mesa, incluidos el suegro y Hervé J. Villare, que le dirigieron miradas y sonrisas cómplices y observado por la mayoría, todos muy sonrientes, llegó al pie de la escalera. Hizo una seña a su ayuda de cámara, seguido por él subió ágilmente los peldaños y, a los escasos minutos, en una habitación, por obra y gracia de las vestimentas, se había convertido en lo que de verdad era y de lo que estaba orgulloso hasta la médula de los huesos, en un moro de los pies a la cabeza: zaragüelles y túnica blanca con anchas rayas doradas, botas de montar de cuero marrón con espuelas de oro y una gran banda también blanca en la cabeza, anudada en un lado y cayéndole las puntas en la cara. Sin perder ni un segundo, dejando al criado recogiéndolo todo, salió de la habitación, descendió la escalera con las mismas prisas que a la subida, pasó por todo el salón, ahora en sentido inverso y ganó la salida. Se internó por entre arbustos hasta llegar al pie del gigantesco eucalipto, el único que había en el jardín, y allí se quedó, allí se apostó. Un lugar estratégico porque también podía vigilar la salida de la casa.

¿No se estaría pasando de listo? Bueno, si dentro de un tiempo prudencial no sucedía nada regresaría al salón, y si ella había bajado cambiada de ropas y dispuesta a emprender el viaje en su compañía, simplemente habría pecado de malpensado, pero como solo lo sabrían él y el eucalipto...

No, no se estaba equivocando, de ninguna manera creía que Suzanne Desbois estuviera dispuesta a marcharse con él pacíficamente, juraría que ella se había estado guardando un as dentro de la manga, y si no lo sacaba ahora ya no podría sacarla nunca.

Con la cabeza alzada, mirando hacia la copa del eucalipto y al cercano balcón, el atezado rostro se distendió en una divertidísima sonrisa que hizo centellear los blancos dientes entre la intensa negrura del bigote y la barba.

—*¡A nous deux maintena, tigresse!*

¡Uyuyuy, si no se estaba equivocando la que se avecinaba, uyuyuyuyuyuyuy!

Sobre la cama se hallaba todo dispuesto.

Tenía que darse mucha prisa, por el flamante marido y por Connie, que, consciente de sus obligaciones, estaría alerta por si su señorita la necesitaba y, a lo peor, se le ocurría aparecer de improviso, y como no iba a abrirle la puerta porque no tenía tiempo que perder y si le abría, aunque consiguiera quitársela de encima rápidamente, la otra podría escamarse e irle al moro con el cuento, y si no le abría sería peor, como era tan romántica podría figurarse que con la emoción a su señorita le había dado un síncope y estaba sin conocimiento y se ponía a chillar como una descosida.

Con gestos nerviosos se quitó las joyas, abrió el bolso negro, y las echó dentro junto con los guantes. Se quitó el vestido de novia y se puso un traje de ante gris compuesto de falda larga y algo amplia y cazadora, la blusa era roja de hilo; luego, los zapatos blancos de altos tacones por otros negros de medio tacón. Por último, se colgó el bolso en bandolera, confiaba en que no se le cayera después ni le entorpeciera los movimientos, por eso lo había elegido pequeño. Lo que seguramente iba a incordiarla era la falda tan larga, en fin, con arremangársela hasta la cintura todo arreglado.

Era un fastidio tener que marcharse sin equipaje, pues las maletas que habían preparado entre Connie y ella, para darle el pego a la tonta, que era la única que las había visto, estaban en el portaequipajes del Rolls-Royce. En cuanto que llegara a Francia tendría que ir a cualquier *boutique* a comprarse de todo.

¡Moro petulante! ¿No tendría otro coche más apropiado para ir por el campo?

Bueno, eso era lo que él creía, que iban a ir los dos juntitos en el coche y después en los caballos por el campo, pero que ella iba a encargarse de desbaratarle los planes, y suponía que después de que se escapara, no iba a llevarse él sus maletas con sus cosas de ella como recuerdos, a no ser que fuese uno de esos fetichistas que dicen.

Qué desprecio para el fanfarrón que se creía un sultán, vaya bombazo las noticias de mañana, todas las revistas de actualidad presentarían parecidos titulares:

«¡A sidi Cheik Abdelkrin se le fuga su nueva esposa!». «¡Sin noticias de la última esposa de sidi Cheik Abdelkrin que le abandonó a escasas horas de haberse celebrado el matrimonio!». «¡Estupor en el mundo entero: la huida de la nueva esposa de sidi Cheik Abdelktin, el potentado marroquí, cuando aún no había finalizado el banquete de boda!».

CAPÍTULO VIII

Ha metido la cabeza en una colmena de abejas
después de habérsela untado de miel
(Proverbio árabe)

Con el cerebro hecho un torbellino de ideas, el bolso en bandolera y una silla en las manos, salió al balcón.

Cautelosa, miró a todos los lados, pero no había peligro, como había supuesto los vehículos aparcados estaban solitarios, seguramente los conductores se hallaban en alguna dependencia de la casa con los sirvientes, celebrando ellos también.

Puso la silla pegada al muro, se alzó la falda hasta la cintura y se la lio como pudo, luego se subió en la silla, de pie, y estiró el cuerpo y los brazos hasta que consiguió llegar con las manos a la rama del eucalipto que le interesaba. Se izó a pulso como un acróbata de circo, y quedó sentada en el antepecho del balcón, se dio la vuelta sobre el trasero encarándose al árbol con las piernas fuera, colgando. Sin soltarse de la rama estiró la pierna derecha, llegó con el pie a una horquilla formada en el extremo de una rama corta, casi pegada al tronco, lo metió y lo apretó con fuerza. Al menos, el pie allí metido era un punto de apoyo; aunque se preguntó enseguida de qué le serviría el punto de apoyo si se rompiera la rama a la que se agarraba, ¿quedaría colgada por el pie, bocabajo como un murciélago y sin caerse?

Más le valía no pensar aquellas cosas ahora que venía lo más peligroso. Con el corazón latiéndole a velocidad desenfrenada, tras cerciorarse de que llevaba bien colgado el bolso en el hombro, contó hasta tres, y... ¡zas!, se lanzó saliéndose del balcón. Entonces, le ocurrieron dos percances, sin gran importancia, aunque uno la fastidió bastante: con el brusco movimiento la falda se soltó del rebujo que se había hecho en la cintura y se le enganchó por la parte de abajo en un muñón, y se vio obligada a soltarse una mano de la rama, con el tremendo peligro que tal cosa suponía para desengancharla, como pudo, a tironazo limpio, cargándose buena parte del dobladillo, cosido o pegado como estuviese, de manera que por unos momentos quedó colgada de la rama a la que se agarraba frenéticamente con una sola mano, mas enseguida otra vez con las dos y con las piernas formando un ángulo recto, la izquierda vertical hacia el suelo y la derecha horizontal hacia el tronco del eucalipto; pero, sin acobardarse, dio un nuevo impulso a su cuerpo, y siempre sin soltarse de la rama, pasó por un montón de otras más frondosas, que de ninguna manera pudo evitar, solo hurtar el rostro, y llegó dándose un alucinante encontronazo en el vientre con el tronco, pero estaba tan ofuscada que ni sintió dolor. Con prontitud y destreza enroscó la pierna colgandera alrededor del tronco, entonces se produjo el segundo incidente. Cuando fue a sacar el otro pie de la horquilla, como estaba tan bien encasquetado y, por añadidura, al llegar con el vientre al tronco y enroscar en él la primera pierna, esta, la del pie en la horquilla, se le dobló por la rodilla y, como, aparte de la peligrosa situación general, tal postura le dificultaba enormemente los movimientos, cuando con enorme esfuerzo consiguió sacar el pie también se le salió el zapato, y zas, zas, zas... Se le fue abajo sin que ninguna rama lo detuviera. ¡Bah!, incidente baladí, el zapato había llegado a destino antes que ella, ¿y qué? Como seguro que no se había echado a volar en cuanto que bajase lo vería, peor hubiera sido que se le cayese el bolso y al llegar al suelo con el golpe se hubiera abierto y desparramado por tierra su precioso contenido...

Sin pensar más en ello, inmediatamente enroscó también aquella pierna al tronco. Luego se soltó una mano de la rama, enroscó el brazo igual, después la otra mano e hizo ídem de lo mismo... Y ya estaba, mejor no podría haberle salido, ni siquiera había sido demasiado difícil y, sin más consecuencias, si consecuencias podían llamárseles al enganche de la falda, a la tonta caída del zapato y a la gran embestida que le habían dado las ramas a su cabeza, o su cabeza a las ramas, que si no hubiera sido lista podrían haberle puesto la cara como un mapa, o peor todavía, dejarla tuerta o ciega; pero gracias a Dios todo había salido perfecto, solo tuvo como resultado final que se le deshizo el peinado y estaba desgreñada, cayéndole los mechones de rizos por la cara, por los ojos y por todo... En fin, con tal de que los pelos la dejaran ver...

Y empezó a descender, despatarrada y gateando. La corteza del añoso tronco estaba seca y rugosa como si tuviese mil años y le hacía daño en las manos y en las piernas por la parte interna de los muslos, a la altura de las rodillas, que era lo que apoyaba más en el tronco. Pero era tanta su excitación que continuaba sin sentir nada, lo peor fue que cuando calculaba que estaba llegando al suelo la dichosa falda volvió a engancharse, también por el dobladillo; pero aun suponiéndole nuevamente una molestia, ya no le dio tanta importancia, pues como por allí no había hojarasca pudo ver por entre la maraña de sus pelos que el suelo se hallaba a escasa distancia, y supuso que con los pies en tierra firme le sería fácil desenganchar a la recalcitrante prenda. Por tanto, sin más consideraciones, sincronizando los movimientos, abrió brazos y piernas, planeó cual grácil mariposa, dio un salto y... chas, fin de trayecto.

Bueno, bueno, bueno..., fin de trayecto para ella, no para la fastidiosa falda, que se había quedado rezagada ochenta centímetros, todo lo que daba de sí a partir de la cintura, pues ocurrió que, al planear, como la odiosa prenda estaba enganchada por el dobladillo, se había vuelto completamente del revés, cubriéndole en vez de las piernas y la parte inferior del cuerpo, como era su cometido, la superior, brazos y cabeza incluidos, y como el ante no se transparenta, instantáneamente todo se le oscureció, igual que si se hubiese producido un eclipse de sol, ya que solo le llegaba un resquicio de claridad por el hueco, como un túnel, arriba de la incordiante falda. Por lo demás, las bien torneadas piernas, aunque ahora no estuvieran muy presentables con los pantis destrozados, habían quedado completamente al descubierto, hasta era fácil ver a través del calado color humo la diminuta braguita rosa y, como no veía nada a su alrededor y de todas formas, aunque hubiese tenido la cara descubierta, no se le habría ocurrido volver la cabeza para mirar atrás porque no creía tener razón para ello y porque estaba ocupadísima luchando y forcejeando con los brazos allí metidos como si tuviera puesta una camisa de fuerza, rezongando, farfullando improperios contra el maldito ante que la tenía con un tremebundo agobio, despotricando contra la excesiva longitud de la aborrecida falda cuando tan cómodo y práctico le hubiera resultado para la ocasión, y para el supuesto de que hubiera ido a caballo, un pantalón de montar, o un pantalón vaquero, o una falda mini, y con lo a gusto que se hallaba con las faldas minis, cuanto más minis mejor. Además, si se hubiese tratado de otro género más frágil ya lo habría rasgado, pero no, como el maldito moro hasta en aquello se metía, había comprado el maldito conjunto de la maldita piel, nada de piel sintética, ¡qué va!, piel, piel, de la mejor, de la que no se rompía ni a tiros, el déspota, el mandón que todo lo mangoneaba sin que nadie pudiera decir esta boca es mía, el prepotente, el moro machista...

Bien, por todas estas razones, no veía, no podía ver al que culpaba de todas sus desdichas, que justamente lo tenía detrás, y que, dicho sea de paso, había estado pendiente del arriesgado descenso dispuesto a intervenir con su extraordinaria fortaleza en cuanto lo hubiese creído necesario y que hacía unos momentos se había llevado un gran sobresalto cuando le cayó en toda la coronilla el zapato femenino, y claro está, si ella ni siquiera sospechaba que él estaba allí mismo, a su espalda, silencioso cual cruel felino dispuesto a saltar sobre su indefensa presa, lógicamente tampoco podía ver la brillante mirada fija en el atractivo espectáculo que, inocentemente, ajena por completo al grandioso interés despertado, le estaba ofreciendo.

Ella ni veía ni sabía nada, ella, erre que erre; por mucho que se empinaba sobre las puntas de los pies, uno calzado y el otro solo con la media, y por mucho que estiraba los brazos dentro de la más que exasperante falda, no lograba llegar con las manos donde estaba retenida la maldita, y así no había forma; además, al tirar tanto había hecho bolsa en la piel afirmando todavía más el enganche, y ahora para soltarla sería preciso coger el género y tirar hacia arriba, y naturalmente no podía hacerlo desde el suelo; tampoco podía volver a trepar por el tronco allí metida; y lo que hacía era tirar de la prenda con todas sus fuerzas, a ver si conseguía romperla por el enganche, cada vez más nerviosa y rabiosa al pensar en los preciosos segundos que estaba perdiendo por aquella tontería imprevista, diciéndose que de continuar así iba a dar tiempo a que fueran todos a buscarla con el moro al frente y, seguramente, la encontrarían asfixiada, metida en aquel horrendo túnel de piel, y justo cuando se le perfilaba en la mente la idea de desabrocharse el corchete de la cintura, bajarse la cremallera como pudiera si podía, que tampoco le parecían ninguna de las dos cosas tareas fáciles, salirse por abajo de la aberrante falda y marcharse corriendo en bragas y pantis dejándola allí colgada, entonces sucedieron varias cosas al mismo tiempo: comenzó a oír una espeluznante risita que, para su desgracia, ya conocía de sobra, y vio pasar por el hueco de la odiada falda y, por encima de su cabeza, parte de un brazo cubierto por una amplia manga blanca con algo brillante. El brazo terminaba como es normal en una mano, que a la mano, a pesar de ser bien grande, la vio entera, dicha extremidad llegó a donde estaba retenida la más que endemoniada falda, los largos dedos se movieron en un gesto rápido y preciso y descendió la rebelde.

Como una ratita caída en una trampa, así se sintió. Pues, naturalmente, no necesitaba volver la cara para saber quién era la persona que estaba detrás de ella. Pero consiguió domeñar las ganas de gritar, terminó de bajarse la falda, se apartó los cabellos que tenía delante de los ojos aunque, enseguida, volvieron otra vez porque sus pelos eran de los que cogen vicio y regresan siempre a donde estaban, luego, con suprema indiferencia, parsimoniosamente, se puso a quitarse las ramitas que se le habían quedado adheridas al busto de la cazadora y, por último, miró por el suelo...

—¿Se te ha perdido esto?

Oyendo la voz vio la mano de antes, o la gemela porque era igual de grande y de morena, asomar por uno de sus costados, y en dicha mano su extraviado zapato.

—Sí, gracias —contestó muy educadamente cogiendo el objeto.

Se limpió cuidadosamente el pie pasándose la mano repetidas veces por la planta cubierta por la media y se puso el zapato; y ya, comprendiendo que no podía demorarlo más, que tenía que volverse y darle la cara, lo hizo, se volvió y le dio la cara. Entonces, cuando vio delante al impresionante moro que la miraba con los claros ojos chispeantes de malicia y mostrando los blanquísimos dientes en la perversa risita que no cesaba, el autodominio del cual había estado haciendo gala casi la traicionó, y comprendió que en ningún momento había conseguido engañar con sus planes de fuga al astuto moro; pero el muy zorro, sin dejar traslucir nada para que ella se confiara, y solita, sin que nadie la empujara, metiera la cabeza en un avispero repleto de himenópteros furiosos, ¿necesitaba más pruebas que aquella de que la hubiera esperado al pie del eucalipto como quien espera que le caiga una manzana madura? Y le veía grandísimo, como un galayo que por obra de un maleficio se hubiera alzado de pronto en su jardín y a sí misma como a una hormiga; y entre la amalgama de angustiosas sensaciones que la embargaban, predominaba una, la más terrible: ya no podía escapar, Cheik Abdelkrin iba a llevársela consigo a sus dominios, a su vetusto castillo.

De repente muy serio, él la agarró fuertemente de un brazo.

—¡Basta de chiquilladas, vamos!

—¡No me toques! —chilló despavorida.

¿Qué podía hacer ahora, gritar más fuerte para que fuera alguien a salvarla de las garras de la fiera? Nadie iría a ayudarla, y aunque acudiera su padre, ¿qué podría hacer el pobre? Nada. Ella era propiedad del moro, él la había comprado.

Pero, aun reconociendo su impotencia, se resistía a dejarse llavar mansamente como una res al matadero y afincaba los pies en el suelo, resistiéndose como podía.

El Rolls-Royce y el Riley estaban aparcados muy cerca, juntos, ambos vehículos con los motores encendidos y aislados de todos los otros, como deliberadamente para no tener dificultades a la hora de arrancar. El segundo se hallaba ocupado: en la parte trasera por dos enormes moros enchilabados y armados con rifles, ante el volante otro moro también enchilabado. El primer coche vacío, el chófer, ya no con traje de gala, él también con chilaba, estaba fuera, con expresión impávida, como si lo que presenciaba fuese lo más normal del mundo, incluido el desastrado aspecto de la mujer con la que su amo se había casado hacía pocas horas.

Respetuosamente, sostenía abierta una de las puertas traseras del vehículo...

—¡Suéltame, que me vas a arrancar el brazo, bruto, salvaje, animal!

Cheik Abdelkrin parecía efectivamente una roca. De un empellón la hizo entrar en el coche e, inmediatamente detrás, él, apresurándose a tomarla por la cintura, apretujándola contra sí para poder llegar al picaporte de la otra puerta con la mano y cerrarla, ya que ella al entrar la había abierto para escapar, sin darse cuenta en su grandioso ofuscamiento de lo absurdo, hasta pueril de su comportamiento.

Con igual prisa el conductor cerró la puerta tras sus señores. Entró a su vez en el Rolls-Royce, tomó asiento ante el volante, maniobró con pericia enfilando hacia la cercana carretera, cruzó el arcén y, enseguida, rodaba por la asfaltada cinta.

Idénticas maniobras fueron ejecutadas por el conductor del Riley.

Recapacitando sobre las rápidas y eficaces acciones de los conductores de los dos vehículos, en los inquietantes personajes armados que ocupaban el asiento trasero del Riley, la manera en que había sido introducida Suzanne a viva fuerza en el Rolls-Royce y el ominoso silencio en que había sucedido todo, más que un viaje de recién casados parecía un rapto...

No solamente lo parecía, era un rapto, Cheik Abdelkrin, con premeditación y alevosía más la incondicional ayuda de sus fieles servidores, acababa de raptar a su joven y bella esposa. ¡Qué lástima, qué notición, qué fabuloso reportaje se habían perdido los *paparazzis* por haberse marchado de frente a la mansión atendiendo los "ruegos" de los guardaespaldas de Cheik Abdelkrin!

—¡Suéltame, so cafre, que me vas a descoyuntar!

—Después de haber visto con mis propios ojos de lo que eres capaz, tomando el tronco de un árbol por una escalera deslizante, no me fío de ti ni un pelo, no me extrañaría que te lanzaras afuera del coche hasta con él en marcha...

—¡Claro que no haré tal cosa! ¿Crees que estoy loca?

—Muy cuerda no estás, te lo garantizo.

—¡Pero, aparta, so bruto, so animal, so salvaje, aparta!

Alzó las manos con la intención de apoyárselas en el pecho y hacer presión; un gesto inútil, hasta pueril: ¿de qué le habría servido hacer presión con sus pequeñas manos y con sus escasas fuerzas femeninas en una roca? Sin embargo, fue como de ensalmo, antes de que consumara la acción, cuando todavía tenía las manos en el aire, él le soltó la cintura y se las atrapó; pero no con brusquedad, sino suavemente y sin forzárselas, que además no hubiera sido necesario porque ella se había quedado sin reacción, encogida sobre sí misma, temblorosa, mirándole a la cara con los ojos muy abiertos, sin saber qué estaba ocurriendo, incapaz de pensar coherentemente ante el imprevisto cariz que había tomado de repente la situación, un aspecto que todavía no sabía cómo calificar, si de bueno o de malo para ella.

CAPÍTULO IX

¡Qué bella flor echa el laurel rosa,
pero el laurel rosa, qué amargo es!
(Proverbio árabe)

—¿Te has dado cuenta de lo que te has hecho, criatura...? ¿Cómo no me lo has dicho?

—¿Es que me has dejado hablar? —habló rencorosa, rehaciéndose.

—Tienes razón, perdona —contestó él visiblemente pesaroso. A continuación, se dirigió al chófer hablándole en árabe—: Supongo que llevamos a bordo botiquín de urgencia, o tendremos que conectar con el Riley...

—No hay problema, sidi, en el coche llevamos un botiquín muy completo.

Aunque ella no les entendió, en cuanto él se puso a hablarle al chófer imaginó de qué iba la cosa, se cercioró de no haberse equivocado cuando vio a aquel sacar una caja de cinc que alargó a su señor por encima de uno de sus hombros, sin desviar la mirada de la carretera.

Con una botellita de agua oxigenada en una mano y un trozo de algodón en la otra, Cheik Abdelkrin la miraba y le sonreía de una manera desconocida para ella:

—Tengo que limpiarte bien esos rasponazos, por si se te hubiese incrustrado alguna astillita o partícula de la corteza del árbol. Seguramente te haré un poco de daño, lo siento, pero es necesario para que no se te infecten.

Justamente la solicitud, que al igual que la sonrisa Suzanne desconocía, le provocó un sentimiento contradictorio: se sintió sola, desvalida, a duras penas lograba contener el llanto, pero pudo hablar con bastante normalidad:

—No te preocupes, soy capaz de aguantar eso y más.

—Ya, ¡una tigresa como tú! —bromeó él, intentando restarle importancia a la situación.

Con sumo cuidado se puso a limpiarle meticulosamente las rozaduras que, aunque superficiales, serían dolorosas, sobre todo al hurgarle.

—Lo siento infinito —le dijo al notar que ella se estremecía—. Bien, ya tenemos una lista. Te la vendaré parcialmente, para evitar el polvo del camino.

Con la misma delicadeza se puso a limpiarle la otra mano. Ahora mantenía él una expresión hermética. Volvió a notar un estremecimiento en el cuerpo femenino, la miró y el bellísimo rostro le pareció de cera.

Ella trataba de mantenerse entera, pero empezaba a sentirse muy mal, sentía náuseas, estaba mareada.

—Supongo que en las piernas también te has hecho daño, puesto que tienes los pantis destrozados... Levántate un poco la falda... ¡Vamos, no me mires como si te hubiera dicho que te desnudaras! —se irritó él—. ¿A cuento de qué tanto remilgo, y cuando la llevas mini hasta enseñar la braguita?

—Está bien —contestó ella alzándose la falda por encima de las rodillas...

—No es mucho, pero hay que curarte. Tienes que quitarte los pantis.

—No es necesario.

—Claro que es necesario, porque están sucios de la corteza del árbol, y esa suciedad te llega a las rozaduras y puede contaminarte gérmenes nocivos. —Se le había pasado la irritación y ahora le hablaba como si tratara de convencer a una niña—. Hay que quitártelos y limpiarte como he hecho con las manos, porque si te los dejaras puestos, lo que además de que sería una solemne tontería ya que en vez de beneficiar tu estética la desmejora, y aunque tampoco tuvieras en cuenta lo de la infección, lo cual yo no permitiré, dentro de un rato la trama del tejido se te habrá pegado a la piel con esas gotitas de sangre que rezumas y te hará mucho daño... Vamos, no seas cría, te doy mi palabra de honor de no mirar más de lo estrictamente necesario, como si fuese tu médico —sonrió otra vez.

—Está bien, me los quitaré...

—¿Puedes valerte sola o te ayudo...?

—No digas tonterías.

—Está bien... Espera, no te inclines, puedes marearte; yo te quitaré los zapatos.

—Vale... Ahora mira hacia la ventanilla... Por favor...

—Tranquila —dijo él, volviéndose hacia la ventanilla de su lado y retirándosele todo cuanto pudo para dejarle más margen de acción. En sus labios, una mueca, un rictus indefinible, no acababa de creer que Suzanne Desbois fuese tímida, claro que aquella actitud tan recatada podría ser porque él era un moro...

A cada segundo que pasaba se sentía peor, casi no podía fijar la mirada en nada, todo le daba vueltas. Con enorme esfuerzo se levantó a medias del asiento y, sin dejar de mirar de soslayo la cabeza de él, que veía distorsionada (por el chófer no se preocupaba, aquel no podía ver la parte baja de atrás, ni en el espejo retrovisor) se subió más la falda y se bajó la parte alta de los pantis hasta llegar a los muslos... Y ya no pudo continuar, se quedó completamente sin fuerzas y se dejó caer otra vez sentada al tiempo que la invadía un gran aturdimiento y la visión se le hizo aún más dificultosa. Sintiendo ya el vahído que la aprisionaba en sus angustiosas garras, de sus exangües labios surgió un levísimo suspiro, que fue percibido por Cheik Abdelkrin, que se volvió rápidamente, con la alarma reflejada en las claras pupilas y, al igual que cuando se dispara un resorte, se lanzó hacia ella, que estaba muy pálida, los ojos cerrados y la cabeza vencida hacia el suelo, consiguiendo sostenérsela antes de que se derrumbase. Se puso en pie, encorvado, la recostó lo mejor que pudo, terminó de quitarle los pantis y, con la misma delicadeza que antes con la manos, pero más deprisa, le limpió la parte interna de las rodillas, que era donde tenía el daño, muy poco. No se las vendó, no lo creyó necesario, además la falda las protegía. Finalizada la cura, en un tiempo mínimo, le tomó el pulso controlando los latidos con su cronómetro; la frecuencia era baja, no llegaba a las sesenta pulsaciones por minuto; normal en una lipotimia, no tardaría en recobrarse. Abrió la ventanilla de su lado para que le diera el fresco en la cara, le puso los zapatos, la irguió, sentándola, se le sentó al lado, le pasó el brazo derecho por los hombros, sujetándola, y como la cabeza de ella se vencía hacia abajo, desmadejada, se la apoyó en el pecho. Consultó otra vez el cronómetro, no iba a tardar en reaccionar. Seguramente, el desvanecimiento no se debía todo al daño físico, sino también a las emociones vividas los últimos días y, al final, tras la tentativa de fuga corriendo tanto peligro, el delicado organismo femenino había hecho crisis.

Con la peluda barba apoyada en la cabeza de Suzanne, en aquellos cabellos tan preciosos, Cheik Abdelkrin sonreía...

«Pobre tigresa, qué malparada has salido del primer encuentro con tu domador».

Y sucedió que con el movimiento del coche la cabeza de ella se movió, quedando con la cara hacia arriba; y a partir de ahí él ya no pudo apartar la mirada del bellísimo rostro, que estaba muy pálido, con los ojos cerrados, las largas, curvadas y negras pestañas sombreándole los delicados pómulos. Se sorprendió una vez más (llevaba sorprendiéndose desde la memorable noche de L'Etoile) al ver las pestañas y las cejas tan negras de Suzanne Desbois, y no las llevaba pintadas, en ella todo era genuino, hasta había observado que apenas si se pintaba los labios y cuando lo hacía casi ni se le notaba, ya que utilizaba el mismo tono suyo: un precioso rosado.

«Seguramente el vello púbico también lo tiene negro».

Se movió inquieto en el asiento, procurando no rozarla, pues, automáticamente, su ardiente naturaleza viril había reaccionado.

Miró embelesado la preciosa boca entreabierta, como si le pidiera un beso, inclinó el rostro y notó en la propia el aliento de ella con aroma de rosas. Se sentía como un estudiante que está a punto de robarle un beso a la chica de sus sueños, y en aquel supremo instante, lo mismo que antes cuando fue a perder el conocimento, un suspiro apenas perceptible brotó de la exquisita boca que tan cerca tenía él de la suya, sacándole bruscamente del maravilloso ensueño, sobresaltándole, haciéndole enderezarse con exagerada presteza, como un ladrón al que hubieran cogido *in fraganti*; quedándose luego con la cabeza afectadamente erguida y con el torso demasiado rígido, interiormente decepcionado hasta los topes.

—¿Qué..., qué ha pasado...?

Él estaba ahora tan pálido como ella. Solo con un enorme esfuerzo consiguió responder serenamente, si bien no pudo evitar que su voz sonara más ronca de lo normal, cargada de la tensión que guardaba dentro de sí:

—No ha sido nada, no te asustes. Has estado sin conocimiento apenas un minuto... No te muevas, seguramente todavía estás mareada...

Pero aunque Suzanne no sentía la cabeza muy firme, ya había reaccionado lo suficiente para percatarse de que sus piernas estaban desnudas y recordar que antes de desmayarse no había terminado de quitarse los pantis. Además, se vio y se sintió entre los brazos de Cheik Abdelkrin, pegada a su cuerpo. Estos elementos le dieron pie para hacer suposiciones que la turbaron de manera insoportable y, a pesar del reciente desvanecimiento, su voz sonó cargada de desprecio:

—Solo un cobarde es capaz de aprovecharse de una mujer desvanecida.

Los brazos de él se aflojaron inmediatamente y ella se apresuró a retirársele hasta llegar al extremo del asiento.

Cheik Abdelkrin sentía una rabia sorda que le destrozaba el pecho por dentro; pero aquel sentir no lo provocaban únicamente los insultos de Suzanne Desbois, también tomaba buena parte el convencimiento de su propia debilidad, y tal estado de ánimo le impelió a justificarse por una falta que no había cometido:

—No te formes juicios temerarios, solo te he sostenido para que no te cayeras.

La actitud casi humilde de él hizo que ella se creciera exageradamente:

—Al tratar de justificarte me demuestras que estoy en lo cierto. Eres un sátiro, como todos los de tu raza, un animal con instintos primarios que, por satisfacer sus groseros deseos, es capaz de aprovecharse de una mujer desvanecida. Ningún verdadero hombre lo haría, pero tú no tienes lo que deben tener los hombres...

Algo semejante al rugido de una fiera la hizo enmudecer:

—¡Alto ahí, estúpida! ¿Crees que te he violado en un minuto? ¡Y no soy un cobarde capaz de abusar de una mujer, aunque esa mujer me pertenezca por derecho, y tengo todo cuanto ha de tener un hombre, seguramente más abundante y de mejor calidad que lo de tus amigos del alma franceses, así pues, de eso nada de nada, niñata imbécil, porque soy capaz de demostrarte con hechos y ahora mismo todo lo hombre que soy, aunque luego tuvieras razón al llamarme cobarde!

Suzanne estaba aterrada, había hablado ofuscada, exagerando de manera extraordinaria, ahora se daba cuenta, diciendo cosas que no eran su costumbre. Las amigas, especialmente Antoinette, siempre estaban con la misma cantinela, diciéndoles a los chicos del grupo que no tenían lo que debían tener los hombres si no hacían esto o aquello, que no tenían lo que debían tener los hombres si no las llevaban a tal o cual sitio; pero ella no, no le gustaban aquellas expresiones tan chabacanas, de tan mal gusto, y hete aquí que, por ofuscamiento, nerviosismo, miedo, o por lo que fuese, pues ya ni ella misma sabía lo que le pasaba con aquel temible moro, fue y le soltó la frase preferida de Antoinette, dándole pie para que se explayara, amenazándola y enorgulleciéndose de sus atributos masculinos.

—Eres un grosero.

—He contestado como merecía tu provocación. Te lo dije en una ocasión y te lo repito: tienes la facultad de despertar mis malos instintos, no eres digna de delicadeza.

Y otra vez habló ella, como era su costumbre, sin pensar:

—Mejor para mí, prefiero tus salvajadas, tus delicadezas me dan asco.

Se produjo una contracción en los rasgos del rostro masculino:

—Voy a hacerte una advertencia, Suzanne Desbois. A partir de este momento, piensa muy bien tus palabras antes de dirigírmelas, porque te juro que en el momento en que vuelvas a insultarme haré que te arrepientas mil veces. Creo que todavía no te has dado cuenta de con quién estás tratando, no te confundas conmigo, y ten en cuenta algo muy importante que me parece que has olvidado: soy tu esposo y tengo sobre ti todos los derechos..., ¡todos!

—¡Ya te guardarás muy bien de emplear conmigo la violencia, porque aunque estemos en tu país la ley del mío me protegerá!

—En mis feudos y en mi *alcaçaba* no existe más ley que la que yo dicto... Pero desengáñate, a pesar de tu gran belleza como mujer no me interesas, porque te falta lo que más admiro: femineidad en todas las expresiones, en todas las manifestaciones, y tú eres peor que un potro salvaje; pero puedo permitirme el lujo de tenerte y te he comprado, no para copular contigo, para domarte, para erradicarte esa soberbia que te gastas, para que aprendas de las mujeres de mi raza, conviviendo con ellas, lo que es la modestia y la dulzura femenina. Y puedes dar gracias a Dios que no me gustes, porque si me gustaras, ni tus denuestos ni tus súplicas te librarían de que hiciera contigo lo que me diera la gana, y sin ninguna ventaja para ti, te lo advierto, porque soy demasiado hombre e inteligente para no dejarme dominar por los sentidos. Ya está todo dicho, cualquier cosa que pudiera añadir, huelga; en cuanto a ti no tienes voz ni voto.

Parecía imposible que la palidez del bellísimo rostro pudiera llegar a tal extremo, estaba lívida, y él, que finalmente se había quedado mirándola en silencio, desvió los ojos, como si no pudiera soportar verla en aquel estado.

—Acelera un poco —ordenó en francés al chófer—, quisiera llegar a casa antes de la noche; sabes que el parte meteorológico anunciaba lluvias torrenciales por la zona de Oujda.

—Haré todo cuanto esté en mis manos, sidi.

—Lo sé; pero a causa del rodeo que hemos de dar hasta llegar donde las monturas, inevitablemente nos retrasaremos...

Suzanne, que se sentía vejada, para disimular su ingrato estado de ánimo y demostrarle a Cheik Abdelkrin que no se sentía afectada, y también por el conductor, aunque su voz careció de firmeza, exclamó:

—¡Qué imbecilidad tener que...!

Ni terminó la frase, el vozarrón de él, espantándola, la hizo enmudecer otra vez:

—¡Tu opinión es nula, quien manda soy yo!

Indudablemente era mejor no gustarle, pero esto no quitaba para que se sintiera mortificada, menospreciada, rebajada en su condición de mujer joven y hermosa.

El chófer continuaba atento al volante y a la carretera, por aquel lugar bastante transitada; otra vez encerrado en su hermético silencio.

Detrás, en todos los momentos, el Riley mantenía la misma distancia, ningún otro vehículo conseguía interponerse entre los dos.

Nadie volvió a hablar dentro del Rolls-Royce hasta pasado un rato, Cheik Abdelkrin le dijo a Suzanne en tono cortés que si deseaba satisfacer alguna necesidad se lo dijera para detener el vehículo en el primer pueblo que hallasen, y ella, irritada consigo misma al sentir una oleada de calor inundándole el rostro, no contestó de palabra, solo le miró de soslayo. A continuación él, por una abertura lateral de la túnica (bolsillo disimulado o lo que fuera) sacó la bella pitillera de oro con el anagrama de esmalte negro (igual que el encendedor que sacaría después y el anillo, el sello que llevaba ahora en lugar del de oro blanco con el corindón) y antes de tomar un cigarrillo para sí con gesto galante se la ofreció abierta a ella, que volvió a rehusar sin despegar los labios. Entonces, él, llevando su cortesía hasta donde dictan los cánones (aunque hacía unos minutos bien poco cortés había sido), le preguntó si la molestaría el humo si él fumaba, y como ella contestara igual, negando con la cabeza, estiró los labios en una mueca indescifrable, una contorsión que no podría decirse con propiedad que era una sonrisa, si acaso la sonrisa de un lobo. Sin más encendió un cigarrillo, abrió la ventanilla de su lado para que saliera el humo y se puso a fumar, pensativo.

Ninguno podía adivinar las ideas que bullían en la mente del otro igual a líquido hirviendo dentro de una olla a presión. Por ejemplo, ella, con todas las barbaridades que él le había dicho, y lo que cobraba en su ánimo un relieve exorbitante que la tenía mortificada hasta los topes era lo de que no le gustaba porque no era femenina, ¡habríase visto mentecato mayor! Menudo chasco se había llevado, ahora resultaba que el muy animal se había casado con ella para encerrarla con las mujeres de su familia (¡hermoso porvenir!) y que aprendiera modales femeninos.

Tenía las manos cuidadosamente en el regazo, le daban leves punzadas; las de las piernas, nada, ni las sentía.

Él mantenía el rostro hermético a toda expresión. Estaba irritado consigo mismo, comprendía que se había pasado, ¿pero y ella, no se había pasado con creces? Desasosegado como nunca, se decía que aquella tigresa era infinitamente más peligrosa que una verdadera, porque una de la selva lo más que podría hacerle sería desgarrarle el pecho con sus poderosas zarpas, arrancarle el corazón y la vida, ¿pero y esta, cuánto daño podría hacerle esta tigresa humana, cuando con unas simples palabras que a fin de cuentas se las había llevado el viento había logrado tanto o más de lo que hubiese podido hacerle la otra, la verdadera fiera con sus afiladas garras...?

Qué grandiosa belleza poseía, qué exquisitez de mujer. No era rubia a pesar de los preciosos cabellos como el oro, era trigueña ¡y tan esencialmente femenina! No, no se retractaba, se ratificaba: Suzanne Desbois (¿no sería hora de llamarla Suzanne Abdelkrin?) además de bellísima como una hurí del Edén era deliciosamente femenina, encantadoramente femenina, enloquecedoramente femenina...

A pesar de su ingrato estado de ánimo sonrió entre dientes: «¿Que no es femenina Suzanne Desbois? Vamos, hombre, formalidad, si es la femineidad personificada, y en la intimidad pasional, tan bella, enamorada, rendida ante sus propios deseos sexuales despertados por la habilidad de su hombre, esta divina criatura debe ser algo sublime, la quintaesencia de la femineidad...».

Reconocía que no hacía bien, que siempre se pasaba; pero no podía evitarlo, le proporcionaba un extraño deleite impresionar a Suzanne Desbois (mejor dejarlo así por el momento, porque lo de Suzanne Abdelkrin no se lo creía ni él), sugestionarla, intrigarla... e inquietarla; porque vamos, lo de calificar su regia morada de *alcaçaba* y sus posesiones de feudos era demasiado, no porque no se tratase en verdad de su *alcaçaba* y de sus feudos, sino por la perversa intención que puso en sus palabras, por lo que quiso darle a entender y que ella recogió fielmente porque era muy perceptiva. Observándole con disimulo el bellísimo rostro reconcentrado creía adivinar lo que pensaba: que en sus feudos, él, como los moros antiguos, tendría poder absoluto sobre vidas y haciendas y se aprovecharía de tales privilegios avasallando a todo bicho viviente, empezando por las mujeres jóvenes y bellas a las que violaría a mansalva, y también haciendo de vez en cuando alguna escabechina entre los hombres, cortando cabezas, por sádico placer y para que no hubiese en sus dominios tantos tíos feos. Pero si Suzanne Desbois pensaba algo por el estilo la culpa era de él, que la inducía con sus exageraciones a que imaginara lo peor; y como ella sin que la instigasen a nada siempre pensaba lo peor de los marroquíes, en general, y de él, en particular, ya estaba predispuesta. Y, sabiendo como pensaba ella, ¿qué perseguía con tan irrazonable proceder? Su actitud carecía de lógica. El asunto no lo tenía claro. Por el momento vivía intensamente cuanto de excitante tenía la situación que él había programado; aunque existían hechos y palabras que daría todo cuanto le pidiesen con tal de poderlos borrar para siempre de su mente y extirparlos de su corazón; no obstante, un hecho de trascendental importancia se estaba produciendo, y ese hecho casi estaba obrando el milagro: Suzanne Desbois iba con él camino de sus feudos, camino de su *alcaçaba*.

CAPÍTULO X

No creas que el león sonríe cuando le veas
enseñarte los colmillos
(Proverbio árabe)

La tarde caía deprisa, más aún por la cerrazón del cielo. Suzanne había perdido la noción del tiempo y de la orientación. Las ciudades y los pueblos iban quedando atrás: Berkan, Oujda, Taza... Solamente se acordaba de aquellos nombres y ni siquiera del orden. ¿Hasta dónde iban a llegar, no había dicho él que su *alcaçaba* se hallaba entre Oujda y Taza?

Justo cuando ella se hacía la pregunta el chófer condujo el vehículo fuera de la carretera, adentrándose campo a través por terreno abrupto, desnivelado.

¡Qué ocurrencia ir por allí con un Rolls-Royce, cosas de moro rico, seguramente su tan ponderado castillo era un vetusto edificio en ruinas!

—Agárrate al sujetador no vayas a darte un golpe. No es necesario que utilices toda la mano, no vayas a hacerte daño, con los dedos será suficiente. De todas forma ya distingo las luminarias de las hogueras que han encendido mis hombres.

Qué amable, qué atento... ¡Qué falso!

Pero le hizo caso, se agarró con precaución al sujetador.

Igual que antes, todas las maniobras que hacía Abdallah eran ejecutadas fielmente por el conductor del Riley.

A los escasos minutos ella también vio dos grandes hogueras, en cuya claridad se distinguían seis hombres enchilabados y armados con rifles y nueve caballos enjaezados: ocho negros y uno blanco.

El chófer detuvo el vehículo mucho antes de llegar donde las hogueras, se apeó, cerró rápidamente la puerta y fue a abrir la otra, por la que salió Cheik Abdelkrin, quien, a su vez, con exagerada premura, cerró aquella otra puerta dejándola sola dentro.

El Riley se paró muy cerca del Rolls-Royce. De él salieron todos sus ocupantes, enseguida los grandones armados echaron a andar hacia las hogueras dando largas zancadas, haciendo bambolear a un lado y a otro los faldones de las chilabas, mientras que Cheik Abdelkrin se quedaba junto a los conductores.

Cobijada en el interior del coche no perdía detalle de cuanto veía, aunque sus pensamientos estaban en otra cosa muy diferente: ¿y si se escapara ahora corriendo campo a través? Después en la carretera podría hacer autoestop...

Pese a la cerrazón del cielo, con los faros de los coches y la difusa claridad que llegaba de las hogueras, veía bastante bien su entorno y la escena que se desarrollaba allá: los caballos coceando y piafando y los hombres hablando y gesticulando.

¿Lo intentaba? Nadie parecía prestarle atención, abriendo la puerta con cuidado para no hacer ruido, saliendo y retirándose con cautela no se darían cuenta...

La sorprendió el regreso de Cheik Abdelkrin, pues abismada en sus pensamientos ni le había visto separarse de los conductores. Llegó, abrió la puerta justo lo imprescindible, asomó la cara, que no la cabeza, y le dijo:

—No se te vaya a ocurrir salir, en la intemperie hace mucho frío. —Y sin esperar réplica apartó la cara, volvió a cerrar la puerta y se fue otra vez.

¿Habría sido una advertencia para que ella supiese que estaba alerta?

Tener la mente ocupada le impedía liarse de pronto a dar gritos histéricos. Qué situación tan estrambótica y alucinante estaba viviendo, le parecía una pesadilla.

Los caballos, nerviosos al percibir la proximidad de la tormenta, de tanto en tanto lanzaban estentóreos relinchos a la inmensidad campestre...

Exacto, la inmensidad campestre, más le valía desechar de la imaginación las ideas de fuga. Además, la carretera no estaba tan cerca, y tampoco sabía con exactitud cómo llegar, se hallaba completamente desorientada, ¿hacia dónde dirigir sus pasos, en la oscuridad, por unos parajes absolutamente desconocidos y que suponía altamente peligrosos y espeluznantes? Podría caerse en alguno de los boquetes que habían sorteado a duras penas con el coche, sin contar las alimañas ponzoñosas que seguramente habría a montones y que la verían mientras ella iría como una ciega, tropezando con todo, hasta con ellas, con las alimañas.

Los gigantones regresaron de las hogueras portando: uno lo que parecía una ropa muy grande blanca con cosas que brillaban, el otro tirando de las riendas del único corcel blanco que había. A pesar de la oscuridad, al verle más cerca, Suzanne pudo apreciar la belleza y riqueza de los jaeces del animal: silla de cuero repujado, bonitos guilindujes, el bocado y los estribos de oro.

A juzgar por los ricos arreos, porque era el único blanco que había y porque lo llevaban con tanto misterio, supuso que era el destinado al amo, ¿por qué no llevarían también el que iba a montar ella? ¡Qué gente, para todo eran igual de exagerados!

Vio cómo el tipo se desprendía de aquella ropa blanca y en unión del otro la desplegó, resultando ser una espléndida capa de lana con arabescos bordados con hilos de oro. Cheik Abdelkrin se volvió de espaldas y ellos se la pusieron sobre los hombros, luego él se dio otra vez la vuelta, encarándoseles de nuevo, al tiempo que se ponía la capucha y se abrochaba una especie de lengüeta del escote a un brillante botón que era una soberbia esmeralda engastada en platino. Aunque esto, como el bocado y los estribos de oro del caballo, Suzanne lo sabría con seguridad más tarde.

Él llegó otra vez, abrió apenas una rendija la puerta, le lanzó la mirada de los brillantes ojos, y le preguntó:

—¿Quieres té caliente? Nos lo acaban de hacer.

No te digo, ahora iban a ponerse a tomar té, se dijo ella para sus adentros, y luego de viva voz, irónica y condescendiente, como si le estuviera haciendo un favor:

—Bueno, que me lo traigan, ¿o tengo que salir para tomarlo en tu amor y compañía?

—No, no tienes que molestarte. ¡Ah! Dame los pantis, los tienes junto a los pies.

—¿Para qué los quieres? —se mosqueó ella.

—Para tirarlos aquí mismo al lado del coche, así mis hombres no me verán, pues no quiero que el chófer toque luego con sus manos una prenda tuya tan íntima. —Y viéndola reacia se impacientó y se hizo sibilino—: ¿Qué pasa, acaso piensas que voy a fingir que los tiro y que voy a llevármelos para utilizarlos en mis fantasías eróticas? ¿Y para qué quiero yo unos pantis rotos si me llevo a mi casa la tierna y dulce carne que los ocupó?

—Está bien, toma y déjate de cuentos. ¡Espera! Ordena a tu chófer que abra el maletero para que yo pueda sacar una prenda de abrigo y otros pantis; como comprenderás de esta guisa no estoy protegida contra las inclemencias del tiempo, especialmente cuando vaya a caballo, y todavía peor si se pone a llover...

Él había abierto un poco más la puerta para coger la prenda de manos de ella e iba a cerrarla, pero al interrumpirle volvió a entornarla como antes y la miraba otra vez por la rendija.

—No te preocupes, no será necesario que saques nada.

—¡No lo será para ti que estás bien abrigado con tu capa de sultán, pero yo tengo frío, hasta dentro del coche lo tengo, así que figúrate cuando vaya galopando! ¡A no ser que a malas ideas sea precisamente eso lo que quieres, que me hiele de frío y me convierta en un carámbano!

¿Qué fue aquel destello blanco entre la intensísima negrura del bigote y la barba de Cheik Abdelkrin? Un resplandor fortuito producido por un lengüetazo luminoso de las lejanas hogueras no pudo ser, porque él se hallaba de espaldas al lugar, por ende su rostro quedaba en sombras.

—No te convertirás en un carámbano, descuida, yo no lo permitiré. Indudablemente serías una bella estatua, pero demasiado fría para mi gusto.

Dicho esto retiró los ojos de la rendija, cerró la puerta del todo, dejó caer al suelo los pantis y se fue.

Casi al momento llegó uno de los enchilabados de las hogueras portando una bandejita y en ella dos humeantes vasitos. Cheik Abdelkrin tomó uno y con él en la mano regresó al Rolls-Royce...

—Cógelo como yo lo tengo.

—¿Por qué tengo que cogerlo como tú lo tienes? —se irritó ella, porque tenía muchas ganas de irritarse y eso no se lo podía impedir él—. ¿Es que hasta para tomar un vaso de té tengo que cogerlo como a ti te dé la gana?

—Está muy caliente, casi hirviendo, puedes quemarte.

—¿Y qué que esté muy caliente, casi hirviendo? Igual de caliente estará lo coja como lo coja; vamos, digo yo... ¡Venga!, trae y déjate de pampli... ¡ay!

—Hazme caso. Cógelo así y no te quemarás... Tienes que acostumbrarte a obedecerme, te irá mucho mejor en la vida, créeme, Suzanne Desbois.

Una vez más Cheik Abdelkrin llegó al Rolls-Royce, pero ahora no se limitó a abrir la puerta lo justo para asomar la cara, o solo los ojos; o coger o entregar lo que fuera, en esta ocasión la abrió completamente, se asomó, la miró de una manera que ella calificó *in mente* de aviesa, le dijo escuetamente:

—Ven.

Y aparecieron por los lados de la cara, entrando en el coche espantosamente amenazantes, sus dos grandes manos, ahora enguantadas con cuero marrón.

—¿Ir a dónde...? —Se sobresaltó ella, más que por la petición verbal al ver las manos que se alargaban inconmesurablemente dentro del vehículo, buscando a su presa, y en vez de acudir a la llamada hizo lo contrario. Se retiró vivamente del alcance de las horribles manazas enguantadas, arrinconándose todavía más en el extremo del asiento, replegándose en sí misma para ofrecer el menor blanco posible, mirando a las claras pupilas que tenían un brillo diabólico.

—¿Cómo que ir a dónde? ¡Por supuesto, al caballo!

—¿No querrás decir que vas a llevarme a la grupa de tu caballo, porque aquí yo no veo más que uno, ese, el blanco...?

—No te estoy diciendo nada nuevo, puesto que ya lo sabías.

—¡No, yo no lo sabía! —alzó ella excesivamente la voz, histérica, y continuando enseguida, llena de rabia e impotencia, todo mezclado de manera que hasta sentía ahogos—: ¡Porque cuando me dijiste esa tontería de la tradición, lógicamente supuse que iríamos en dos caba...!

—Lo que supusieras o te pareciera me importa un ardite —la interrumpió él—. Desde tiempos inmemoriales los Abdelkrin de mi noble dinastía, el día de su boda, han hecho exactamente el mismo recorrido que vamos a hacer nosotros, llevando el marido a la *arousa* en su corcel, montada delante de él, entre sus brazos... ¡Y basta de explicaciones que ya fueron dadas cumplidamente cuando correspondía!

—¡Sí, sí —replicó, apabullada como nunca en su vida—, pero ya te digo que...!

—¡Tú no tienes nada que decir, vamos, no hagas más la tonta!

—¡Antes quiero sacar algo de las maletas, no puedo salir a la intemperie como estoy, hasta con las piernas desnudas, me moriría de frío!

—¡Y yo te repito que no será necesario!

—¡Pues yo te repito y te lo requeterrepito que es muy necesario!

—¡Deja de discuitir y ven ya, no me tengas más tiempo con las manos extendidas como si te estuviera implorando!

—¡Pues apártalas tus manos, no necesito tu ayuda para salir del coche!

Y ya, con una rabia imposible de describir, cogió el bolso que tenía al lado, lo abrió dando la impresión de que revisaba el contenido, o que buscaba algo, no sabemos qué, puesto que en tan pequeño receptáculo no era probable que hallase un abrigo o una chaqueta, ni siquiera un chal o unos pantis. Además, sabía muy bien lo que contenía su bolso, de lo cual cabe suponer que lo único que intentaba era ganar tiempo, ya que la idea de ir a caballo con Cheik Abdelkrin y entre sus brazos la tenía desasososegada. Finalmente, con una expresión terrible en el semblante, cerró el bolso y se lo colgó en bandolera. Luego, muy despacio, haciéndose la remolona, inició el movimiento hacia la puerta (que él cubría completamente, pues había retirado las manos pero continuaba con la cara asomada mirándola muy serio y silencioso como si no estuviese allí viéndola y oyéndola), acercándose inexorablemente sin cesar de rezongar en airado monólogo:

«Esto me parece lo más absurdo, lo más anacrónico con nuestra época que me cabe imaginar, y nada menos que entre sus brazos, y el tío no admite razones, él manda y ordena, y yo tengo que salir a la cruda intemperie con este conjunto primaveral aunque me hiele, porque el muy acérrimo no ha querido ordenar que abran el maletero, ¿no es para matarlo? ¡Pero aparta para que pueda salir, so montaña! ¿O vas a venirme ahora con el cuento de que también es tradición que me saques del coche en brazos? ¡Que eso es lo que me parece que eres, un cuentista de tomo y lomo! ¡No te digo el moro este con tantas tradiciones y tantas tonterías!».

Él, silencioso, se apartó del hueco de la puerta dejándole expedita la salida; pero se quedó al lado del coche, aguardando impertérrito, erguido en toda su fabulosa estatura y complexión, la cabeza arrogantemente alzada, la mirada relampagueante, los brazos cruzados sobre el amplio tórax, al viento la espléndida capa que le confería la prestancia de un rey; aunque difícil hubiera sido poder decir con justicia quién le daba prestancia a quién, si la capa a Cheik Abdelkrin o Cheik Abdelkrin a la capa.

Mas sucedió que al salir del coche y ponerse de pie después de haber llevado tanto tiempo las piernas dobladas, Suzanne sintió agudos pinchazos en la cara interna de las rodillas, donde tenía el daño, y sin poderse contener se le escapó un leve quejido.

Fue visto y no visto, igual que antes cuando se desmayó, como si él hubiera adivinado de antemano lo que iba a suceder y, por ello, no se hubiese retirado. Todavía flotaba en el aire el quejido y ya estaba a su lado, rodeándole los hombros y la espalda con un brazo, colocándole la mano en la cintura, y automáticamente cubriéndola con la espléndida capa desde los hombros hasta los tobillos.

—En cuanto te muevas un poco se te pasará el entumecimiento... Eso es, despacito... Enseguida vamos a reanudar la ruta, corazón...

¿Quéeee?¿Qué significaba aquello de corazón...? ¿Qué quería darle a entender con la intempestiva salida de tono?

—Se está gestando una terrible tempestad —siguió hablando él, como si tal cosa, llevándola despacio hacia donde se hallaba el caballo blanco retenido por las bridas por los dos grandones, dando la impresión de que ninguno quería cederle al otro el gran honor—, según mis hombres tenemos el tiempo justo para llegar a casa. Dicen que han escuchado en la radio que el temporal azota una extensa zona, que en Casablanca, Rabat y Salé está lloviendo torrencialmente, en Salé se están produciendo inundaciones... ¡Con el sol tan espléndido que hacía esta mañana en Rabat!

—Estaría bueno que nos sorprendiera la lluvia yendo a caballo...

—Si mis hombres me han asegurado que disponemos del tiempo necesario para llegar al castillo, puedes tener fe en sus palabras. Pero si en esta ocasión fallaran y empezase la tempestad antes de lo esperado, tampoco pases cuidado, porque antes de que una sola gota de lluvia cayese sobre tu linda persona, nos tendrían dispuesta una magnífica jaima impermeable y alfombrada, construida sobre una tarima de madera levantada del suelo por pilotes; un estupendo refugio donde no faltaría un buen fuego, ricos alimentos e infusiones calientes y, por supuesto, un acogedor y confortable lecho cubierto de suaves pieles. Van bien pertrechados, te lo aseguro, y mira tú, yo debo poseer alma de beduino, pues no me parecería nada mal pasar nuestra primera noche como marido y mujer bajo una tienda de lona en una terrible noche de tempestad como la que se avecina, oyendo el horrísono retumbar de los truenos, viendo los relámpagos y oyendo repiquetear la lluvia sobre las lonas... Te aseguro que no pasarías frío por mucho que hiciera en el exterior, y no me estoy refiriendo al fuego que hubiesen encendido mis hombres, sino al calor que yo genero, que es mucho...

Ella se había puesto muy seria, no irritada ni colérica, seria de dignidad ofendida; porque las expresiones de él después de lo que le había dicho en el coche le parecieron bromas de pésimo gusto, rozando la grosería. Además, era un mentiroso, ¿dónde estaban todas aquellas cosas, las lonas impermeables, los pilotes y la tarima para montar la jaima, la alfombra, las suaves y bellas pieles y los ricos alimentos...? Ninguno de los ocho caballos negros que había junto a las hogueras llevaba nada, estaba segura de que por muy bien repartida que les hubiesen puesto la carga ella lo vería. Gracias a Dios poseía una vista excelente, aparte de que todo aquello que había dicho abultaría muchísimo...

Tan abstraída se hallaba que no se dio cuenta de que habían llegado junto a los grandones y el caballo blanco, hasta que Cheik Abdelkrin, al tiempo que soltaba una de sus risitas, la hizo detenerse presionándola ligeramente con el brazo y la mano.

—¿Te divierte mucho la situación, no? —volvió a irritarse ella.

—Figúrate, ahora soy yo quien tiene la sartén bien cogida por el mango...

Sin más, le retiró el brazo de los hombros, la cogió con ambas manos por la cintura, la alzó como si fuese una pluma e intentara echarla al viento a volar, y la sentó sobre el caballo, a estilo amazona, con las piernas colgando sobre un flanco del animal y, naturalmente, quedando algo descubierta, no mucho por lo amplísima que era la capa, aparte de que fue todo tan rápido que ni le dio tiempo a sentir frío. Enseguida estaba él también montado, detrás de ella a horcajadas, sujetándola y tapándola. Los grandones le entregaron las riendas del animal, que él cogió con una sola mano, luego les dijo algo en árabe y los dos se fueron deprisa hacia las hogueras. Tomó entonces con la mano libre una porción de un delantero de la capa, dio varios tirones proveyéndose de más género y, cuando creyó que tenía suficiente, lo volteó envolviéndola mejor, hasta la cabeza, aunque ella la sacó; pero él todavía no estaba conforme y se puso a remeterle la capa por debajo de los muslos.

Los conductores entraron cada uno en su respectivo vehículo, los pusieron en marcha, les dieron la vuelta y al momento se alejaban dando tumbos por el abrupto terreno, cruzándose con los grandones que regresaban, ahora a caballo.

Primero, al cambiar la posición de los faros y todavía más al alejarse los vehículos, la visibilidad disminuyó mucho. Además, como si la marcha de los coches hubiera sido una señal convenida de antemano, allá lejos, los de las hogueras se pusieron a apagarlas echándoles tierra y pisoteándolas con las enormes botas que calzaban, y como en la labor colaboraron todos afanosamente, como si les hubiera entrado mucha prisa de pronto, a los escasos minutos de las grandes fogatas no quedaba ni un mísero rescoldo y, al instante, habida cuenta de lo encapotado del cielo donde no se veía ni una sola estrella, todo lo invadió la más sobrecogedora oscuridad, tanto que Suzanne, aun teniendo tan cerca a Cheik Abdelkrin, inclinado a un lado arreglándole la capa por abajo para que no se la levantara el viento, no hubiera podido verle la cara cuando él la alzaba para mirarla, apenas conseguía distinguirle el brillo de los ojos.

—Tus empleados podrían haber esperado un poco antes de apagar las hogueras...

—Eran mis órdenes, ya hemos perdido demasiado tiempo.

—Pero, con lo previsores que dices que son, podrían haberse equipado con linternas para iluminarte a ti, a su amo y señor, o haber traído farolitos —se hizo sarcástica para encubrir su nerviosismo—, porque como se os ocurren unas cosas tan raras, igual que esto del caballo y de noche, ¡y qué nochecita! ¿Para qué digo nada si es inútil? Además, ya se han llevado los coches.

Cheik Abdelkrin parecía muy divertido, no paraba de soltar risitas.

—Levanta un poco el trasero, mujer, así no puedo remeterte bien la tela...

—¡Vamos, termina de una vez y acabemos con esta payasada antes de que nos caiga el aguacero encima!

—¡Uyuyuy, como no te acostumbres pronto a respetar nuestras tradiciones la que te vas a ganar... Uyuyuyuyuyuyuy!

—¿Qué...? ¿Una bofetada...? De ti no me extrañaría...

—Pues mira, muchas veces he sentido unas ganas locas, no de darte una bofetada sino una buena zurra en el trasero. Bien, esto ya está, solo falta que pases tus brazos alrededor de mi cintura, porque irás más cómoda... y porque es la tradición.

¿Cómo podía verse ella en semejante situación? ¡Montada a caballo en compañía de un moro, entre sus brazos, debajo de una gran capa, y con el viaje en perspectiva en aquella noche de pesadilla! ¡Era increíble, alucinante!

Los de las hogueras se les unieron también, todos montados en los caballos negros, sombras más oscuras y compactas que las tinieblas que les rodeaban.

Se les colocaron cuatro a cada lado, abiertos en forma de abanico.

En vista de que ella no le abrazaba, Cheik Abdelkrin no insistió, sonrió a estilo lobuno, aunque ahora apenas se le vieron destellar los dientes; sin más dilación espoleó al caballo, y enseguida, marcada la pauta por él, todos se lanzaron a galope.

Ni una estrella en el firmamento, ni una luz más o menos distante en la tierra... Nada, oscuridad absoluta, impenetrable.

Los hermosos corceles galopaban sin desfallecer, como si para ellos la oscuridad no significase nada; conocían la ruta por instinto, no necesitaban que los guiasen las manos de los hombres, y los jinetes, conscientes de ello, les dieron rienda suelta.

Suzanne no tenía frío, iba bien abrigada, pero como llevaba la cabeza descubierta notaba en la cara como si afilados cuchillos le rozasen el cutis y los cabellos parecían talmente que el viento intentaba arrancárselos de raíz, y no acababa de colocar bien los brazos y las manos. Entonces, como si fuera cierto que Cheik Abdelkrin le adivinaba los pensamientos, aflojó un poco los brazos, ella se le revolvió, y ya, sin remilgos para los cuales no era lugar ni momento propicio, pasó los suyos alrededor del torso masculino y apoyó la cabeza en el acogedor tórax, quedando completamente cubierta por la capa, ahora cabeza y todo. Por su parte él, al no interponérsele como barrera los brazos femeninos, cuando ella terminó de acomodarse hizo más estrecho el cerco de los suyos, y una idea cruzó la mente de Suzanne: que Cheik Abdelkrin y el corcel blanco formaban un todo indestructible, y se sintió segura, protegida.

En la oscuridad, los ojos del noble moro emitieron un relumbrón, inclinó la cabeza sobre la de ella y sus labios musitaron:

—Así es la tradición, mi bella sultana.

Pero, aunque se lo dijo casi al oído, Suzanne no le oyó, porque llevaba la cabeza cubierta por la capa y porque el viento, que soplaba fuerte alrededor a causa de la galopada, que no galope tendido, se apropió indebidamente de las palabras llevándoselas consigo hasta el infinito.

CAPÍTULO XI

El saber no se hereda, se aprende
(Proverbio árabe)

****

No le dio tiempo para asombrarse, asustarse o preguntarse qué significaba la súbita y extraordinaria claridad que de pronto hirió sus retinas, aun llevando los ojos cerrados y teniendo la cabeza cubierta por la tela de la capa, porque en el mismo instante en que los abría y de un brusco movimiento sacaba la cabeza del caliente refugio, algo deformada por el viento le llegó la voz de Cheik Abdelkrin:

—Ahora sí que tenemos la tempestad encima mismo de nuestras cabezas... ¡Y es de órdago, fíjate la extraña claridad que emite, una perturbación atmosférica impresionante! Pero no hay de qué preocuparse, ya diviso la mole del castillo.

Se distinguía nítidamente a causa de un misterioso halo plateado que lo rodeaba, la silueta sobresalía de una alta muralla con almenas y rasgaba las nubes de tonos extraordinarios: marrón y anaranjado luminoso.

Finalmente, el recorrido a lomos del caballo blanco y entre los brazos de Cheik Abdelkrin fue bastante corto, de lo cual sacó ella, en conclusión, que lo que contaba era que habían cumplido con la tradición.

Había una monumental portalada que cerraba el muro, y a los lados garitas con moros enchilabados armados. Cuando les vieron aparecer salieron y se pusieron a dar muestras de júbilo haciendo reverencias y lanzando exclamaciones. Enseguida se destacaron cuatro, fueron a la portalada y, aunando sus fuerzas, la abrieron.

El castillo se veía al fondo, hasta llegar tuvieron que recorrer una alameda donde predominaban los olmos, luego un sendero cubierto de grava brillante que continuaba hasta la entrada del edificio, ensanchado y con el suelo de losetas vidriadas de colores.

Un estremecimiento la sacudió de pies a cabeza, ahora sí que estaba perdida sin remedio, y Cheik Abdelkrin, que acababa de detener al caballo y que sintió en su cuerpo el estremecimiento del de ella, experimentó un deseo tan potente, tan imperioso, tan acuciante, que le hizo pensar locuras: ¡sería tan maravilloso volverla a sentir estremecida, temblorosa entre sus brazos, pero no de espanto... de amor!

—No tiembles tan pronto, tigresa, el peligro no va a llegarte de mi casa, que no es tan truculenta como estás imaginando, ni de mi familia, ni por supuesto de mis servidores, es a mí a quien únicamente debes temer, contra el único que debes estar en guardia, aunque también te advierto que de nada va a servirte que estés en guardia...

Sin más, desmontó de un ágil salto y la bajó cogiéndola otra vez por la cintura.

Se hallaban en un jardín fantástico. Luces indirectas le daban a todo el mismo halo plateado. Árboles enanos de anchas hojas, otros altísimos cuyas largas ramas se estiraban de manera caprichosa, como múltiples brazos cargados de flores blancas. Había palmeras, arrayanes, jazmines, galanes de noche, rosales, dalias, claveles...

Al fondo, un surtidor de alabastro representando a una ninfa desnuda.

Los ocho hombres de la escolta se marcharon llevándose todos los caballos.

De pronto se abrió una gran puerta de caoba con clavos dorados. Sin duda, la entrada principal del castillo, arriba, tallada en el muro, la efigie de un impresionante animal. Salieron en tropel un numeroso grupo de chicas jóvenes, lanzando gritos jubilosos, cubriéndose la boca con una mano y moviendo ágilmente la lengua como si fuese un pequeño badajo y la boca una campanilla; una costumbre marroquí para exteriorizar la alegría, en este caso para dar la bienvenida a los recién casados. Estaban ataviadas con el típico caftán, muy maquilladas, bien peinadas y muy alhajadas, casi todas muy guapas. Se les acercaron alborotadas, hablando en francés:

—¡Bienvenidos! ¡Bienvenidos! ¿Habéis tenido buen viaje?

—Todo muy bien, gracias, primitas.

Igual que en el campo, él le pasó el brazo derecho por los hombros y se dirigieron todos hacia la puerta.

—¿Qué te pasa en las manos? —preguntó de pronto una de las marroquíes, la única verdaderamente fea que había.

—Nada importante —contestó él rápidamente, añadiendo—: mi esposa se cayó cuando descendía del coche en la puerta de la iglesia. —Y, a continuación, dirigiéndose a ella—: ¿Puedes andar o te molestan las piernas?

—Estoy bien.

Y otra vez habló la fea:

—¡Ah! ¿También te hiciste daño en las piernas?

—Apenas nada —volvió a responder él por ella.

Sin desear reconocerlo ni para sí misma, Suzanne sentía que la reconfortaba sentir su brazo sobre los hombros, se sentía protegida...

¿Protegida contra quién, no era a él a quien debía temer...? ¡Qué galimatías!

Cuando entraron él se desprendió de la capa, que entregó a los criados, los cuales se marcharon llevándosela, además de los paraguas, y volvió a rodearla con el brazo.

Quedó sorprendida por algo que no esperaba: la magnificencia y belleza ornamental que imperaba por doquier, si bien lo primero que vio no le gustó mucho. Se trataba de un largo corredor con las paredes tapizadas de brocado (seda color granate entretejida con oro), hermosos cuadros pintados al óleo representando guerreros moros de la antigüedad, rostros feroces con frondosos bigotes y frondosas barbas negrísimas y en contraste aparatosos turbantes blancos con espectaculares joyas prendidas. Espejos con bellas cornucopias y bombillas imitando bujías, más panoplias con armas antiguas: gumías, alfanjes, largas espingardas, cimitarras y arcabuces, todas con las empuñaduras labradas con arabescos pintados de colores. Por todo el corredor, de trecho en trecho antiguas armaduras de pie, como sempiternos centinelas ajenos al discurrir de los siglos.

Afortunadamente no todo estaba decorado e iluminado de manera tan extremadamente seria, pues al salir del corredor desembocaron en una espaciosísima sala de forma circular donde todo era amable, alegre, resplandeciente...

Como se trataba de una estancia grandísima admitía todo lo que le echaran, por ejemplo, el centro era un pequeño jardín. Había maceteros recubiertos, lo mismo que el suelo donde se asentaban, de bellos azulejos coloreados, a continuación, soberbias alfombras. Las paredes casi no se veían tampoco, además de grandes espejos con los marcos dorados y calados, había bellos tapices de seda representando escenas de luchas y amores árabes, con arrogantes guerreros, bellas mujeres y muchos caballos. Alrededor de la vastísima estancia, divanes forrados con brillante seda adamascada azul turquesa y plata y profusión de cojines de todos los tamaños y colores. En un lugar se veía un artístico pebetero de plata que exhalaba blancas nubecillas de aromático humo y un gran reloj de péndulo, bellísimo.Y vitrinas a través de cuyas vidrieras podían verse estatuillas de bronce, de diferentes tamaños, todas representando a un fantástico animal, el mismo que había fuera tallado en el muro sobre la puerta. Había más cosas dignas de mención, pero indudablemente el adorno más destacado se hallaba al fondo de la espaciosa sala: una fabulosa escalinata, de tecali, rodeada por una original y bella baranda formada por una obra de orfebrería de plata y esmaltes también de vivos colores representando ramas, flores y pájaros, que continuaba por arriba rodeando una galería voladiza que caía sobre la sala. Del techo abovedado, y decorado con un soberbio fresco combinando con los tapices, o sea, donde se veían aguerridos guerreros moros, bellas mujeres y caballos, pendían tres maravillosas lámparas de cristal de roca que iluminaban profusamente la sala donde la falta de sillas y sillones era manifiesta.

Nada más entrar, viéronse rodeados de nuevos y variopintos personajes de todas las edades, desde chicos y chicas muy jóvenes hasta hombres y mujeres ancianísimos.

Eran los señores y las señoras, todos engalanados y enjoyados de fiesta. Ellos, con regias túnicas, y ellas, con hermosos caftanes, maquilladísimas y bien peinadas, hasta las más ancianas tenían los ojos pintadísimos.

Retirados de los señores, en primer lugar, había un moro de unos cincuenta años de aspecto casi señorial; luego, en perfecta formación, los criados y las criadas, por lo menos treinta entre todos. Frente al grupo de las mujeres, una vieja estirada y, al frente de los hombres, un viejo no menos estirado.

—¡Aquí la tenéis! —exclamó Cheik Abdelkrin con voz tonante, dirigiéndose a los familiares que ya les rodeaban sonrientes—. ¡*Mademoiselle* Suzanne Desbois, desde esta mañana a las once, lala Suzanne Abdelkrin, mi esposa!

A continuación, se sucedió una larga presentación de nombres y parentescos, seguramente por un orden marcado por el protocolo:

—Este noble anciano es sidi Yusef Abdelkrin, mi tío abuelo, y esta amable anciana es su primera esposa, lala Mamounia... Este otro es sidi Ibraim Yilali, primo e íntimo amigo de mi tío abuelo... Estas ancianas, lala Zoraida y lala Naima...

Los dos ancianos presentados, de níveas barbas y con turbantes no menos blancos, cada uno con una soberbia esmeralda prendida, eran físicamente muy diferentes. El tío abuelo, alto, erguido, fuerte; el otro bajo, delgadísimo y encorvado.

—Estos caballeros son mis tíos carnales: sidi Idris, sidi Mojtar y sidi Hassan...

Eran tres moros imponentes: altos y guapos, y con la prosapia que se gastaban sumamente distinguidos. Barbas y bigotes entrecanos, ataviados con fabulosas túnicas blancas bordadas con hilos de oro, los dedos de las manos llenos de espectaculares anillos y al cuello gruesas cadenas de oro con medallones de oro y esmalte negro (el tío abuelo llevaba una cadena y un medallón igual), con una insignia, o lo que fuera, que ella ya había visto; primero, en la gran efigie sobre la puerta de entrada, y dentro en las estatuillas de las vitrinas, y antes de venir al castillo también se la había visto a Cheik Abdelkrin, y hasta en el alfanje con el que cortaron la tarta de boda; pero ahora, como podía distinguirlo mejor, ya estaba segura de que se trataba de la efigie de un grifo.

Desde los primeros momentos, por deferencia hacia la recién casada, todos hablaban francés y, la mayoría, con una pronunciación perfecta.

—¡*Très belle!*

—¡*Charmante!*

—¡*Ravissante!*

Y al oír la aprobación de sus tíos a Cheik Abdelkrin se le amplió de tal forma la sonrisa que enarbolaba desde que entró en la sala que las comisuras de los labios le llegaban ya casi de oreja a oreja.

—Este es mi único hermano, Omar.

Era un joven muy guapo, pero no tan impresionante como el hermano mayor. Llevaba una hermosa túnica color malva, y, como los tíos carnales y el tío abuelo, aparte de numerosos anillos, al cuello la gruesa cadena de oro con un medallón de niel.

—Esta mujer tan guapa y gorda, ella no se enfada porque la llamemos gorda, hace tanto tiempo que lo es que ya lo tiene asumido, es mi tía Salma, también tía carnal, y este otro caballero de expresión hosca es su esposo: sidi Moulay. Estos chicos...

Durante la larga presentación a Suzanne, sin saber por qué, se le fue la mirada hacia los tíos carnales, dio la casualidad de que ellos también la estaban mirando, y los tres, muy sonrientes, asintieron con la cabeza, lo que la dejó cortada.

—... Estas tres encantadoras damas son las esposas de mis tíos carnales, te las presentaré en el mismo orden que a ellos para que sepas quién es la esposa de cada cual: lala Amina, lala Ghannou y lala Sfía...

Lala Salma, a pesar de su obesidad, era bellísima, de piel muy blanca y ojos y cabellos negrísimos. En cuanto a las esposas de los tíos carnales, las tres eran guapas; especialmente lala Sfía, con ojos color miel y cabellos en tono caoba.

—... Este joven, Ahmed, y estas dos guapas muchachas, Khadija y Malika, a las que ya viste cuando salieron a recibirnos, los tres son hijos de mi tía Salma y mi tío político, Moulay. A esta también la viste en el jardín, es mi graciosa primita huérfana, Tima Ziat Abdelkrin. Posee, como todos, una hermosa casa donde vive sola con su servidumbre, pues, aunque tiene dos hermanos, ellos hace tiempo que se afincaron en el extranjero, en América. Pero a ella le agrada pernoctar de vez en cuando en los hogares de sus parientes, y me consta que este es su preferido, lo cual me halaga sobremanera, pues todos la queremos mucho y deseamos tenerla el mayor tiempo posible con nosotros. Su madre era hermana de mi padre, o sea, igualmente tía carnal mía. Sus padres perecieron en un accidente aéreo junto con los míos; aquel fue el día más infausto de nuestra existencia.

En el breve silencio que se produjo, se oyeron dos voces masculinas:

—¡Alá es grande!

—¡Los mejores siempre se van los primeros!

De la prima Tima, lo más que podía decirse, caritativamente, es que era graciosa, y muy caritativo había que ser, pensaba Suzanne, pues a su parecer la tal Tima no tenía de graciosa ni uno solo de aquellos pelitos de su cabeza que parecían estropajo color ratón. En la intensa claridad de la sala la veía a sus anchas y se ratificó en la primera impresión que le causó en el jardín cuando aquella le preguntó, de manera desagradable, qué le había pasado en las manos. Era feísima: gorda, fondona, con una nariz grande y aplastada y unas fosas nasales enormes, los ojos pequeños, casi sin párpados ni pestañas, y la boca grandísima, con los labios gordos como bordes de tinaja y de color amoratado, los dientes salidos, grandes y disparejos.

—No vayas a pensar que todos viven en el castillo —le explicó Cheik Abdelkrin en un inciso—, aparte de mí solo están mi tía Salma, su esposo y sus hijos. A veces, cuando él quiere, mi hermano y mi prima Tima. Todos los demás han venido de fuera para conocerte: de Tetuán, Tánger, El Rif, Nádor, Ksar-el-Kébir, Larache...

Terminadas las presentaciones familiares la condujo a donde se hallaban los sirvientes:

—Esta es mi esposa, a quien debéis tanto acato como a mí —les habló, primero en general a todos, hombres y mujeres y, luego, dirigiéndose a ella—: Aquí tienes a mis fieles servidores que desde ahora también lo son tuyos. Este es sidi Harrak, mayordomo mayor de nuestra casa, el que cuida de todo lo concerniente al buen funcionamiento. Esta, lala Sohora, la gobernanta encargada de la servidumbre femenina y este sidi Alí, jefe del personal masculino.

—Bienvenida a tu nuevo hogar, mi señora. Estoy a tu incondicional servicio —habló en primer lugar el mayordomo.

—Bienvenida, mi señora. Todos hacemos votos por tu felicidad y la de nuestro emir —dijo a continuación la gobernanta.

—Todos deseamos fervientemente que seas muy feliz en esta tu nueva casa y estamos a tu servicio —dijo el viejo moro.

Y concluyó Cheik Abdelkrin:

—Trabajan para nosotros, para mantener el sistema de estructura. Cada uno tenemos un cometido en la vida, y todos, si son honrados, están bendecidos por Dios. Me estiman y les estimo, sufren con mis penas y yo sufro con las suyas, se alegran cuando me ven feliz y yo cuando les veo felices a ellos; en verdad podría decirse que formamos una gran familia, por supuesto respetando los límites normales.

Enseguida les hizo un imperioso gesto con la mano libre y tras profundas reverencias todos se retiraron.

Hasta el hosco tío Moulay se permitió una galantería:

—No me extraña que en cuanto te echó la vista encima este *play boy* picaflor que tengo por sobrino decidiera sentar la cabeza. —A continuación, se dirigió a él, que no se le borraba la sonrisa de los labios—: ¿Me permites que te felicite por tu buen gusto y que te haga una pregunta, querido sobrino?

—Te permito ambas cosas, querido tío.

—En ese caso, como mi felicitación ya te la he hecho con mis anteriores palabras, solo me queda formularte la pregunta: ¿dónde has encontrado esta joya? Porque mujeres así, y tan auténtica como se ve que es, no abundan...

—¡Eh, eh, que te estás pasando y ya estoy celoso como un moro!

Todos rieron la broma. Los tíos carnales exclamaron uno detrás del otro:

—Esta noche debía haber sido de gran felicidad para tus padres —dijo sidi Idris.

—Alá no fue magnánimo con ellos al negarles la dicha de ver casado a su mayor con tan bella mujer —habló a su vez sidi Mojtar.

—Ni la felicidad de conocer a los hijos de su primogénito que vendrán pronto —terminó sidi Hassan.

Como rúbrica, se oyó un espantoso trueno cuyo eco se prolongó hasta el infinito, repercutiendo en los libres y grandiosos espacios circundantes del castillo. La tempestad se hallaba en todo su apogeo, los elementos atmosféricos, poniéndose a tono con los sentimientos humanos, hacían gala de su colosal poderío.

Los únicos que no decían nada eran los ancianos, lo cual no era óbice para que mirasen embobados a la bellísima francesita de cabellos de oro y ojos como pulidas esmeraldas que se había integrado a la familia.

Suzanne estaba de un silencioso que no se podía más, no se le ocurría nada que decir. Además, estaba fastidiadísima por dos cosas, por el desastrado aspecto que estaba ofreciendo al lado de aquellas mujeres tan emperifolladas (lo estaba viendo en los grandes espejos) y la mayoría muy guapas, tenía que reconocerlo, excepto la graciosa primita huérfana, que era un adefesio sin remedio, y por unas tremebundas ganas de orinar que sentía que ya la tenían amarga; pero, aunque parezca infantil, le daba vergüenza preguntar por el baño.

A pesar de que todos fueron muy discretos (excepto la fea) y nadie preguntó nada respecto a los vendajes que llevaba en las manos, seguramente Cheik Abdelkrin se creyó obligado a dar una explicación, sosteniendo la versión de que la esposa se había caído al bajar del coche frente a la iglesia y, por supuesto, ella no le contradijo, no iba a contar la verdad, qué vergüenza; y tampoco le rebatió nadie, ¿por qué iban a hacerlo, con qué derecho iba a rebatirle nadie a Cheik Abdelkrin aquel cuento tan absurdo? Y si alguno o alguna dudó ese trabajo tuvo, el esfuerzo de estar después haciéndose cábalas del por qué y el cómo; pues ya se sabe lo que ocurre cuando nos cuentan algo que no creemos, que la mente se nos pone a trabajar a destajo; aunque no nos importe mucho el asunto, solo porque nos da rabia que nos hayan endosado un cuento chino y piensen que nos han convencido y no podemos evitar que nuestro cerebro se vuelva loco intentando dilucidar la cuestión; pero no, allí todos parecían conformes con la explicación, nadie hizo comentarios y, como dando por concluido el asunto, enseguida se pusieron a hablar de otras cosas...

—Abdalláh llegó hace un rato con el equipaje y nos hemos permitido colgarlo todo en los armarios. Esperamos que merezca tu aprobación, querido primo.

—¡Por supuesto que merece mi aprobación, primita Khadija!

—La idea se me ocurrió a mí —dijo Tima, la fea, buscando protagonismo.

—Debí suponerlo, tengo unas primitas encantadoras, —replicó, adulón, añadiendo como si las estuviera premiando—: por eso voy a permitiros que acompañéis a mi esposa al vestuario blanco. —Y dirigiéndose a Suzanne—: Ve con ellas, te conducirán a un lugar donde hallarás un buen baño y todo cuanto necesites. Podrás arreglarte para la cena, Khadija te peinará, sabe hacerlo.

Suzanne, que ya sabemos cuál era su estado de ánimo y las ganas tan acuciantes que sentía por satisfacer la necesidad fisiológica que también sabemos, y estaba deseando ir a un baño, le daba igual que fuera blanco, azul, rojo, o de otro color cualquiera, sin decir ni pío asintió con la cabeza.

Acompañada por ocho jóvenes amistosas, habladoras y risueñas (más o menos), salieron de la sala circular a un larguísimo corredor. Enseguida, Tima dijo:

—Llevas los cabellos tintados, lo juraría por mis muertos.

—Pues cometerías perjurio, chica, porque mis cabellos no están tintados —replicó Suzanne, que, por lo visto, había recobrado el habla y parte de su empuje; sería que la fea prima tenía el poder de soliviantarla...

—En ese caso lo que llevas pintado son las cejas y las pestañas.

—Pues, no, mira tú; tampoco llevo pintadas las cejas ni las pestañas.

—Tima, no seas impertinente —recriminó Khadija.

—No he querido molestarla. Lo he dicho porque me ha llamado la atención el contraste tan estrambótico entre las cejas y las pestañas negras y los cabellos rubios.

—Vaya, normalmente aseguran todos que es un contraste muy bello.

Se alzaron voces asegurando que, efectivamente, era un contraste bellísimo.

—Pero permanentados sí que llevas los cabellos...

—¡Ah, bueno, eso sí! Figúrate si mi ondulación es permanente, que según dice mi padre ya nací con ella hecha y como ves aún me dura... Y ahora, ¿permites que a mi vez te haga un par de preguntas?

Sí, Suzanne ya se había recobrado; aunque después volvería a amilanarse.

—Puedes hacerlas —autorizó la otra, antipática a más no poder.

—Allá va la primera: ¿y tú, tienes los cabellos permanentados?

—¡Tú sabes que mi pelo es así, eso se ve! —se irritó la fea.

—¿Por qué tengo que saberlo? Tú has dudado de la autenticidad del color y el rizado del mío... Espera, aún no te he formulado la segunda pregunta, que, mira tú, es algo que me da vueltas en la cabeza: ¿y el color amoratado de tus labios, es natural también o porque te los pintas de ese color por gusto?

Esto fue demasiado, las risas de las otras estallaron sin ningún recato:

—¡Chúpate esa!

—¡Te está muy bien empleado!

—¡Donde las dan las toman!

Como se lo decían todo riendo, la cuestión no pasó a mayores; además, la fea, al darse cuenta de que si continuaba enfrentándose a la esposa del primo respecto al físico siempre llevaría las de perder, sobre todo porque las otras idiotas en vez de apoyarla de manera que entre todas hubiesen podido hacer trizas a la franchuta se habían puesto de su parte, prefirió callar tragándose por el momento todo el veneno; pero Tima Ziat Abdelkrin era una mujer de cuidado, de muchísimo cuidado.

CAPÍTULO XII

Primero el hombre, luego el caballo y después la mujer
(Proverbio árabe)

****

Se trataba de una espaciosa estancia con un gran tocador surtidísimo de todo cuanto pueda necesitar una mujer para embellecerse, dos grandes espejos, aparte del que estaba encima del tocador, un armario enorme, un gran diván, banquetas arrimadas a las paredes, una ducha y un retrete. Funcional, cómodo e impoluto: muebles barnizados de blanco y sanitarios blancos. La nota de color eran los azulejos vidriados blancos con dibujos en azul que cubrían enteramente las paredes.

Al entrar, además de verse y verlas a todas reflejadas en los espejos, Suzanne pilló la maligna mirada de Tima fija en su nuca, como si intentara trepanársela. No, no le gustaba nada la «graciosa primita huérfana», no solamente por el físico y por lo antipática, sino porque aquella chica tenía algo que la inquietaba.

En cuanto salió del váter, le preguntó la amable Khadija:

—¿Te pondrás una indumentaria árabe para la cena?

Y antes de que contestara, seis pares de manos (Khadija solo sonreía y Tima se abstenía de exteriorizar ni el menor entusiasmo) se pusieron a batir palmas, y seis gargantas juveniles (a causa de las mismas excepciones) gritaron alborozadas:

—¡Sí, sí, ponte un caftán! ¡Ponte un caftán! ¡Póntelo! ¡Póntelo!

—Es una sorpresa que te tenía reservada nuestro primo, tu marido —explicó la sensata Khadija cuando las otras la dejaron—, pero como no nos ha pedido que le guardemos el secreto y nos ha mandado aquí contigo, imaginamos que precisamente lo que desea es te lo descubramos. Él hizo confeccionar para ti ocho caftanes, para adquirir los géneros y accesorios fue en su avión a El Cairo y a Cachemira.

—¡Son preciosos, dignos de una sultana!

—¡Modelos exclusivos, diseñados por él mismo!

—¡Con lo guapísima que eres vas a estar maravillosa con todos!

—No os amontonéis —dijo Tima—, es mejor que se vista a su manera, esas vestimentas no le pegan.

Se sucedió un coro de ruidosas protestas, hasta que una tal Aziza sugirió:

—Cuando Suzanne los vea no podrá resistirse y se pondrá uno.

—Y será lo justo —dijo otra llamada Banouka—. Siendo tu marido un marroquí lo apropiado es que en tu noche de bodas te vistas para la cena con un caftán.

—Le darás una gran alegría a nuestro primo, tu marido.

—A toda la familia le agradará muchísimo —puntualizó otra, Sfía.

Y sin más, todas alborozadas, excepto Tima, que después de dar su opinión se había quedado en un lado con gesto adusto, fueron al armario, lo abrieron de par en par y, ante la turulata mirada de Suzanne, se pusieron a sacar ropas y accesorios.

En realidad, no eran caftanes, eran vestimentas con hechuras derivadas del típico caftán marroquí, pero modernizados, algunos hasta sofisticados. Se complementaban con una túnica, que unos la llevaban corta y otros larga. Los que las llevaban cortas formaban conjunto con pantalones, por ejemplo, aquel de terciopelo rojo, pantalón estrecho y túnica corta adornada con hilos de oro y cristal de roca, y otro de seda verde turquesa con pantalón muy ancho y la túnica corta bordada con pedrería, y el de color melocotón, un conjunto sensacional compuesto por un mono confeccionado con satén elástico, sin mangas y escote en uve, y la túnica, en este caso, era larga, del mismo tono pero de gasa recamada de perlas blancas, abierta por los lados hasta la cintura, con una bellísima franja vertical en el centro delantero de la prenda bordada con hilos de plata y de seda blancos, mangas largas y escote como el mono; o el de seda brochada azul cielo, que era vestido de un lujo extraordinario, o el de un precioso tono rosado también con vestido y la túnica larga de gasa adornada en tono contrastante con cuentas de azabache; o el blanco de crepé con pantalón estrecho, como un *legging*, y la túnica corta sin más adorno que un fino ribete dorado, o el malva, o el amarillo... ¡Todos, todos eran fabulosos, exquisitos!

—También tuvo en cuenta los zapatos —explicó Khadija—, porque a veces nos cuesta mucho encontrar el calzado apropiado para una vestimenta, por eso cuando el género del caftán es exclusivo, le pedimos al *kuayat*, al modista, que nos reserve un trozo y lo llevamos al zapatero para que nos haga un par de zapatos. Así lo hizo nuestro primo, tu marido, aparte te compró unos dorados y otros plateados, míralos.

—Y todavía no has visto lo mejor: ¡los cinturones!

—¡Vas a alucinar!

Estaban en estuches lacados negros, en las tapas apliques de porcelana, uno tenía una orquídea rosada, el otro una rosa roja. El de la rosa era alargado, el interior forrado de raso blanco, y en él un soberbio cinturón formado por grandes medallones de oro con profusión de gemas engastadas. El otro estuche era redondo, estaba forrado de raso azul celeste y contenía una joya increíble, un cinturón de platino, muy ancho, cóncavo, se abría como si fuese un tríptico, la parte superior de la extraordinaria joya ondeada, el centro delantero con la onda más alta, las otras iban bajando hasta terminar en la espalda. En las ondas, rosetas formadas con rubíes y esmeraldas engastadas.

A pesar de que Suzanne reconocía que tanto los atuendos como los cinturones eran maravillosos y que otra en su lugar estaría deseando ponérselos, ella, con una firmeza inquebrantable, se dijo que no se pondría nada, ¿qué se había creído el animal que la había despreciado groseramente diciéndole que como mujer no le gustaba porque no era femenina y que tenía a su disposición cuerpos mejores que el suyo? Sin contar los insultos y amenazas. ¿Qué pensaba, que ella no tenía dignidad y al ver los regios regalos iba a olvidarlo todo y a claudicar, dándole pie a creer que al aceptar sus obsequios aquella anoche ya estaba a su entera disposición para que la llevase a su cama y disfrutara de ella a su antojo y capricho? En el supuesto de que se le apeteciera, ¡como decía que no le gustaba porque no era femenina!

Si aquel moro machista y petulante creía que por tenerla en su *alcaçaba* solo iba a tener que levantar un dedo para que ella hiciea lo que él quisiera, se equivocaba. Se ducharía y permitiría a aquella agradable Khadija que la peinara, pues de ninguna manera podía regresar con aquellas greñas para sentarse a la mesa. Por cortesía hacia los que la habían recibido tan amablemente, por Omar, el hermano, por los caballerosos tíos carnales que le habían dedicado galanterías, aun habiéndose presentado hecha un desastre y, por los viejecitos, ellos y ellas, que la habían mirado embobados, por todos, hasta por los criados. Además de peinarse debía vestirse adecuadamente; a ver si alguna de aquellas simpáticas jóvenes quería hacerle el favor de traerle de donde decían que habían llevado el equipaje un vestido elegante...

—Es mejor que se vista a su manera; a ella no le pegan los caftanes. En su equipaje he visto un vestido blanco precioso que le irá muy bien para la ocasión.

—¿Qué dices, Tima? Han sido confeccionados para ella, diseñados por nuestro primo, su marido, que estará deseando verla con uno, ¿cómo no va a ponérselo?

—Aunque los hayan confeccionado para ella y nuestro primo los haya diseñado yo digo que si se pone uno va a parecer una facha, como si fuese disfrazada para un carnaval...

¿Otra vez la fea? ¿Y qué era aquello de que iba a parecer una facha como si fuese disfrazada para un carnaval si se ponía uno de los bellísimos atavíos? ¡Y hasta permitiéndose el lujo de escogerle el vestido que debía ponerse para la ocasión, a ella, a Suzanne Desbois! ¡Aquella feísima era el colmo! Y reconsiderando la cuestión, ¿por qué no podía ponerse una de aquellas maravillosas prendas cuyos géneros y accesorios había ido a comprar Cheik Abdelkrin nada menos que a El Cairo y a Cachemira (fugazmente le pasó por el cerebro el recuerdo de aquella mañana en el despacho de su padre cuando el moro comentó lo de su viaje a aquellos lejanos lugares) y que, además, los había diseñado exclusivamente para ella, y uno de aquellos increíbles cinturones que le remarcaría maravillosamente su esbelta cintura?

¡Pues se iba a poner un caftán! Por dos razones: la primera: para demostrarle a la horrorosa, que ella, Suzanne Desbois, se pusiera lo que se pusiera nunca estaba hecha una facha y, la segunda razón, porque ya que su presentación no había sido muy brillante que digamos, podría reaparecer en la sala circular ataviada como una sultana eclipsándolas a todas.

—Pues mira, Tima, voy a ponerme un caftán, ese, el de color melocotón; y no sientas preocupación por mí, yo nunca estoy hecha una facha ni parezco disfrazada, me ponga lo que me ponga. —Enseguida, sin que la otra respondiera, se dirigió a Khadija—: A ver lo que haces con mis cabellos, los prefiero recogidos, son más cómodos.

—¡Oh, no, recogidos, no! —protestó Malika con calor, y las otras, todas, menos Tima, la secundaron—. Vestida con el caftán y con esos cabellos que tienes tan preciosos sueltos, estarás divina, a nuestro primo tu marido le encantará.

—¡Le enloquecerá!

—¡Se quedará bizco al verte!

—¡Se le caerá la baba!

—¡Se quedará patidifuso, turulato perdido!

—Esta noche es muy especial para ti, tus cabellos son preciosos y debes lucirlos en todo su esplendor para tu marido.

—Nosotras tenemos la costumbre que la noche de boda la *arousa* lleve los cabellos sueltos; a los hombres marroquíes les gustan mucho —dijo Malika.

Pero, a pesar de que ya estaban otra vez todas (menos una) clamando, diciendo ahora que en su noche de bodas debía dejarse los cabellos sueltos, por ahí no pasaba. Además, no iba a haber noche de bodas, ¿o sí? ¡Claro que no! ¿Ya no se acordaba de lo que él le dijo, que no le gustaba porque no era femenina? Sí, mucho echarse faroles, pero después bien que la llevó abrazada todo el tiempo y le hizo insinuaciones, como lo de la jaima y el mullido lecho y de que ella no pasaría frío porque él la calentaría con el calor de su cuerpo, sin olvidar lo de los pantis, lo de la tierna y dulce carne... ¡Qué tío más cursi y falso!

Menos la fea, todas las demás celebraron las palabras de Malika con aplausos.

—El caftán que has elegido —dijo Khadija— cuenta con este doble hilo de perlas que te puedo colocar en la cabeza rodeándote la frente y, aunque no te lo parezca, te aseguro que te sujetará el pelo lo suficiente para que no se te vaya a la cara.

—Con el doble hilo de perlas no conseguirás sujetarle esa pelambrera.

¿Qué era aquello de calificar sus bellos cabellos de pelambrera? Ya la tenía harta la horrorosa, ¡y se atrevía a hablar de pelo, ya querría ella, ya!

—¿Sabes lo que te digo, Tima? Que me los voy a dejar sueltos —y continuó diciendo lo que estaba segura que iba a molestar más a la fea—: porque, como ha dicho Malika, esta noche es muy especial para mí y debo lucirlos para mi marido.

—Lo que no te podrás poner, segurísimo, es ninguno de los cinturones.

—¿Por qué no, porque tú no quieres?

—¡Porque yo no quiero, no —se irritó la fea—, porque no te estarán bien!, que respecto a eso mi primo se ha pasado con las medidas; lo que no me extraña, porque los hombres, hasta los más listos, solo ven lo que quieren ver.

—¿Crees que me estarán anchos? —dijo Suzanne, con tanto retintín que terminó de descomponer a la fea.

—¡Porque te estarán estrechísimos, ni te los podrás abrochar, te lo digo yo!

Bailándole una divertida sonrisa en los labios, Suzanne fue, sacó el cinturón de ondas del estuche, miró cómo era el cierre: cuatro gruesos corchetes en la parte de atrás, lo abrió, se lo acopló a la cintura sujetándoselo a los lados con las manos y preguntó:

—¿Quiere abrochármelo alguien por detrás?

Hasta respingaron las chicas, tan absortas se habían quedado mirándola e, inmediatamente, corrieron varias para ayudarla, pero como la que llegó primero fue una que se llamaba Tamou, esa tuvo el honor:

Chas... chas... chas... chas...

Los chasquiditos se oyeron nítidamente, tanto era ahora el silencio reinante.

—¿Ves como sí que me lo puedo abrochar?

—Habrás aguantado la respiración, pero en cuanto te sientes a la mesa y comas, tendrás que quitártelo o te ahogarás.

—¿Sabes que te veo verdaderamente inquieta por mí? ¡No te preocupes más, mujer! Mírame: ¿me ves ahogándome? No, ¿verdad? Por otra parte no soy de las que se atiborran de comida, como únicamente lo que necesito y mi cintura siempre está igual, lo mismo cuando me siento a la mesa que cuando me levanto. —Y sin hacerle más caso a la fea, les dijo a las otras que ahora estaban muy calladas—: Agradeceré a una o dos de vosotras que vaya donde esté el equipaje y me traiga una muda interior.

Menos Tima, todas se ofrecieron, aunque solo habló Malika:

—Le pediremos permiso a nuestro primo, tu marido, e iremos y te traeremos lo que quieras.

¿Qué imbecilidad era aquella, es que hasta para cambiarse ella las bragas y el sujetador iba a tener que dar él su autorización? ¡Qué gente más absurda!

—Gracias. De paso llevaos el bolso y ponedlo donde os parezca... Espera, primero voy a sacar unas cosas.

Al rato, sin vendas, duchada, cubierta por un albornoz blanco, sentada en una banqueta frente al tocador y rodeada por todas las jóvenes, Suzanne se sometió a las habilidades de la simpática Khadija.

El conjunto de ante que se había quitado dio origen a una larga conversación cuyo sujeto principal fue sidi Cheik Abdelkrin.

—Tendrás que mandarlo a una tintorería de Oujda...

—No voy a mandarlo a ningún sitio, no lo quiero.

—En ese caso podemos mandarlo a la Fundación —sugirió alguien.

—¿Qué Fundación?

—¿No has oído nunca hablar de la Fundación Hogar de sidi Cheik Abdelkrin? —preguntó Khadija, tan asombrada como las otras, aunque sin interrumpir el movimiento del peine y el secador de mano.

—No, no he oído hablar de ello.

—¡Pues constantemente se dice por la tele y la prensa mundial —gritó Tima, exaltada, fanática—, y en todos los medios de información! ¡Es un asunto de dominio público, por tanto me extraña que tú no lo sepas, a no ser que seas de esas mujeres a quienes no les interesan las cosas importantes que pasan en el mundo porque solo les importan los chismes de las artistas de cine y los nuevos productos de belleza que salen al mercado! —y continuó ahora de una manera que más que enaltecer al primo lo criticaba—: Nuestro primo es el mejor hombre de la Tierra; en mi opinión se pasa, no se puede ser tan bueno sin que abusen de uno. Te pondré algunos ejemplos: entre los jardineros tenemos un vejancón que solo sirve para molestar a sus compañeros, ¿por qué crees que continúa en su puesto? Porque nuestro primo dice que si le manda a la Fundación se sentirá acabado y se morirá. Aparte tenemos criados y criadas seniles, que tampoco sirven para nada de provecho, y ahí están, comiendo la sopa boba. Hasta con los animales tiene una bondad extrema, cuando los caballos están viejos los manda a una finca que tiene *ex profeso* para que se mueran cuando quieran, en vez de hacer lo que hacen todos, pegarles un tiro en la cabeza; en fin, allá él con sus exagerados altruismos, ya te irás dando cuenta de ello si continúas en el castillo...

¿Por qué no iba a continuar ella en el castillo! ¿No se había casado con todas las de la ley y estaba en la morada de su marido donde por derecho le correspondía vivir? Hasta que se divorciara, que eso ya llegaría. ¿Y por qué decía "tenemos criados" si ella solo era una prima que estaba de visita? Pues cualquiera que no fuese de la familia y la oyera pensaría que era la dueña y la esposa del primo, la visitante... ¿Y por qué estarían las otras siempre con la cantinela, nuestro primo, tu marido, y ella solamente decía, nuestro primo?

Khadija, que ya le había secado el pelo, tomó el relevo de la palabra:

—Pero no creas que en la Fundación se limitan a dar comida y cobijo, nuestro primo, tu marido dice que eso sería fomentar la gandulería y la irresponsabilidad; por ello, es raro que personas adultas y aptas para el trabajo permanezcan acogidas más de un mes; según lo que sepan hacer se les busca empleo en el periódico, la televisión y por medio de la Parroquia Católica. Él mismo tiene empleados que han estado acogidos en la Fundación. ¿Te fijaste en los jefes de su escolta, dos tipos enormes?

—Sí que me fijé, por lo grandes y porque iban armados hasta los dientes.

Tima saltó otra vez como una avispa:

—¡Es evidente que no estás acostumbrada a tratar a gente de tanta alcurnia como nosotros, un hombre tan importante, de tanta categoría y tanto relieve nacional e internacional como es nuestro primo, es normal que disponga de una mesnada de hombres armados que velen noche y día por su vida!

Tras el inciso de Tima, que, por lo visto, había creído necesario aclarar la postura del idolatrado primo y que a cada momento estaba más insultante y sudorosa, pues había que ver lo que transpiraba aquella chica, mientras las otras parecían asustadas, antes de que Suzanne contestara a la provocación, aunque no daba la impresión de que fuera a hacerlo. Khadija soslayando el asunto retomó rápidamente la palabra:

—Esos dos eran ladrones, su último delito fue muy grave, a mano armada. Aunque nunca derramaron sangre, usaban las armas solo como intimidación. Les condenaron a doce años de prisión, pero se beneficiaron de un indulto concedido por el rey y salieron libres cuando llevaban ocho años de cárcel, mas como eran expresidiarios nadie quería darles trabajo; además, lo único que sabían hacer era disparar armas de fuego, luchar cuerpo a cuerpo y montar a caballo, que todo esto lo aprendieron en la legión francesa, donde habían estado alistados antes de dedicarse a la delincuencia. Parecía inevitable que volvieran a las andadas, pero los años de reclusión les habían hecho reflexionar y se resistían a volver a delinquir. Como se encontraban en una situación desesperada y habían oído hablar de la Institución de sidi Cheik Abdelkrin, fueron, con la esperanza de que por medio del muy noble caballero pudieran proporcionarles trabajo y, mientras, tener un plato de comida y un techo.

—Lo que sigue nos lo contó una sirvienta de allí —le susurró Tamou a Suzanne, que, aun sin desearlo, estaba ya bastante interesada en el relato.

—... Un día en que nuestro primo, tu marido —siguió contando Khadija, sin por ello dejar quietas las manos—, fue a visitar la Fundación a la hora de comer, pues es una de las cosas que más le preocupan, que sus protegidos estén mal alimentados, porque él no da el dinero y se desentiende, sino que se preocupa personalmente. Los dos estaban comiendo y cuando vieron aparecer en la puerta del comedor al gran sidi Cheik Abdelkrin con el empaque que tiene de gran señor, los desgraciados se pusieron rojos como tomates maduros y agacharon las cabezas muertos de vergüenza.

Tima, que estaba loca por meter baza otra vez, aprovechó que la improvisada peinadora se detuvo para cobrar aliento:

—Sin entrar, se volvió sobre sus pasos, se fue a la oficina y ordenó que de inmediato fueran a por aquellos tipos y los condujeran a su presencia y, cuando llegaron los facinerosos con las cabezas gachas, se encerró con ellos en el despacho dejando afuera al secretario, a los guardaespaldas y al personal del centro, todos preocupadísimos, temiendo por la integridad física de su señor; hasta que al rato la puerta volvió a abrirse, apareciendo en el dintel la arrogante figura de nuestro primo, y detrás, en actitud humilde, los dos expresidiarios. Enseguida habló él con la autoridad y el don de palabra que le caracteriza, dirigiéndose al secretario: a partir de estos momentos, Mohamed y Saíd han entrado a formar parte de mi escolta. Igualmente, desde ahora les nombro custodios de las llaves y claves que guardan las joyas y gemas de mi patrimonio familiar, ponles en nómina y avánzale a cada uno una paga extra, lo mismo que cobran mis otros hombres de la escolta; paga que no se les descontará de los emolumentos siguientes.

—Todos se quedaron de muestra —intercaló la dulce Malika.

—Pero —encadenó rápidamente Tima— él, dando muestras una vez más de su gran inteligencia, dijo: "No me miréis con asombro, lo que debéis hacer es felicitarme porque he hecho dos estupendas adquisiciones. Era una verdadera pena que estos hombres estuvieran desaprovechados y me parece que no me he equivocado al pensar que lo que necesitaban era una oportunidad, a ellos corresponde agarrarla con las dos manos para que no se les escape o tirarla al siroco del desierto".

—El menesteroso, sea quien sea, recibe su ayuda —añadió una tal Latifa.

—Se gasta cantidades ingentes de dírhams con la dichosa Fundación —siguió Tima—, en lo que yo no estoy en absoluto de acuerdo, lo repito y lo repetiré mil veces...

—Él no lleva todo el gasto —la interrumpió Khadija—, colaboran todos los grandes del reino, empezando por la familia, sobre todo Omar y los tíos carnales y hay médicos que prestan sus servicios desinteresadamente.

—¿Quieres dejar de interrumpirme cuando hablo? ¡Esas colaboraciones que dices son nada, minucias comparadas con lo que él se gasta! Estaba diciendo que por mí continuarían, como hacían nuestros antepasados, y como hacen todos, dando limosnas los viernes a la salida de la aljama para cumplir con Alá

—y continuó, siempre explicándole a Suzanne—: pero el padre, siendo muy joven y con el apoyo del suyo, inició el asunto, como lo de darles alas a los hijos de los criados costeándoles carreras universitarias cuando la categoría del individuo viene desde la cuna, y el que nace de padres sirvientes con el tiempo tiene que serlo él también porque sus genes son mediocres; pero pasemos página. A pesar del enorme dispendio, su inmensa fortuna no sufre merma, al contrario, constantemente la incrementa porque, además de ser un hombre dotado de una inteligencia excepcional, Alá suele ser generoso con sus hijos predilectos, ya que aunque él y el hermano inducidos por la madre abrazaran la religión cristiana, no por eso dejan de ser musulmanes como los que más.

—Has sido muy afortunda, Suzanne —consiguió hablar Malika cuando se calló Tima, seguramente para descansar y cobrar el aliento—, quizás no te has dado cuenta todavía de que te has casado con un hombre ínclito.

—¡Un prócer!

—¡Un hombre insigne!

—¡Su fortuna se cuenta entre las cinco más grandes del mundo!

—¡Pero todo su poder no es nada comparado con su gran valía personal!

—¡Y es un hombre de letras inteligentísimo, un preclaro!

Por último Tima gritó desaforada:

—¡Es como un rey, un hombre excelso!

—Pues, chicas —habló al fin Suzanne, con bastante guasa—, estoy abrumada ante el descubrimiento de ese dechado de perfecciones que me ha tocado como marido... ¡Y yo que pensaba que me había casado con un moro rico sin más!

—¡Oh, no, sidi Cheik Abdelkrin no es un moro rico sin más!

Suzanne había llegado a varias conclusiones: que las primas de Cheik Abdelkrin, excepto la fea Tima, eran unas chicas sanas de espíritu, sin malicia; sin excepciones, que dominaban el idioma francés a la perfección y que estaban enamoradas del primo; y la horrorosa Tima la que más, ella con auténtico fanatismo.

CAPÍTULO XIII

Siéntate a la puerta de tu casa y verás pasar el cadáver de tu enemigo
(Proverbio árabe)

Cuando reaparecieron en la sala circular Suzanne iba bellísima con el caftán de satén y gasas color melocotón. La fina túnica recamada de perlas le transparentaba los delicados hombros y los brazos y, como era abierta a los lados hasta la cintura, realzada por el fabuloso cinturón ondeado, al andar se abría permitiendo ver las preciosas piernas estrechamente enfundadas en el brillante satén elástico. Los cabellos sueltos cual catarata de rizos. La frente ceñida por el doble hilo de perlas cayéndole una más grande en forma de lágrima entre las cejas, también había sacado del bolso y se había puesto los pendientes, el anillo y el brazalete de brillantes. No se había maquillado, solo pintado los labios en rosa nacarado, igual que el esmalte que llevaba en las uñas; que no tuvo que volvérselas a pintar porque asombrosamente no se le habían estropeado.

Los que hablaban, enmudecieron, todos obnubilados ante tanta hermosura.

Los primeros en reaccionar fueron los ancianos, que alzaron sus cascadas voces. Ella no les entendía, le parecía que repetían algo así:

—*¡Hauarí! ¡Hauarí! ¡Hauarí!*

Al instante la jeringonza de los ancianos fue cubierta por el griterío de las mujeres y los aplausos de los hombres, hasta las ancianas gritaban cuanto podían, y las jóvenes que la acompañaban, excepto Tima, que mantenía bien cerrada la bocota, en el feo rostro una expresión indescriptible de sentimientos ambivalentes: amor y odio.

Todos los hombres aplaudían entusiasmados mirando a la turbada *arousa*, entre ellos, como si intentaran romperse las manos a fuerza de palmadas: el hermano Omar, los tíos carnales, el tío político sidi Moulay y, por supuesto, él, Cheik Abdelkrin, que también se había duchado y cambiado las ropas poniéndose una bella túnica azul celeste con arabescos bordados en oro y, además, espectaculares anillos en todos los dedos de las manos, igual que el hermano, el tío abuelo y los tíos carnales, al cuello una gruesa cadena con un gran medallón de niel, lo mismo que las de los otros. Sin subterfugios, estaba extraordinario, impresionante, fabuloso.

Fue hasta ella, le tomó las manos y se las besó:

—¡Bellísima, bellísima cual maravillosa encarnación de un sueño de amor, como la más bella hurí del Edén! Me has puesto al borde del infarto, corazón.

—Pues tú tampoco estás nada mal... —replicó ella, despacio, coqueta, picarona.

Él se echó a reír, sin más le rodeó los hombros con el brazo derecho:

—Vamos a subir al piso superior donde se halla el comedor, que ya está dispuesto para la cena.

Empezaron a subir la maravillosa escalinata, ellos delante, inmediatamente detrás los tíos carnales con las esposas, Omar Abdelkrin y lala Salma con su esposo; luego, todos los demás; los últimos, los ancianos ayudados por sirvientes.

Se oyó un ensordecedor trueno que se propagó en largo eco provocando grititos femeninos y el brazo alrededor de los hombros de Suzanne se apretó más, se hizo más caluroso, más íntimo...

—Nunca quise hacerme la ilusión de que te pusieras un caftán esta misma noche, y has elegido uno de mis favoritos, ¡me encantan los conjuntos de túnica y pantalón, los encuentro excitantemente femeninos y tú estás con ese de muerte fulminante por paro cardiaco de amor! Gracias, corazón, gracias por haberte puesto un caftán esta noche.

—No me lo agradezcas a mí, agradéceselo a tu prima Tima —se hizo maliciosa.

—¿Tima te convenció para que te lo pusieras? —se asombró él.

—Todo lo contrario, lo que trató ella fue de convencerme para que no me lo pusiera, alegando que no me pegaban, que no era mi estilo, que iba a parecer una facha, que era mejor que me pusiera uno de los vestidos que he traído en el equipaje... Y comprenderás que para mí fue un reto.

Podría haberle contado más cosas de las que dijo Tima, pero ella no era de esas que siempre andan con chismes.

Una sombra de contrariedad pasó por el rostro de Cheik Abdelkrin. Toda la familia sabía, y, por supuesto, Tima, que él había mandado confeccionar al mejor *kuayat* de Oujda, ocho caftanes con los géneros que había traído personalmente de El Cairo y de Cachemira para regalárselos a una mujer (verbigracia lo mismo que había encargado bordar toallas y otras cosas con las iniciales de ella) y aquel día, cuando telefoneó anunciando su boda, entre otras cosas, les dijo:

—Me caso dentro de una hora con la destinataria de los ocho caftanes...

Entonces, ¿por qué había tratado Tima de disuadirla de que se pusiera una de las vestimentas que él había mandado confeccionar con diseños propios exclusivamente para ella? ¡Era inconcebible, inaudito! Pues lo que nadie de la familia sabía era que, cuando él mandó confeccionar tales vestidos con las medidas que la francesita Connie le proporcionó (le pareció más discreto que pedírselas al modista que le confeccionó el vestido de novia), eran muchísimas sus dudas respecto a que alguna vez fueran usados por la bellísima mujer que llevaba ahora al lado.

Bah, cosas de chicas, tampoco había de qué hacer una montaña; conocía muy bien a la prima Tima, era envidiosa y celosa; pobrecilla, harta desgracia tenía, pues, respecto a atractivos físicos, Dios no había sido nada generoso con ella, era más fea que pegarle a un padre. En resumidas cuentas, lo importante era el resultado final y el resultado final lo llevaba al lado, el no va más de la belleza y la femineidad: Suzanne Abdelkrin (¿por qué no nombrarla así si era su esposa, aunque solamente fuera en sus pensamientos?). Preciosa, exquisita como una hurí, subiendo la escalinata con él, bajo su brazo, rozándose los cuerpos y proporcionándole con tan sencillo acto un inmenso placer, a la par que un martirio, puesto que le despertaba tan tremendo deseo sexual que casi no lo podía resistir.

Desalojado pues de su mente el ingrato pensamiento sobre el extraño proceder de la prima Tima, al oír lo del reto se echó a reír.

Culminaron la escalinata, recorrieron luego parte de la galería desde donde se veía el inicio de un ancho y larguísimo corredor con puertas a ambos lados, todo con el suelo y un alto zócalo de bellos mosaicos vidriados en colores verde, rosa y *beige*, al final de la galería se hallaba el comedor.

Muy amplio, el techo del que pendía una fabulosa lámpara también en cristal de roca, con bellos artesonados formando estrellas. Las paredes tapizadas con seda brochada, crema y oro. Amueblado al estilo europeo, sin descartar detalles árabes como los adornos de puertas y ventanas en arco. Magníficos cuadros. Muebles modernos de maderas rojas y laca. La gran mesa central cubierta por una soberbia mantelería de hilo color *beige* con bordados y calados con hilo de oro Porcelana de Sevres. Cristalería de Bohemia. Cubertería de oro. Floreros-fruteros de fina porcelana de China decorados a mano. A un lado de la estancia, un gran trinchero donde se trocearían carnes y pescados para llevarlos a la mesa. Una grandiosa cristalera que daba a una terraza corrida tenía cortinajes, lo mismo, de seda brochada, crema y oro y otras de encaje color crema.

A Suzanne le llamaron mucho la atención dos sirvientes que había junto a una de las paredes, muy erguidos y quietos.

Cheik Abdelkrin la condujo directamente a un gran cuadro magistralmente ejecutado al óleo que parecía presidir todo el entorno, representaba a un hombre y a una mujer ataviados a la usanza árabe, lujosos y enjoyados. Ella, muy bella, con los ojos claros y los cabellos, que llevaba recogidos en un moño alto sobre el que ostentaba una maravillosa diadema, castaños. La diadema hacía juego con las sortijas, brazaletes, pendientes, broche y el collar que llevaba. Estaba sentada en una butaca que parecía un trono. Por la forma y por tantos dorados y torneados, las enjoyadísimas manos que mantenía flácidamente sobre la falda del caftán eran muy blancas, bellas y delicadas, con las uñas, no muy largas, barnizadas en tono rosado. El hombre estaba de pie detrás de la butaca con una mano en un hombro de ella, virilmente guapo, de porte majestuoso, con bigote y barba negros y frondosos, vestido con una hermosa túnica blanca con bordados dorados, con los dedos llenos de extraordinarios anillos y al cuello una gruesa cadena de oro con un gran medallón de niel con la efigie de un grifo, muy semejante al que ostentaba en estos momentos Cheik Abdelkrin, el hermano, los tíos carnales y el tío abuelo.

Al detenerse ante el cuadro, el hermano, los tíos carnales y lala Salma con el esposo, se les colocaron a los lados e, inmediatamente detrás, los ancianos que acababan de llegar y a los que los jóvenes y todos los demás, entre los que se hallaban las esposas de los tíos carnales, les hicieron sitio.

—Mis padres —presentó él en tono grave, y continuó dirigiéndose a las imágenes del cuadro—: Padre, madre, os he traído una hija, lo que tanto anhelabais, hela aquí: Suzanne, mi esposa —desvió los ojos del cuadro y volvió a mirarla—: Vivieron un gran amor, un sentimiento lo suficientemente fuerte como para arrostrar sin desmayos todos los convencionalismos y enfrentarse a todas las intransigencias. Nada les arredró, el mutuo amor que se profesaron prevaleció sobre todo; tampoco renegaron de sus respectivas creencias religiosas, cada uno supo ver, comprender y adoptar lo que le pareció justo y admirable de la del otro.Vivieron juntos durante treinta años plenos de felicidad y murieron juntos, porque así estaba predestinado, porque era el sino de ambos, y porque el uno sin el otro no hubiera podido subsistir, y el Supremo Hacedor, que sabía que ellos preferirían la muerte antes que separarse, no les separó, les llamó a su seno juntos; y juntos yacen para la eternidad.

Casi todas las mujeres y muchos hombres lloraban. Los tíos carnales, con la empañadas miradas fijas en el cuadro, cada uno hizo un comentario:

—Se amaron mucho.

—Aquel fue su mejor premio en vida: un amor pletórico.

—Las dificultades aún engrandecieron más el mutuo amor que se profesaban.

Desde detrás, dijo la tía Salma llorando:

—Fue un día funesto, porque se marcharon para no retornar.

—No tendría que haber amanecido —añadió Omar con la voz cargada de llanto.

A continuación, fue la bronca voz de sidi Moulay:

—No debemos maldecir el día, así estaba escrito. Alá elige a sus hijos predilectos llamándoles pronto a Su Reino... ¡Loado sea!

Suzanne, conmovida, no podía apartar la fascinada mirada del cuadro, de los dos rostros tan hermosos, efigies de personas que hacía mucho tiempo habían dejado de existir y que no obstante parecían querer decir muchas cosas que ya no dirían jamás. Le daba la impresión de que estaban vivos dentro del cuadro y que de un momento al otro iban a salir del marco, uniéndose a las personas vivas que les miraban, poniéndose a hablar afablemente con todos, especialmente cariñosos con los hijos, y con ella, con la reciente nuera, besándola en las mejillas...

«—Este es un gran día para nosotros, pequeña...

»—Con usted, señora, será más fácil entenderme porque es francesa como yo...

»—Hija mía, mucho antes de morir ya no me quedaba casi nada de francesa. Había días que me sentía tan mora como mi cuñada Salma. A ti te ocurrirá lo mismo, es inevitable; sin darte cuenta, poco a poco, te irás integrando en la familia, aprenderás el idioma y a decir Alá en vez de Dios; aceptarás sus costumbres y, cuando quieras percatarte, te sentirás marroquí hasta la médula de los huesos.

»—¡No lo quiera Dios, señora!

»—¿Por qué? La raza es lo de menos, lo que cuenta es la persona, los sentimientos. Yo tuve la suerte, como tú, de casarme con el mejor hombre del mundo...

»—No estés inquieta, pequeña, los moros no nos diferenciamos tanto de los franceses, no creas todo lo que dicen algunos xenófobos ignorantes...

»—¡Pero yo no quiero volverme mora, quiero continuar siendo francesa!

»—Y en esencia continuarás siéndolo, pero ya sientes a tu alrededor el influjo de las personas que te rodean, es un sortilegio muy difícil de resistir...».

¡Cielo Santo! ¿Qué le ocurría? ¡Estaba dialogando con dos muertos!

Le costó un ímprobo esfuerzo liberarse del morboso ensueño e implantar en su mente otra idea: ya sabía de quién había heredado Cheik Abdelkrin el color de los ojos.

La ceremonia del lavado de manos cuando ya se hallaban todos acomodados alrededor de la mesa la asombró y divirtió: ¿todavía estaban aquellas gentes con tan arcaica costumbre, no podían haber ido antes de sentarse a la mesa a lavarse las manos como hace todo el mundo civilizado, bajo el chorro de agua de un grifo abierto en vez de allí mismo con tanto aparato y tanto teatro?

Les atendieron cuatro criados, vigilados atentamente por el imponente mayordomo mayor, aquel tal sidi Harrak, y por sidi Alí, uno portaba una palangana blanca y una pastilla de jabón, otro solo una palangana idéntica, el tercero una cafetera o tetera, que para la función que iba a desempeñar daba igual llamarla de una manera o de otra, y el cuarto criado, sobre el brazo derecho doblado, un rimero de blanquísimas toallas. Nadie se libraba del lavoteo; aunque acabara de salir de la ducha.

Los cuatro criados, seguidos por las miradas de sidi Alí y del mayordomo, que se habían detenido a una distancia prudencial, llegaron a la cabecera de la mesa que presidían ellos, los recién casados, con Omar, el hermano y los tres tíos carnales; entonces él, Cheik Abdelkrin, les dijo algo en árabe, y los cuatro se fueron a donde se hallaban todos los ancianos juntos. O sea, que el prepotente jefe de familia les concedía a los viejecitos el gran honor de lavarse los primeros. Junto a cada uno, o una, se detenían los criados, el que llevaba palangana y la pastilla de jabón colocaba el recipiente debajo de las manos que él o ella ya tenía estiradas juntas, y le ofrecía el jabón, que aceptaban o no, pues, al parecer, esto era opcional: el que quería se lavaba las manos con jabón y el que no quería con agua sola. A continuación, el portador de la cafetera, o tetera, le echaba un chorrito de agua calentita por el pitorro (se sabía que estaba calentita porque humeaba un poco), y cuando el que fuera o la que fuese se había restregado las manos una contra la otra, con jabón o sin él, era igual, el de la cafetera o tetera le echaba otro chorrito de agua para que se las aclarase. Acto seguido acudía diligente el de las toallas para que cogiera una y se secara y, por último, se acercaba el cuarto sirviente con la palangana vacía donde recogía la toalla usada.

Cuando terminaron con los ancianos, los cuatro sirvientes regresaron a la cabecera de la mesa y, entre Cheik Abdelkrin, el hermano y los tíos carnales se entabló una cariñosa y respetuosa discusión: correctísimas atenciones, exquisitas delicadezas, buenas maneras; todo un protocolo que parecía que nunca iba a tener fin:

«—Vosotros los primeros, queridos tíos...

»—De ninguna manera, es a ti a quien corresponde ser atendido antes...

»—¡A vosotros el honor!

»—¡Nada de eso, dilecto sobrino!

»—Mi hermano tiene razón, vosotros tenéis que ser primero».

Como por unos momentos se habían puesto a hablar en árabe, Suzanne no les entendía, pero imaginó que estaban diciendo aquello, o cosas por el estilo, y que a quienes trataba ahora Cheik Abdelkrin de cederles el privilegio de lavarse las manos antes que él era a los tíos carnales y ellos se resistían.

Desde que entró en el castillo y vio por primera vez a los tres moros, tan señores, tan educados, tan caballerescos y galantes, a Suzanne le cayeron muy bien; pero siempre parecían pendientes de ella. Por eso, no se atrevía ni a mirarles, porque en cuanto que lo hacía, le sonreían y asentían con las cabezas.

Bueno, tenía que reconocer que todos le parecían caballerescos, incluidos los ancianos, empezando por sidi Yusef, el tío abuelo, y por aquel otro, sidi Yilali, sin descartar tampoco al burdo sidi Moulay...

—No creo conveniente que te mojes demasiado las rozaduras, tampoco es necesario que uses jabón. Le diré al sirviente que te eche el agua solo en los dedos.

¡Anda! ¿Qué había pasado, que mientras había estado abstraída en sus lucubraciones los tres tíos y Cheik Abdelkrin se habían lavado?

Pues no, no era eso, lo que pasaba es que se había equivocado y quien había obtenido el alto honor de lavarse la primera después de los ancianos había sido ella.

Al oír de nuevo hablar a Cheik Abdelkrin le miró y él le sonrió, entonces, sin saber por qué, desvió los ojos hacia el rostro de sidi Mojtar y el tío carnal también le sonrió y asintió.

¡Hasta vergüenza le daba poner las manos para que le echaran el chorrito de agua! Además, ¿qué tontería era aquella de que solamente podían mojarle los dedos? ¡Pues vaya birria de lavado!

Cheik Abdelkrin le habló en árabe al portador de la cafetera, o tetera, que le escuchó atentamente, y no solo él, también el mayordomo mayor y sidi Alí, que alargaron los pescuezos para oír las instrucciones de su señor y luego, vigilado de cerca por el amo y desde algo más lejos por aquellos dos, el tipo empezó a echarle a ella (que finalmente se había resignado y había estirado las manos juntas encima de la palangana igual que había visto hacer a los ancianos) con sumo cuidado un fino chorrito de agua calentita en los dedos, ya no solamente fiscalizado por los tres pares de ojos sino por muchos más, pues hasta los criados de la pared miraban interesados la delicadísima operación. Todos en silencio, embebidos, a ella le dio la impresión de que el pobre, el de la cafetera o tetera, estaba emocionado ante la enorme responsabilidad que le había caído sobre los hombros, o mejor dicho sobre las manos que sostenían con extraordinario cuidado el recipiente, ¡pues menuda faena si le temblara el pulso, se desviase el pitorro y cayera el chorrito de agua calentita fuera de los límites marcados por su amo y señor! Y cuando en el extraordinario silencio que se había producido empezó a oírse el líquido que, después de pasarle por los dedos, caía en la palangana que sostenía el otro también, como si en ello le fuese la vida, ya fue demasiado, y Suzanne casi soltó el trapo de la risa; la contuvo y consiguió que permaneciera impasible, algo realmente extraordinario viniendo de ella: un raro respeto hacia los ancianos parientes de Cheik Abdelkrin y hacia los tíos carnales.

CAPÍTULO XIV

Trátame como a un hermano pero arregla tus cuentas conmigo como si fuera tu enemigo
(Proverbio árabe)

****

Finalmente se fueron todos los criados, incluido sidi Alí, no el mayordomo ni los que estaban como pegados a la pared, que estos, como no se movían, mantenían las expresiones hieráticas y daba la impresión de que ni respiraban, parecían estatuas.

A los escasos minutos regresó sidi Alí precediendo a seis criados enguantados de blanco llevando cada uno una bandeja con una sopera y un cucharón. La bandeja y el cucharón de oro, la sopera de fina porcelana china. Se quedaron parados junto a la cabecera de la mesa en espera de la señal del amo para empezar a servir en bellos boles, harira, una especie de sopa marroquí espesa y nutritiva.

El jefe de los sirvientes, mientras sus mandados se acercaban a la cabecera de la mesa para empezar a servir la sopa, se quedó parado, retirado, más o menos en el lugar donde estuvo antes y, donde al igual que el mayordomo, cada uno en su sitio, permanecerían durante toda la cena.

—En nuestras cenas, siempre el plato de entrada es harira. Por supuesto, nadie está obligado a tomarla... ¿A ti te gusta? —le explicó primero y le preguntó después, Cheik Abdelkrin a Suzanne.

—No, es decir, no sé si me gusta.

—Comprendo, no la has probado nunca. Esta me parece un magnífica ocasión para que la pruebes y, si no te gusta, no te preocupes, no la tomas y en paz.

¿Qué otra cosa hubiera podido hacer ella? Permitió que el correctísimo criado le sirviera un poco de harira, y luego, lo mismo que antes, ante las expectantes miradas de todos: tíos carnales, el hermano Omar, la tía Salma, el tío Moulay, los ancianos y las ancianas, los chicos y las chicas, hasta los criados portadores de las soperas se quedaron parados y los de la pared y el mayordomo y sidi Alí, todos esperando a ver si a la nueva señora le gustaba o no la harira. Ella, cautelosa, tomó un sorbito con la cuchara, tan pequeño que apenas le llegaría el sabor al paladar, alzó la cabeza, miró al muy sonriente Cheik Abdelklrin y dijo:

—Está rica.

Hubo suspiros de desahogo y satisfacción después de la contenida tensión, al oír todos decir a la joven y bella lala nada menos que la harira estaba rica.

Después de servirles a todos, los criados se retiraron llevándose las bandejas con las soperas y los cucharones y, al poco rato, avisados por sidi Alí mediante un móvil, llegaron cuatro, cada uno con una gran bandeja de plata en la que, obedeciendo las señas que les hacían los señores, fueron recogiendo los boles usados. Cheik Abdelkrin se encargó de hacer aquella seña para que le retirasen a la joven esposa el suyo con el contenido de harira casi intacto.

Y así, servidos por los respetuosos criados bajo las vigilantes miradas del mayordomo mayor y de sidi Alí, discurrió la cena donde no faltaron platos marroquíes, pero donde predominaron exquisiteces francesas, acompañados de bebidas sin alcohol, o agua, los ancianos tomaron leche agria.

La tía Salma explicó que la composición del menú para esta noche tan especial había sido muy estudiada por el jefe de cocina y ella en honor de la nueva señora Abdelkrin, y el *adufre* (el panadero marroquí de la casa) se había esmerado haciendo *baguettes* de pan francés.

Pero la nueva señora Abdelkrin no probó el pan, y lo mismo que con la harira poquísimo honor hizo a los platos esmeradamente presentados, marroquíes o franceses.

Ante la evidente turbación e inapetencia de la *arousa* todo eran sonrisas de afecto y simpatía; le prodigaban atenciones, la agasajaban, la mimaban..., excepto una persona: Tima, que, entre bocado y bocado, porque ella sí se estaba atiborrando, la miraba con un odio infrahumano.

La tempestad había alcanzado su punto álgido, truenos y relámpagos se sucedían incesantemente. A través de las cristaleras del balcón se veía caer la lluvia cual catarata.

Cheil Abdelkrin le explicó a Suzanne:

—No existe peligro de que nos quedemos sin luz, y si así fuere estaríamos a oscuras apenas unos segundos, enseguida vendrían criados con candelabros y bujías encendidas y, como además de la línea general, tenemos dos potentes generadores eléctricos, otros servidores restablecerían enseguida la corriente.

Finalizada la larguísima cena salieron del comedor para ir al *living room*, con el propósito de hacer unos minutos de tertulia toda la familia reunida, amenizada con música, una gentileza de Omar que había contratado una orquesta magrebí...

—Una *arousa* tan bella no merece menos.

Y Cheik Abdelkrin le explicó, riendo:

—A la sala donde vamos la llamamos *living room*, por esnobismo.

Allí también había dos sirvientes como pegados a una pared, y Suzanne se preguntó, con no poca turbación e ironía, si en la alcoba nupcial preparada para Cheik Abdelkrin y ella habría otros dos criados pegados a la pared, a no ser que no hubiera alcoba nupcial porque él les hubiese contado a los suyos la verdad de su matrimonio, aunque, a juzgar por el comportamiento de todos, no parecía que supiesen nada y, aunque estuvieran enterados de la verdad y a pesar de todo lo que él le dijo en el coche, aquella noche la poseería; tenía que hacerlo, era su deber y su derecho de macho, porque si no lo hiciera perdería mucho prestigio ante los suyos, quedaría como un pobre hombre, ¿cuándo se ha visto a un ardiente moro, en la plenitud de su poderío sexual, desaprovechar la ocasión de disfrutar de una mujer joven, bella e intacta y que, además, le pertenecía? La mera suposición resultaba inaudita.

Se trataba de una estancia funcional, cómoda. Lo más destacable era un bello tapiz de seda que ocupaba toda una pared, representando una exuberante selva y bebiendo en un río el animal que no cesaba de ver ella: el mítico grifo.

Había sillones y sofás, mueble-bar, ordenador, televisor de plasma, tocadiscos con sus correspondientes altavoces distribuidos por la sala, mesa de billar, mesitas con diferentes juegos: naipes, ajedrez, dominó, y un magnífico piano de cola.

Ocho músicos con violines morunos, cítaras, flautas, panderetas, laúdes y otro instrumento al que llamaban *khanoun*, se hallaban en una especie de estrado con barandilla de caoba con torneados.

Las mujeres casadas se acomodaron en un lado, las solteras, en otro, los hombres, separados, los ancianos y las ancianas, juntos optaron por un sofá, Suzanne escogió un sillón algo apartado de todos, y todos respetaron su decisión, incluido Cheik Abdelkrin que, después de dejarla, también se sentó en un sillón en solitario, pero cerca de ella.

En cuanto todos estuvieron sentados, los músicos, tras solicitar con la mirada y una inclinación la venia del dueño de la casa y obtenerla, se pusieron a tocar, y ya no cesaría el concierto hasta que igualmente el dueño de la casa lo ordenase.

Al momento se levantaron Khadija y Malika, riendo y corriendo llegaron al centro de la sala, que estaba despejado de muebles, y se pusieron a bailar moviendo mucho el vientre y las caderas. La actuación duró apenas un minuto, sin que cesara la música las hermanas se marcharon seguidas por los aplausos de todos. En el camino se cruzaron con otras dos, Sfía y Tamou, quienes llegaron al centro de la sala igual que las otras, corriendo y riendo, hicieron su numerito y se retiraron deprisa seguidas por los aplausos. Así, sucesivamente, fueron pasando todas las chicas solteras por el centro de la sala para hacer sus gracias; hasta la fea Tima, que como tenía un culo y unos pechos grandes y colganderos parecía que se le iban a caer al suelo.

Cuando se apaciguó el jolgorio, los hombres, encabezados por los hermanos Abdelkrin, empezaron a jalear para que saliera a bailar, nada más y nada menos que la gordísima tía Salma, que se ruborizó, pero que no se hizo de rogar.

Suzanne hasta se olvidó de sus inquietudes al imaginar a la gordísima mujer moviendo sus generosas carnes en aquel baile tan sensual, aunque ya la había precedido Tima y, al menos, la tía, a pesar de que estaba más obesa, era guapa.

Pero se llevó el chasco de su vida.

La guapa gorda, sonriendo, sin que se oyera a nadie jalear, solo la música ahora exclusivamente de flautas, llegó al centro de la sala y, con esfuerzo, ya que ni las hijas ni el hijo ni el marido, ni ninguna otra persona fueran a ayudarle, se arrodilló en el suelo, posó su enorme trasero sobre los talones, y se puso a bailar con la cabeza, los hombros, los brazos y las manos y, afinando la cosa, podría decirse que bailaba especialmente con las manos, ¡y con cuánta gracia, con cuánta delicadeza, y con cuánta expresividad movía las bellas manos! Porque con ellas le había ocurrido lo mismo que con el rostro, que, a pesar de tenerlas bastante rollizas, no se le habían deformado. Un gracioso quiebro de las muñecas adornadas con valiosos brazaletes, un movimiento de las manos con todos los dedos llenos de no menos valiosos anillos, poniéndoselas delante de los ojos cual visera, o como si dieran un óbolo, o como si mendigaran, o bajándolas en muda reverencia, o alzándolas como en sentida plegaria, o separándolas en desalentador gesto, o volteándolas como esperanzadas; cualquier movimiento lleno de sencillez, en las bellas manos cobraba un significado y una gracia, tan expresiva, tan singular, que parecían aureoleadas de misticismo; quizás también contribuyese a ello el rostro de la mujer, su expresión que parecía irradiar bondad infinita abarcando en aquel sentimiento a todas las criaturas del orbe, la entrañable expresión de los hermosísimos ojos negros aterciopelados, la dulce sonrisa que apenas distendía los bellos labios, como si estuviese rezando...

Cuando terminó y se levantó, ahora ayudada por el marido y el hijo, solamente se oyeron unos aplausos: los de Suzanne, que no había aplaudido a ninguna de las jóvenes; empero, al percatarse de que nadie más aplaudía y de que todos la miraban, cortadísima, dejó de dar palmadas y bajó las manos, como si intentara esconderlas.

Los tres tíos carnales cabeceaban y sonreían:

—¡Mujercita delicada y sensible!

—¡Perceptiva de los nobles sentimientos!

—¡Corazón puro!

No cabía duda que respecto a la joven esposa del sobrino los tres caballeros moros estaban completamente de acuerdo, lo mismo en cuestión belleza que en lo concerniente a sentimientos y daban su aprobación sin cortapisas.

Los músicos empalmaban unas partituras con otras. Hasta que en un momento dado, desde el sofá, se alzaron cuanto pudieron las cascadas voces de los ancianos:

—¡Cheik! ¡Cheik! ¡Cheik! ¡Al-Ándalus! ¡Al-Ándalus! ¡Al-Ándalus!

Al momento fueron todas las voces pidiendo a gritos:

—¡Cheik, al-ándalus! ¡Cheik, al-Ándalus! ¡Cheik, al-Ándalus!

Y Cheik Abdelkrin, riendo, alzó las manos en gesto de rendición, se levantó, fue al estrado, habló con el jefe de los músicos, regresó a su sillón, aunque se quedó de pie y, mirando fijamente a Suzanne, que a su vez le devolvía la mirada, se puso a cantar.

Poseía una bella voz, muy viril. Su forma de cantar le recordó a Suzanne el flamenco español. Sinceramente, le gustó, y la turbó porque él le dedicó la canción, o las canciones, ya que le hacían repetir una y otra vez jaleándole con gritos y aplausos y, como cantaba en árabe y ella no entendía lo que le decía, mirándola con los claros ojos muy brillantes, y como la música, que ahora solo interpretaba un músico con un violín, siempre le parecía la misma, no sabía si le cantaba una sola canción, porque, además, le dio la impresión de que en lo que debía ser el estribillo improvisaba, ya que entonces le aplaudían a rabiar todos, viejos y jóvenes, excepto Tima Ziat a la que, a juzgar por la avinagrada expresión que tenía en el feo rostro, las frases, seguramente de amor, del recién casado hacia la esposa le estaban sentando como puñaladas.

Cuando él dejó de cantar, enseguida volvió a armarse el vocerío:

—¡Que bailen los novios, que bailen los novios, que bailen los novios!

¿Qué decían ahora aquellas locas?

A las primeras voces se unieron otras y gritos guturales y palmadas y, para mayor sobresalto de Suzanne, de repente, como brotado del suelo, vio plantado ante ella todo sonriente a Cheik Abdelkrin.

¡Oh, no, él también, no!

La escena tenía tanta similitud con otra vivida anteriormente que a la fuerza le asaltó la mente, y él también tenía que estarlo recordando, Rabat, la noche de L'Etoile, cuando se le puso delante como ahora solicitándole un baile. Pero por lo visto él tenía muy mala memoria, a juzgar por su expresión sonriente no parecía estar recordando nada desagradable.

Igual que aquella memorable noche le tenía frente a ella, abarcándola con la reluciente mirada. Existía una diferencia: esta noche la llamaba con las grandes y morenas manos vueltas las palmas hacia arriba, estirando y doblando los largos dedos una y otra vez, como suele hacerse para llamar a los niños muy pequeños instándoles a que den los primeros pasos, y aquella otra noche cerró los puños con tanta fuerza que le blanquearon los nudillos. Bueno, eso fue después.

Centrándose en el presente a Suzanne le dio la impresión, como si en silencio, con aquella mirada cómplice, la insinuante sonrisa y los gestos de las manos, Cheik Abdelkrin la estuviera instando para que le acompañase al tálamo nupcial...

¡Por Dios, qué manera de desbarrar tenía su mente esta noche!

Quitándose como pudo las turbadoras ideas de la cabeza, se dijo que no bailaría, aunque él se quedara en frente de ella toda la noche haciendo aquellas cosas raras con las manos, y menos mal que los otros se habían callado, hasta las jóvenes y, cuando se decidió a mirarle directamente a la cara para decirle que hiciera el favor de volverse a su sitio y dejarla tranquila, que ella no estaba dispuesta a hacer la payasa para divertirles, fue el tío y le guiñó un ojo, y se quedó cortada sin acordarse de lo que iba a decirle, pero entonces se oyó una sola e inconfundible voz:

—No la atosigues más, querido primo, la pobre chica no sabe bailar nuestra hermosa danza, no la obligues a hacer el ridículo.

Y al oírla se sintió galvanizada. De un brinco se puso en pie delante de Cheik Abdelkrin, que, durante una fugaz fracción de segundo, se había puesto muy serio, pero que enseguida volvió a sonreír, la tomó de una mano y la condujo al centro de la sala donde al momento llegó Khadija con un gran pañuelo blanco que entregó al primo, luego le estampó a Suzanne dos besos en las mejillas:

—Esto es para agradecerte los aplausos que le dedicaste a mamá por su plegaria; y a ti, primo, te felicito, esta noche has cantado mejor que nunca, seguramente porque tu esposa te ha inspirado en la canción de amor que le has dedicado; y las improvisaciones fueron muy hermosas, se ve lo muy enamorado que estás —dicho esto se fue.

Él dobló el gran pañuelo convirtiendo el cuadrado en triángulo; cogido por las puntas lo volteó por encima de la cabeza de Suzanne, bajándoselo hasta las caderas, aprisionándola y, sin más, empezó a moverse cadenciosamente al compás de la música donde otra vez intervenían todos los instrumentos. En cuanto a ella, a quien jamás en su vida había achicado nadie en nada y, especialmente en el baile, y no iba a ser la primera aquella odiosa feísima, empezó también a moverse como le iban dictando sus ideas, procurando seguir aquella música que no conocía, pero que no por ello dejaba de ser música, por tanto, bailable. Ni se le ocurrió imitar a las jóvenes marroquíes, porque en aquella materia, en cuestión baile, vanidosa, ¿y por qué no?, le agradaba imprimir su personalidad, crear escuela, ser imitada, no imitadora. Afortunadamente, no sentía molestias en las piernas ni en las manos, ni se acordaba; no se acordaba de nada desagradable, tal vez se debiera a la extraña euforia que se había apoderado de ella.

Solía practicar el *ballet* clásico y la gimnasia rítmica y esta noche la elasticidad de sus miembros le estaba permitiendo hacer movimientos y adoptar poses que no todas las mujeres ni todos los hombres serían capaces de llevar a cabo sin trastabillar, o darse el batacazo padre, ¡ya vería aquella feísima, ya!

En cuanto a él, acrecentada la sonrisa y con los ojos a cada momento que pasaba más brillantes, tanto que ya parecía que los tenía encendidos por dentro, sujetando las puntas del pañuelo que mantenían a Suzanne siempre a la misma distancia, se movía con discreción; no obstante, aquellos movimientos resultaban altamente incitantes y ella, viendo moverse así al estupendo espécimen de hombre que tenía delante y tan cerca, contagiada de la gran carga de sensualidad que imprimía él a su cuerpo, a su vez movía las caderas, los hombros y los brazos, alzando las manos y jugueteando con los rizos de sus cabellos en unos gestos llenos de encanto; pero nada en ella resultaba procaz, al contrario, eran de una delicadeza, de una gracia entre pícara e ingenua, y de una belleza plástica tal que tenía embelesados a todos los presentes, hombres y mujeres, jóvenes, maduros y ancianos, entre todos los tíos carnales:

—¡Qué hermosura, qué exquisitez de criatura!

—¡Qué belleza y qué gracia sin par!

—¡Es una ninfa, una ninfa!

Solamente había una persona que discrepaba, y que no estaba embelesada:

—Eso ni es danza árabe ni nada que se le parezca.

—Yo no sé si tendrá algo de danza árabe, japonesa o española, solo sé que tiene una belleza, una gracia y una espontaneidad incomparables; así está nuestro primo, su marido, que se la come con los ojos —contestó Khadija a la obsevación de Tima.

—Tú puedes decir lo que quieras, pero yo como no tengo por qué rendirle pleitesía a esa franchuta digo lo que pienso.

—Nadie te ha pedido que le rindas pleitesía —replicó Khadija mientras todas las otras asentían con la cabeza— y aunque se la debemos seguramente nuestro primo no nos lo permitiría, pero de lo que sí estoy bien segura, y pienso que todas están conmigo, es en que no le ha gustado nada tu manera de expresarte al aludir a su esposa calificándola de pobre chica y añadiendo que iba a hacer el ridículo. A nadie le habrá gustado, empezando por los tíos carnales y los ancianos, porque no te han entendido.

—Y mucho menos le hubiera gustado a él si te hubiese oído cuando estábamos en el vestuario blanco y la trataste con tanta desconsideración —dijo Malika.

—¡Miren las dos mosquitas muertas lo farrucas que me han salido! ¡Por si no lo sabéis, vosotras y todas, yo no consiento que en mi presencia se ofenda a sidi Cheik Abdelkrin, lo mismo me da que sea la esposa, la concubina o una criada!

—¿Quién le ofendió? ¡Lo único que hizo ella fue demostrar su ignorancia respecto a la gran obra de ayuda que hace nuestro primo, su marido!

—¡Se expresó con sarcasmo y mala intención!

—Si nos fijáramos en la manera de hablar siempre estaríamos todas enfadadas contigo, porque tú sí que hablas siempre con sarcasmo y mala intención, y además insultante.

—Y lo peor fue cuando trataste de convencerla para que no se pusiera un caftán de los que él mandó confeccionar y diseñó exclusivamente para ella...

—¿Pero qué os pasa, atajo de idiotas, es que estoy delante de un tribunal? ¡Vergüenza debería daros poneros en contra mía, que soy de vuestra propia sangre y a favor de una zorra extranjera que a saber en qué burdel la habrá encontrado nuestro primo!

—¡Calla,Tima, amordaza tu lengua, por Alá! —imploró Khadija—. Es extranjera, sí; pero no lo que insinúas. Nuestro primo es incapaz de traer a su noble casa como esposa a una mujer que hubiese encontrado en un lugar de mala nota.

—Dejaos de tanto hablar y mirad lo que está haciendo ella ahora.

Y todas, hasta la fea Tima, miraron al centro de la sala cuando Suzanne sacaba por una de las aberturas laterales de la túnica de gasa una de las bien tornadas piernas embutida en el satén elástico, y en una pose de extraordinario dominio del equilibrio y con gracia sin par, la movía acompañada de un leve contoneo de la cadera, al tiempo que, traviesa, picarona, jugueteaba con sus cabellos, levantándolos, dejándose el esbelto cuello descubierto, dejándolos caer luego, despacio, cual cascada de rizos de oro...

—¡Y decías que iba a hacer el ridículo!

—Yo para la próxima fiesta a la que asistamos, que seguramente será la que dará él para la presentación oficial de su esposa, voy a dejarme los cabellos sueltos y hacer lo que está haciendo ella.

—Si tu padre te permite hacer esos gestos de golfa, además, si vas a esperar a la fiesta de presentación más te vale olvidarlo, esa fiesta no se dará, os lo digo yo, porque ese matrimonio va a durar menos que los fuegos fatuos de los cementerios —hizo Tima su aserto con gran seguridad.

—¡Qué dices, si están enamoradísimos!

—Él está enamoradísimo, y tampoco es enamoramiento verdadero, porque los hombres no se enamoran con el corazón, solo sienten atracción carnal que, por potente que sea, no les dura nada más que hasta que satisfacen sus deseos sexuales.

—Mal concepto tienes de los hombres en general y de nuestro primo en particular...

—Ni malo ni bueno, es un concepto real. Los hombres, cuanto más viriles, menos constantes son en el amor; en cuanto nuestro primo satisfaga sus deseos sexuales con la franchuta se deshará de ella y volverá a nosotras.

—¡Déjate de cuentos!

—No son cuentos. ¿Qué me decís del pésimo estado en que llegó?

— Bueno, Cheik dijo...

—Cheik dijo... patatín, patatán, argucias. Sería capaz de jurar por mis muertos que esa tipa no se cayó del coche.

—Lo que sería muy conveniente para ti es que te acostumbraras a llamarla por su nombre, porque si se enterase él de que la nombras tan despectivamente se iba a atufar y lo ibas a pasar muy mal. Es la segunda advertencia que te hago —dijo Khadija.

—Eso no me preocupa, el sentimiento que pueda albegar hacia la franchuta, repito, es efímero y a mí me quiere muchísimo, nunca se enfadará seriamente conmigo.

—¡Vamos, Tima, no digas más sandeces!

—¡No son sandeces, él me quiere acendradamente, lo sé y lo sabéis todas!

—¡Mira esta, y a nosotras también nos quiere acendradamente, o sea, muy diferente a como la quiere a ella!

—Dejadla que nos explique su teoría, ya que parece estar tan segura...

—Lo estoy porque aquí dentro —dijo golpeándose con un dedo terminado en una larguísima uña pintada en rojo escarlata sobre la cabeza que parecía una gran bola de estropajo negro ratón, que diría Suzanne— hay materia gris de primerísima calidad y no se me escapa una. Todas sabemos que no es hombre dado a las mentiras, pero en este caso excepcional, a causa de la presencia de los tíos carnales, se vio obligado a tergiversar los hechos; mas, a pesar de su gran inteligencia, se le pasó por alto un sutil detalle: la caída de ella no pudo producirse al descender del coche frente a la iglesia porque, aunque estoy segura de que esa hace tiempo que perdió el virgo, imagino que llevaría un vestido blanco, como tienen por costumbre en signo de pureza, por tanto, si se hubiera caído del coche que la llevó a la iglesia se le habría estropeado el vestido blanco de novia, no el conjunto de ante que se pondría después para el viaje... ¿Captáis el detalle? Ya veo que he tenido que ser yo quien os encienda la linterna... ¡Qué atajo de torponas tengo por primas!

—Mira, Tima, por raro que nos parezca a nosotras, ese asunto no nos concierne, es privativo de ellos, del matrimonio —habló Khadija con su característica sensatez.

—Déjala que continúe, que nos diga de dónde se cayó —pidió Malika.

—De ningún sitio, o por lo menos no se cayó sin que la ayudaran a caer.

—Yo no entiendo nada —dijo una.

—Ni yo —dijo otra y todas pusieron gestos de ignorancia.

—En cambio para mí los indicios son tan elocuentes que no me dejan lugar a dudas: el traje manchado de verde vegetal, las señales de ella en las manos como si se hubiese apoyado en el suelo del campo lleno de púas, ofreciendo resistencia...

—¿Qué estás insinuando? —preguntó Khadija, de pronto lívida.

Ya todas miraban horrorizadas a Tima.

—No insinúo, lo afirmo: esa no se cayó de ningún sitio, la tiraron y la arrastraron por el suelo del campo lleno de púas.

—¿Te has vuelto loca?

—¿Qué infundio es ese?

—¿Te atreves a insinuar que nuestro honorable primo cuando traía a su casa a la mujer con la que acababa de casarse la tiró por el campo y la arrastró?

Todas estaban contra Tima, pero ella, respaldada en una seguridad que solo se la proporcionaba su más ardiente deseo, ni se inmutó:

—No alborotéis que vais a llamar la atención de los mayores... Os diré cuál es mi teoría y veréis que tengo razón: empecemos por lo de venir a caballo, otra idiotez igual que lo del lavamanos solo por complacer a los vejancones, que no sé para qué tantas prerrogativas si no le van a dejar nada cuando estiren la pata porque cada cual tiene sus propios herederos, mas en fin, pasemos, en realidad mi teoría ya está explicada, solo necesita de menudas aclaraciones para que terminen de entenderla las más duras de mollera, no me interrumpáis, la que se dé por aludida será porque se lo merece... Oídme: si cuando venían a caballo se puso farruco y quiso poseerla allí mismo en el campo, en el suelo como si fuera una perra salida... —la fea soltó una desagradable risita y canturreó—: *Oh, Sohora, desgraciada, el marido la tomó por doncella y la encontró desflorada*, y cuando descubrió el pastel se encolerizó; y ya sabéis cómo las gasta cuando se le pone el fuego debajo de la nariz...

—Aquí la única que tiene experiencia de cómo las gasta cuando se le calienta la nariz eres tú —dijo Malika, y concluyó Khadija:

—¿Y hace apenas unos momentos decías que no permitías que en tu presencia se ofendiera a sidi Cheik Abdelkrin?

—¡Yo no he dicho nada que entrañe ofensa para él!

—¡Ah! ¿No?

—No, porque si las cosas han sucedido como pienso, su proceder estaría más que justificado. Si el honorable Cheik Abdelkrin descubrió que la mujer con la que se había casado es una putona y la arrastró por el campo porque ella le había engañado al no confesarle su sucio pasado, muy bien arrastrada estuvo, y si esta noche, para darse gusto porque para eso es hombre, quiere joderla hasta reventarla, que lo haga, que la destroce por dentro y por fuera, y si cuando se haya hartado quiere echársela a sus perros para que la forniquen también, que se la eche, adelante, ¡bravísimo por ti, así me gusta, dueño mío, farruco como nadie, farruco como ningún otro! —terminó Tima echando chorros de sudor por la cara, y por todo, pues hasta el caftán se le veía mojado.

—Te has pasado con creces —dijo Khadija poniéndose de pie siendo secundada al momento por la hermana—, y serás muy lista, pero a mí no me engañas. Voy a decirte a mi vez mi teoría: tú no crees nada de toda esa serie de monstruosidades; pero, observando el anómalo aspecto de ella a su llegada, como desde el primer momento le tomaste odio, y todas sabemos por qué, tu malévola imaginación tejió una truculenta historia, recreándote en suponer que nuestro noble primo había maltratado cruelmente a su esposa; pero para gozar mejor con tus sueños tenías que hablar de ello, en cierta medida hacernos tus cómplices... ¡No pongas ese gesto desdeñoso mirándonos por encima del hombro como si fueras un dechado de inteligecia y nosotras estúpidas!, que aquí no hay ninguna estúpida, ni torpona, de lo que carecemos y a ti te sobra es maldad. Y otra cosa: todas hemos recibido una esmerada educación, como nos corresponde por nuestro estatus social, no sé cómo puedes ser tú tan grosera y expresarte con un vocabulario tan soez, tan poco apropiado para una joven de nuestra condición, y como sospecho que a pesar de que te he calado, y no yo sola, vas a continuar vituperando a la esposa de nuestro primo, mi hermana y yo no queremos ser tus cómplices, nos vamos con las mujeres casadas, las que piensen igual que nos sigan.

Todas, excepto Tima, se pusieron de pie, y ella, consciente de que se había excedido, trató de contemporizar:

—No iréis a hacerme el feo de dejarme sola, enseguida vendrían a preguntarme qué ha pasado y a vosotras también... Volveos a sentar, cambiaremos de tema.

—Está bien, vamos a continuar contigo, solo por no ponerte en un aprieto.

—Pero antes de dejar el asunto me gustaría hacerte una pregunta —le dijo Tima a Khadija—: ¿Por qué crees que, en vez de enviarnos anoche a la espléndida sala de baños, nos dijo que la acompañáramos al vestuario blanco que es feo y anticuado? En mi opinión es un detalle que habla por sí solo...

Ya estaban otra vez todas sentadas. Khadija la miró conmiserativa:

—Mira, prima, aunque seas mayor que yo voy a permitirme darte un consejo: mentalízate de una vez por todas de que Cheik se ha casado por amor con una joven bellísima y que van a ser muy felices toda la vida y alégrate, por él y por ella..

—¡Yo no necesito tus consejos y no es eso lo que te he preguntado!

—Está bien, te diré lo que pienso: me figuro que no la acompañó él mismo a su sala de baños, que supongo será lo que hará mañana por el placer de verla admirada ante tanta belleza y riqueza, y si nos pidió que la condujéramos al vestuario blanco fue porque, aparte de que allí disponía de todo lo necesario, estaban los caftanes y demás, y como nos conoce sabía que se lo enseñaríamos todo y que ella se pondría uno esta noche.

El baile de los recién casados duró más que los de todas las jóvenes juntas, ya que se prolongó hasta que Suzanne reaccionó de aquella especie de embriaguez, y se detuvo en seco delante de él, que la secundó poniendo gesto cómicamente compungido, soltando una punta del pañuelo, liberándola; luego le cogió una y se la besó:

—Gracias, corazón, eres deliciosa.

Una salva de aplausos y guturales gritos femeninos premiaron la actuación.

Al momento llegó Khadija por el pañuelo.

—Habéis estado fabulosos —dijo, y se marchó rápidamente.

Él la rodeó otra vez con el brazo, la acompañó hasta su sillón, le repitió que era deliciosa, y se fue también a su asiento anterior.

En vista de que el recién casado y dueño de la casa no hacía intención de retirarse todavía, se formaron grupos para distraerse. Los tres tíos carnales se separaron: sidi Mojtar se fue con sidi Moulay y con otros dos hombres y se pusieron a hablar animadamente de caballos. Sidi Idris y sidi Hassan se unieron a otros dos y los cuatro se acomodaron alrededor de una mesita e iniciaron una partida de póquer.

Apareció sidi Harrak, el mayordomo, se dirigió a Suzanne, le hizo una reverencia y le preguntó si quería café, explicándole que el que iban a servir era al estilo turco, muy cargado y con una ramita de canela, pero que naturalmente si ella lo quería al estilo francés se lo prepararían al momento. Ella rehusó, el hombre se marchó después de otra reverencia y, a los pocos minutos, casi todos los hombres, excepto los ancianos, tomaban café; las mujeres, ninguna.

Junto a una mesita, dos jóvenes imberbes parecían dispuestos a empezar una partida de ajedrez; ya con el tablero dispuesto con las fichas, uno de ellos, Ahmed, hijo de sidi Mojtar, hizo el chiste de la noche:

—¿Te animas, Cheik? Recuerda que me debes la revancha...

Se oyeron risas, y enseguida la respuesta del demandado:

—Ni hablar, el ajedrez como sabes requiere mucha concentración, y como también sabes, o deberías saber, esta noche en mi mente hay otras perspectivas nocturnas.

Otra vez se produjeron risas, bastante comedidas, si bien no exentas de malicia, alzándose otras voces viriles reprochándole en broma al chico la tonta sugerencia de que el recién casado se pusiera a jugar al ajedrez en su noche de bodas, hasta sacaron a relucir una película antigua del actor francés Maurice Chevalier donde se producía una escena semejante, mientras que el joven Ahmed, con la cara roja como un tomate maduro, tenía ganas de meterse debajo de la mesa.

—¡Hombre, Mojtar, ya es menester que vayas despabilando a tu hijo barbiponiente!

—Mi hijo barbiponiente ya está más que despabilado, no te fíes de sus aires de inocente que nunca ha roto un plato, porque ahí donde le ves ha roto ya toda la vajilla.

—¡Qué pesados sois los hombres! —se inmiscuyó, desde el grupo de mujeres casadas, lala Sfía, la bella, y lala Ghannou, la madre del chico, protestó:

—¡Haced el favor de dejar tranquilo a mi mozalbete!

No cesaban las risas, la charla se había hecho casi general, puesto que había que exceptuar a los ancianos que no sabían francés, que era el idioma que continuaban empleando; una delicada atención hacia Suzanne, lo mismo que cuando alzaban las voces ella sabía que era para que se sintiese integrada en las bromas, sobre todo que el flamante marido no parecía tener ganas de acercársele; sería la tradición...

CAPÍTULO XV

Si esperas comer la sopa de tu vecino
esta noche te quedas sin cenar
(Proverbio árabe)

El fondo musical no cesaba, los únicos instantes en que se detenían los intérpretes era mientras cambiaban las partituras en el atril.

Un criado les llevó al grupo de ancianos (cinco ancianos y seis ancianas) todo lo necesario para hacer té allí mismo: una gran bandeja con una tetera pequeña y dos recipientes, todo de plata, conteniendo hojas de té secas y flores de azahar y hierbabuena frescas, más vasitos, un tarro de cristal tallado con miel y cucharillas de oro. Entre los ancianos había uno que era el más viejo de todos, o lo parecía, apenas podía tenerse en pie; se trataba de sidi Yilali, él fue quien se puso a preparar el té con extraordinaria meticulosidad; y, a partir de ahí, Suzanne no pudo desviar los ojos de las temblorosas manos con los dedos tan deformados por la artritis que parecían sarmientos de vid con anillos, ni del rostro con la barba blanquísima y la cabeza cubierta por el turbante igual de blanco y con la espectacular esmeralda prendida.

Vio cómo el anciano puso los ingredientes en la tetera, entonces llegó una criada con otra más grande de aluminio con agua hirviendo, vertió de ella en la pequeña tetera de plata, encima de los ingredientes, y se marchó llevándose su recipiente. El anciano lo dejó reposar aproximadamente un minuto, luego echó un poco de té en un vasito, sacó una cucharadita de miel del tarro, se la añadió, lo movió, lo miró al trasluz, tomó un sorbito, lo paladeó chasqueando la lengua, asintió con la cabeza como dándose él mismo su aprobación, repitió la operación en otro vasito limpio, se lo ofreció a sidi Yusef Abdelkrin para que lo probase, él así lo hizo, se miraron los dos sonrientes y los otros que esperaban expectantes también sonrieron. Entonces sidi Yilali, siempre con toda parsimonia y un aire de misterio que tenía a Suzanne como hipnotizada, repitió la operación una vez más en otro vasito limpio; pero este lo llenó y le puso dos cucharaditas de miel en vez de una. Cuando lo tuvo listo, mientras se ponía en pie con gran esfuerzo lo dejó en la bandeja, luego lo cogió otra vez, y ya, con el vasito de té humeante en la temblorosa mano, echó a andar...

Al instante, uno de los dos sirvientes pegados a la pared, como si fuera una estatua que cobrase vida, dio un paso tembloroso hacia el anciano, que daba la impresión de que no podía ni con el vaso y que se le iba a caer, indudablemente con intención de ayudarle; pero el viejo, que cuanto menos demostró poseer buena vista, con una mirada de soslayo de los ojillos negros, que parecían dos carboncitos rodeados de innumerables arrugas, detuvo en sus inicios el intento del sirviente, continuando el camino solo y, pasito a pasito, observado por sirvientes y por bastantes señores, llegó frente a Suzanne, se detuvo, y sonriendo con timidez, le ofreció el vasito de té diciéndole algo en árabe, lo que naturalmente ella no entendió, aunque tampoco era necesario. Pero, entonces, Cheik Abdelkrin, que desde el sillón que ocupaba no le había había quitado ojo a la esposa desde que la vio tan embebida mirando la preparación del té, se puso de pie, se les acercó sonriente y le explicó con amabilidad:

—Te ha dicho que el color oscuro que enturbia la infusión es por la miel, que la tomes sin escrúpulos, que tanto la miel como las flores de azahar y la hierbabuena que le ha puesto son excelentes relajantes que te sentarán muy bien... Coge ya el vaso, Suzanne, que el pobre anciano está muy tembloroso y se le puede caer.

Ni ella misma habría sabido decir por qué se resistía a alargar la mano y coger el vasito en vez de comportarse como una niña caprichosa y malcriada.

—No quiero té, yo no se lo he pedido.

La expresión de Cheik Abdelkrin cambió en un abrir y cerrar de ojos; aunque continuó sonriendo para que el anciano no se percatase de nada, la sonrisa, digamos plácida, había sido sustituida por otra muy diferente y, cuando volvió a hablar, siempre dirigiéndose a Suzanne, en el nuevo tono de voz iba implícita una amenaza tan real que ella se estremeció de pies a cabeza:

—Tú vas a coger el vaso de té que tan gentilmente te están ofreciendo y si no tienes gana, o no te gusta, te tomas solo un par de sorbitos, que tampoco hay gran cantidad... Y ahora, Suzanne, sin más vacilaciones idiotas, sonríele, coge el vaso y dile *merci* —pronunciando la palabra *merci* entre dientes para que el anciano no le entendiera—, que aunque no sepa tu idioma todos saben lo que quiere decir ese vocablo... Adelante, Suzanne, ¡ya!

Y ella hizo una mueca que se parecía a una sonrisa, cogió el vaso y dijo *merci*; y los ojillos del anciano chispearon y, durante breves minutos, aún continuó allí, de pie, pareciendo todavía más pequeño, frágil y encorvado junto a Cheik Abdelkrin, hablándole a este, que le escuchaba con gran deferencia y, finalmente, cuando tras dirigirle a ella unas palabras, seguramente de despedida, inició la retirada, Cheik Abdelkrin lo tomó cariñosamente por un brazo, para lo cual tuvo que inclinarse extraordinariamente y, ajustando su paso al lentísimo del anciano, le acompañó hasta el sofá donde esperaban los otros, quedándose unos minutos hablando con ellos; también le ofrecieron té, pero él rehusó y, aunque Suzanne no podía saberlo, alegó que no le apetecía porque acababa de tomar café.

Mientras ella, abstraída en sus pensamientos, sorbito a sorbito se tomó casi todo el contenido del vasito, aunque la verdad es que era bien poco.

Cuando él dejó a los ancianos, en vez de irse directamente a su sitio, regresó a donde estaba ella: primero se le plantó delante, muy sonriente, como si no hubiera ocurrido nada; luego, sin pronunciar palabra, sobresaltándola, se le puso al lado, alzó una pierna, se le sentó en el brazo del sillón y, como por comodidad, le pasó uno suyo por los hombros, cobijándola, aturdiéndola, abrumándola con su proximidad, haciéndola encogerse deseando hacerse diminuta bajo el brazo y el torso masculino, hundiéndose todo cuanto podía en el sillón, que era bastante pero no suficiente; y no podía levantarse de un brinco y marcharse a otro sitio, ni protestar de palabra; y cuando después del primer sobresalto empezaba a hacerse el ánimo y a respirar con menos dificultad, fue el tío, siempre de lo más sonriente y silencioso, le apartó con la mano libre los cabellos del lado del rostro que tenía más cerca y accesible, inclinó la cabeza y, aprovechándose de las circunstancias, le dio un besito en el cuello, cerca de la oreja; pero no un besito, así, sin más, sino con regodeo, un roce muy lento, tibio y suavísimo que la hizo experimentar un espeluzno, igualmente lento siguiendo el compás del besito por toda la epidermis. Y tampoco podía protestar por la arbitrariedad, que solamente ella sabía que lo era, teniendo en cuenta la verdad de su matrimonio y siempre si aceptaba que los familiares no estaban enterados de nada; por tanto, no podía darle un sofión, que era lo que hubiera hecho si hubiesen estado solos, y había de tener en cuenta también que, por muchas y contradictorias consideraciones que se hiciera, estaban casados y que todos los familiares se hallaban pendientes de ellos, todos muy sonrientes y comprensivos, los ancianos enternecidos, y los tíos carnales sin cesar de dar cabezadas de asentimiento; hasta que, por fin (uf, qué alivio), él le apartó los labios después de habérselos estado restregando por el cuello como un gato juguetón un tiempo interminable, o a ella se lo pareció; aunque la cabeza la dejó casi igual de inclinada, mientras que con la mano libre le recogía los cabellos detrás de la oreja.

—¿Te ha gustado? —le susurró al oído, y al sentirla respingar, tras soltarle una risita allí mismo, aclaró conceptos—: Me he referido al té.

Hasta se asombró ella cuando pudo contestarle con retintín, devolviéndole la pelota:

—Pues mira tú, sí, me ha gustado... el té.

—Me alegro mucho. Me satisface enormemente que te haya gustado. Me congratulo infinitamente por ello —exageró él, como atribuyéndose un gran mérito personal, y en un tono tan insinuante, malicioso y perverso que de ninguna manera parecía que se estuviese refiriendo a la inocente infusión.

Suzanne prefirió cambiar de tema y dijo lo primero que se le ocurrió:

—¿Cómo puedes hablar tú con los ancianos? Aziza me dijo en el vestuario blanco que nadie puede hablar con ellos porque usan un árabe muy antiguo.

—Aziza te habrá dicho —corrigió amable, le apartó un poco la cabeza, luego le cogió un mechoncito de rizos y se puso a juguetear con ellos, estirándolos y soltándolos para que volvieran a su ser, repitiendo la maniobra una y otra vez— que en ocasiones ellas no les entienden. Además, todos nosotros, unos mejor y otros peor, hablamos español, por ejemplo sidi Yusef, mi tío abuelo, y sidi Yilali, su primo y amigo, dominan esta lengua, hasta lo leen y escriben. De todas formas, en lo que a mí respecta no existe problema, siempre he sido un gran entusiasta de las lenguas muertas, conozco todos los dialectos árabes y, por supuesto, el antiguo. Sus arcaísmos lingüísticos son extraordinarios; sé definiciones tan antiguas que ni ellos, mis ancianos parientes, conocen y te advierto que todos son muy cultos. Están prendados de tu hermosura y de tu gracia —continuó cambiando de tono, sin cesar en sus manejos—. Han invocado a Alá, implorando su bendición sobre nosotros para que nos conceda muchos hijos, varones hermosos como soles y muchas hembras bellas como lunas —y añadió después de soltarle otra risita y sin cesar su tejemaneje con los cabellos—: y mi tío abuelo me ha dado consejos amorosos sexuales, ¿crees que los necesitaré?

—¿El qué? —respingó ella, que se sentía muy propensa a respingos y estremecimientos.

—Los consejos amorosos sexuales...

—No lo sé —contestó sin saber lo que decía, tan aturrullada estaba ya.

—¡Mujer, la duda ofende! Pero dejémoslo, pues si tratara de convencerte de palabra de que no necesito consejos podría sonar a fanfarronada, eso únicamente se puede demostrar en el campo del honor. Te diré lo que me ha dicho mi venerable tío abuelo. Dice que a una flor tan bella y delicada como eres tú hay que tratarla con extremado cuidado, que contenga mis brutales ímpetus viriles para no asustarte ni lastimarte; porque de la primera unión carnal entre los esposos depende la felicidad de toda la vida, ya que el recuerdo de la noche nupcial debe perdurar en el ánimo de la *arousa* como algo maravilloso, en vez de dejarle un trauma de dolor y terror —terminó en tono formal.

Afortunadamente en aquel momento se les acercó la tía Salma:

—¿Me permites hablar unos momentos a solas con tu esposa?

—¡Faltaría más, querida tía! —y mirando al vasito casi vacío que todavía tenía Suzanne en la mano, le preguntó—: ¿No te lo terminas?

—No, ya no quiero más, se ha enfriado.

Aún parecían estar en el aire la pregunta y la respuesta, cuando ya tenían allí a uno de los hieráticos sirvientes de la pared que se inclinaba ceremonioso ante ella para que le diera el recipiente.

¿Para esto estarían allí aquellos hombres como estatuas, para una emergencia semejante? ¡Vaya emergencia!

—Ven, querida —dijo inmediatamente después la gorda guapa cogiéndola por un brazo con una de las bellas y enjoyadísimas manos haciendo tintinear con el movimiento los brazaletes, conduciéndola hasta un lugar solitario, al lado del piano.

—Sé que no tienes madre, nos lo dijo mi sobrino mientras te esperábamos en la sala circular, por ello voy a permitirme, no a suplantarla porque a una madre nadie la puede suplantar, pero sí voy a tratar de hablarte como lo hubiera hecho la pobrecita si estuviese aquí contigo —lala Salma ya tenía los bellísimos ojos llenos de lágrimas—. Desde que llegaste te he estado observando, y no he sido yo sola —sonrió, enternecida—, porque una recién casada merece todo el interés, especialmente cuando se la ve temerosa ante lo desconocido, llena de incertidumbre, con esa tremenda turbación que hace que una se sienta enferma; por ello te digo que no tengas miedo, pequeña, antes los hombres no estaban civilizados, eran unos ignorantes y se comportaban como animales, sin importarles si la mujer sufría con la primera penetración; afortunadamente, los tiempos han cambiado mucho, Cheik, mi querido sobrino, es un hombre de letras, sabe mucho de todo y posee una gran experiencia de la vida, ya verás cómo no te hará daño; tú te relajas, no le ofrezcas resistencia, eso sería lo peor que podrías hacer, porque al crisparte, tus órganos genitales...

¡Dios bendito! ¿Qué le estaba diciendo la gorda regorda?

—... entrégate pacíficamente, no hagas nada, solo lo que él te diga...

¿A que gritaba?

—... Él mismo te colocará en la postura idónea para la desflora...

—¡No!

Lo había hecho, se le había escapado el grito, ¡qué descanso!

Como todos, hombres y mujeres, jóvenes, maduros y viejos, habían estado pendientes de ellas, los jóvenes soltaron risitas y los otros, incluidos los ancianos, ellos y ellas, sonrieron comprensivos. Solo hubo una excepción: Tima Ziat, que soltó un bufido, se alzó de un brinco y, seguida por las miradas reprobadoras de todos, salió de estampida de la estancia sin dar ni las buenas noches.

Menos mal que Cheik Abdelkrin acudió al rescate, lo malo fue que llegó riendo:

—¡Ay, tía Salma, tía Salma! —y enseguida, alzando la voz, para los familiares y para que los músicos recogieran los instrumentos musicales y se marchasen, dijo—: La velada ha terminado, nosotros nos retiramos.

Como réplicas, se oyeron las voces de los tres tíos carnales, en son de guasa:

—¡Hombre, sobrino, ya era hora, esto me estaba pareciendo ya un velatorio!

—Me hago eco del comentario, y añado: ¡sobrino dilecto, que no se diga!

—Lo que me estaba preguntando yo era si tendríamos que llevarle nosotros a la cámara nupcial como si él fuese la casta y tímida doncella.

Todos volvieron a reír, y quizás el que más, él, Cheik Abdelkrin.

Mas cuando salieron del *living room* de sus labios se borró hasta el último vestigio de sonrisa; tampoco llevaba ahora abrazada a Suzanne, caminaban por la galería y luego por el corredor, uno al lado del otro pero sueltos.

Después de tanto tiempo soportando la murga moruna, pues los minutos de tertulia familiar se habían alargado hasta casi dos horas, iba diciéndose ella, el súbito silencio se le hizo agobiante, aunque no era un silencio total, aparte del suave ruido continuado de las pisadas de ambos tenían como fondo el fragor de la lluvia y el ensordecedor estallido de los truenos que se sucedían sin parar unos a otros, y que antes con los otros sonidos más cercanos apenas habían escuchado.

Estas ideas sin importancia que todavía conseguía implantar en su mente no lograban desbancar al pensamiento que siempre estaba allí, turbándola de manera casi insoportable: lo que presentía iba a suceder dentro de muy poco entre Cheik Abdelkrin y ella, puesto que ya iban andando hacia la alcoba matrimonial.

La mente de él también trabajaba a destajo, durante la velada hubo momentos casi felices, de una u otra manera había coseguido dominar los pensamientos que le hacían sufrir; pero en estos momentos no podía con ellos, eran demasiado fuertes. Evocó cuando Suzanne Desbois se desvaneció y faltaron milésimas de segundo para que él degustara los bellísimos labios y las audaces ideas que le asaltaron al contemplar la negrura de sus cejas y pestañas; ¿pero cómo podría olvidar tampoco, si se le clavó en el corazón cual puñal emponzoñado, lo que ella le dijo, que sus delicadezas le daban asco? Tal expresion le causó a él mucho, muchísimo daño. Cierto que esta noche la veía muy cambiada, casi no le parecía la Suzanne Desbois orgullosa y déspota que él conocía, pero este cambio tan notable era debido a las circunstancias, no real, no porque ella hubiera cambiado su manera de pensar y sentir.

En silencio llegaron ante una puerta igual a otras que habían ido dejando atrás a ambos lados del largo y ancho corredor, con la única diferencia de que esta tenía la llave en la cerradura, aunque solo estaba entornada, él la empujó y se abrió.

—Entra, tigresa, entra al redil.

Mas entonces, después de tanta tensión acumulada, sus nervios de ella hicieron crisis:

—¡Por nada del mundo entraré ahí contigo! —le presentó batalla, nerviosa hasta el paroxismo.

Lo asombroso fue que él no aceptó el desafío, lo ignoró:

—Procura dominarte, no hagas una escena de mal gusto. Mis familiares se están retirando a la planta baja para ir a sus habitaciones y pueden oírte, sobre todo los ancianos que irán todavía por la escalinata...Vamos, entra sin hacer tonterías.

—Precisamente por educación he estado soportando delante de ellos todo lo que has querido imponerme aprovechándote de la situación, pero no estoy dispues...

No pudo continuar porque se sintió empujada hacia la alcoba donde entró trastabillando, menos mal que el lecho en el que se apoyó de manos la frenó, y allí se quedó, temblorosa y con el corazón latiéndole desacompasadamente...

CAPÍTULO XVI

Cuando hay agua las abluciones secas no están permitidas
(Proverbio árabe)

****

La alcoba era fabulosa, el lecho amplísimo, original y muy bello, la cabecera y los pies en arco, formados con tubos de bronce que convergían en un redondel que tenían en el centro con ataujía (filamentos de plata incrustados). Lo cubría una maravilosa colcha de seda brochada en tono anaranjado. Todo se veía a través de cortinas de gasa blanca que pendían de un pabellón también de cobre con ataujía. A los pies, un bello descalzador con patas curvilíneas y un cojín de satén color naranja con lazos; en la cabecera, junto a cada mesilla de noche, una pantalla de porcelana traslúcida de color naranja, ondeadas por abajo y sobre un estilizado pie; descalzador y pies de las pantallas haciendo juego con el lecho y el pabellón de bronce con adornos de plata incrustada. Las paredes forradas de seda tornasolada en tonos naranja y oro, en ellas, acá y allá, como diseminados a voleo, preciosas miniaturas hechas con acuarela, polvo de oro y plata, los marcos de oro y marfil. En el techo, forrado lo mismo, una lámpara igual que las pantallas, esta se hallaba encendida. Los cortinajes de un balcón corrido, también de seda tornasolada color naranja, estaban recogidos a los lados quedando velado el exterior por otras cortinas de encaje en tono hueso. El tocador, un maravilloso mueble apaisado con el espejo de forma oval y el marco de oro, en la superficie un bellísimo juego de tocador en porcelana ribeteada de oro.

Un grandioso armario empotrado con toda la parte visible de espejos; aparte de otros muebles, incluido un diván forrado de terciopelo color naranja con muchos cojines de diferentes colores, también había dos puertas interiores de bella madera de palisandro.

Pero Suzanne no veía nada, solamente oía, y oyó que Cheik Abdelkrin sacaba la llave de la cerradura por la parte exterior, la introducía luego por dentro y cerraba la puerta con dos vueltas de llave.

Estaba encerrada sola con Cheik Abdelkrin, con el moro.

Despegó las manos del lecho y se irguió. Presentía que él iba a tomarla entre sus poderosos brazos y a besarla apasionadamente, y ella no le iba a rechazar, iba a aceptar sus besos y todo lo que viniera después, hasta las últimas consecuencias, no porque se hallara indefensa, sino porque también lo deseaba. Increíble, ella, Suzanne Desbois, deseaba que Cheik Abdelkrin, que aunque fuera su marido era un moro, le hiciera el amor.

Le sintió detenérsele detrás, muy cerca; luego, con suma delicadeza la cogió por los brazos, la hizo volverse y se quedó mirándola a la cara, muy serio, y ella pensó que era una mirada de enamorado, que lo que le dijo en el coche no fueron más que baladronadas porque estaba despechado por sus desprecios; pero la amaba y la deseaba con ansiedad; se lo había estado demostrando toda la velada y, seguramente, ahora estaba tan serio porque le preocupaba su reacción, siempre tan déspota, tan imbécil, tan orgullosa...; por tanto, tendría que ser ella la que diera el primer paso. Además, no se podía aguantar, sentía una excitación y un deseo avasallador que le impelía con fuerza a echarse en sus brazos; y descontrolada, ofuscada hasta un grado superlativo, cometió la barbaridad más grande de su vida: se empinó sobre las puntas de los pies y alzó los brazos con la intención de llegarle al cuello y abrazarle; pero no culminó su propósito por tres razones: porque para llegarle tan alto él tendría que haber colaborado inclinándose, y no lo hizo, permaneció tieso como un poste, porque nada más alzar los brazos se los tomó y se los bajó, y por lo que le dijo:

—¿Eh, eh? ¿Qué haces, tigresa, vas a cambiar los rugidos por el runruneo de una gatita en celo?

Si la hubiera abofeteado en público es muy posible que Suzanne Desbois no hubiese sentido tanto dolor, tanta vergüenza y tanta humillación, y forcejeó, desesperada, intentando desprenderse de las manos que atenazaban sus brazos al mismo tiempo que un llanto, fuerte, arrollador, hizo explosión en sus ojos y en su boca...

—¡Qué te parece, ahora resulta que sabes llorar, yo creía que no! ¿Y hacer el amor, sabes? Te pregunto si has tenido relacciones sexuales con alguno, o con algunos de los mequetrefes que llevabas siempre detrás; o con algún otro hombre; aunque seas muy joven no me extrañaría, con la moda actual de la liberación femenina estáis perdiendo uno de vuestros mayores encantos: el pudor, y no tenéis inconveniente, si os lo pide el cuerpo, como he oído decir a algunas desvergonzadas, en tener un rollete con el que sea, no le dais importancia a un acto tan trascendental...

—¡Yo sí se la doy, salvaje, más que salvaje!

—¿Qué quieres decir, que no lo has hecho o que lo has hecho por amor?

—¿Tú qué crees, moro cavernícola? ¡Solo tengo veintiún años y he estado interna en un colegio casi hasta los veinte, ni he tenido tiempo de echarme novio!

Él no se inmutaba:

—O sea, que todavía estás en flor... Como no dudo de tus palabras, te felicito por haberte sabido guardar sin tacha; pero supongo que, aunque no hayas llegado a copular, sí que te habrán besado, soléis hacerlo entre amigos con la misma indiferencia con que hace poco tiempo nos estrechábamos las manos, si no le dais importancia al acto sexual, mucha menos se la dais a un beso, que a fin de cuentas ni desflora a una mujer ni le hace niños, y así lo desvalorizáis, porque un beso dado como es debido, con sapiencia amorosa, puede llegar a proporcionar un placer inigualable. Mas basta de divagaciones, veo que se te ha pasado la rabieta, me alegro, no se puede discutir razonablemente con una mujer histérica... Contéstame: ¿te han besado con pasión, con...?

—¡A ti no te importa si me han besado con pasión o sin pasión, eso es privativo mío, nada de lo que yo haya hecho antes de que decidieras comprarme te incumbe! Además, ¿acaso eres tú un casto varón?

—No es lo mismo.

—¡Hombre, tiene gracia, no es lo mismo! Claro, te riges por la ley del embudo, para ti lo ancho y para mí lo estrecho.

—Ya sé que cualquier hombre de nuestro tiempo no le daría importancia ni siquiera a que hubieses hecho el acto sexual, mucho menos a los besos; yo sí le doy importancia a todo, y soy tu marido, por tanto, con derecho a preguntarte y quiero saber si te han besado, no un besito en la mejilla sin trascendencia, ni un pico, como decís, sino un beso apasionado...

—Seguramente me juzgas por ti, que debes ser el mayor sinvergüenza que...

—Estamos hablando de ti, no de mí.

—¿Y por qué no podemos hablar de ti, qué derecho tienes tú que yo no tenga? ¡Nos ha fastidiado el moro machista adjudicándose todas las prerrogativas!

—No te desvíes del tema, solo te he preguntado si te han besado con pasión.

—¡Y dale, será posible el moro este! ¡A mí no me ha besado, ni con pasión ni sin pasión, más hombre que mi padre, para que te enteres! ¡Te lo he dicho y te lo repito, ni he tenido novio! ¿Y sabes una cosa...? ¡Me gustaría haber hecho de todo para restregártelo ahora por las narices, pero no lo he hecho, y si piensas...!

—Yo pienso muchas cosas... Dices que ni siquiera te ha besado otro hombre que no sea tu padre. ¡Imposible! ¡No me lo puedo creer!

—¡Pues no te lo creas, que a mí que lo creas o no me importa menos que un pimiento pocho!

Pero ahora él no parecía molestarse por nada de lo que ella le dijera, hasta le hizo gracia lo del pimiento pocho y sonrió.

—¡A que va a resultar que me he casado con una jovencita sin mácula, una rara avis en estos tiempos tan pervertidos que corren! Así pues, tus preciosos y jugosos labios son un exquisito panal donde todavía no ha libado ningún hombre, no sabes lo que es un beso apasionado, aún no has experimentado la dulcísima potencia de un acto que parece simple e inofensivo, pero que no lo es, sino que, por el contrario, puede llegar a ser devastador a causa del grandioso placer que proporciona, y, lógicamente, no sabes besar; iniciarte va a ser maravilloso y, como tengo todo el derecho del mundo, voy a arrogarme el inmenso gozo de darte la primera lección.

Ahora sí iba a besarla. El preámbulo no había sido el que ella deseaba, pero tenía que aceptarlo: su marido era un árabe, un hombre con una idiosincrasia diferente a la de los europeos y, naturalmente, la cosa no iba a quedarse en un beso, a aquel le seguirían otros, acompañados de caricias, y todo discurriría por los cauces lógicos, estaban casados, eran marido y mujer. Sentía una turbación extraordinaria.

Los brazos de él la rodearon toda, levantándola, pegándosela al cuerpo, acoplándosela y, cuando sintió su boca posesionándose con dulce exigencia de la de ella, entreabriéndole los labios e introduciéndole la lengua, se notó como transportada, como arropada por una nube caliente que le enviaba oleadas de placer por todo el cuerpo, hasta por los lugares más íntimos de su femineidad y, sin fuerzas, impotente para luchar contra sus propios deseos sexuales, vencida, gimió débilmente.

Cuando la boca de Cheik Abdelkrin abandonó la suya y notó otra vez los pies en el suelo y él le retiró los brazos del cuerpo, se tambaleó.

—Es cierto que no sabes besar, tus labios son inexpertos como los de una colegiala no picardeada todavía por las cosas de la vida. Por tanto, me congratulo de haberte enseñado algo tan importante esta noche: ya has probado un beso de un hombre que no es tu padre, un beso apasionado. No estés inquieta, no va a pasar nada; lo tuyo de antes no tiene importancia, una debilidad pasajera motivada por la anómala situación que estás viviendo, y si yo me aprovechase de ello demostraría que mi concepto de lo que es un hombre y caballero de alta cuna solo sería un *bluf*. Acuéstate, serena tu espíritu y descansa, que el día ha sido pródigo en emociones; pero si algo te inquietara, si durante el resto de la noche me necesitaras, no dudes en llamarme de viva voz y acudiré de inmediato, puesto que voy a dormir ahí al lado, en una habitación anexa —dijo señalando una de las puertas de madera de palisandro—. Te lo digo porque comprendo que estás en una casa extraña, diferente, puede que hasta te parezca inquietante, la casa y sus moradores... —Sin dejar de hablar, y sin que ella hubiera logrado todavía salir del aturdimiento que la embargaba, señalando la otra puerta de madera de palisandro, continuó—: Esa corresponde a un cuarto de baño, no es el que te tengo destinado en exclusiva, pero si necesitas usarlo a altas horas de la noche este es más práctico porque no tienes que salir al corredor. Si bien para tu tranquilidad te aviso de que nadie, ni sirvientes ni familiares, puede subir la escalinata sin autorización mía, y aun esto si son mujeres, ningún hombre puede venir al corredor, y nadie podrá entrar en tu alcoba, que es esta, si tú no quieres que entren, ni aunque hayan subido con mi permiso. Son las normas de la casa, un protocolo desde tiempos inmemoriales que nadie se atrevería a transgredir so pena de incurrir en una grave falta de desacato hacia mi persona... Ahí tienes un teléfono, y supongo que también has traído un móvil en tu bolso, te aconsejo que no llames a tu padre esta noche, en cuanto que yo me haya ido, aparte de que es muy tarde porque me consta que estás muy nerviosa y desorientada y, aunque no le dijeses nada, él notaría tu estado de ánimo y sufriría; mañana estarás más tranquila. Por otra parte, te agradeceré que disimules delante de mis familiares que te han recibido con los brazos abiertos, con toda deferencia y todo honor; no les desfraudes, por favor, tiempo tienen para enterarse de la verdad de nuestro matrimonio. Suzanne Desbois, deseo que tu estancia en mi casa discurra por cauces amables, te conceptuaré una muy estimada invitada... Ya me retiro. No me guardes rencor, te lo ruego... Buenas noches.

Sin más, dio media vuelta, fue a la puerta correspondiente a la otra habitación, sacó la llave de la cerradura, empujó, entró y desapareció. Enseguida la puerta volvió a cerrarse y se oyeron los chasquidos de la llave.

Muy precavido, sí, señor; pero sabido es que las llaves lo mismo que cierran puertas las abren, basta con darles las mismas vueltas a la inversa.

Aún permaneció unos segundos quieta junto a la cama, con la mirada estática fija en la cerrada puerta tras la que había desaparecido Cheik Abdelkrin, hasta que sin salir del estupor, inconscientemente, se dejó caer sentada en el descalzador.

«¿Cómo has podido hacerme esto, Cheik Abdelkrin, cómo...?».

Aun inducida por él, la culpa había sido de ella, tenía que reconocerlo; se había ablandado con sus falsedades y se había portado como una histérica sexual, y el muy grosero la llamó gatita en celo... ¡Qué espantosa humillación, gatita en celo! Todos los desprecios que le hubiera hecho ella comparados con este de él quedaban reducidos a ridículas e inocentonas bravatas de niña tonta.

¡Señor de los cielos, qué mal se sentía! ¡Qué malo era el despecho!

¡Qué amargo, cuánta angustia encerraba!

¡Qué desesperante impotencia!

¡Tenía ganas de morirse, de desaparecer del mundo de los vivos para no continuar soportando esto tan doloroso!

¿Cómo podía estarle ocurriendo a ella?

Porque había tropezado con Cheik Abdelkrin, ¿qué otro hombre se hubiera atrevido a despreciar a Suzanne Desbois, siempre solicitada, halagada, admirada y deseada por cuantos hombres la conocían? Ah, pero sidi Cheik Abdelkrin, el maravilloso, el preclaro, el excelso, el único e inimitable, con tantas mujeres como tendría a su disposición en su harén estaría saturado de sexo, no necesitaría otra más por muy bella que fuese, pues el alegato de que si se aprovechase de la situación su concepto de lo que era un auténtico hombre y caballero de alta cuna sería un *bluf*, naturalmente a ella le sentó fatal; le sonó a excusa de mal pagador, como si se disculpara por no hacerle...

¡Dios todo misericordioso, Cheik Abdelkrin se había disculpado con ella por no desflorarla, por no hacerle el amor! ¿No era para desear morirse?

Desde que entraron en el castillo se había mofado de ella: volcándosele en atenciones galantes, sonrisas, expresiones insinuantes, halagüeñas, llevándola abrazada, cobijándola con su fortaleza cuando la tuvo apabullada en el sillón casi sin poderse mover y besándola en el cuello. Toda la velada jugando con su inexperiencia, predisponiéndosela a su favor con todas las ventajas de su parte con la única finalidad de humillarla hasta el máximo que se puede humillar a una mujer, despreciándola y, además, llamándola gatita en celo... ¡Dios Bendito, gatita en celo!

La habitación anexa, destinada al marido para ciertas noches del mes, era un regio dormitorio masculino en tonos turquesa y oro, bellos objetos de bronce con ataujía, el lecho, también bastante amplio, era de madera de caoba con dosel, pero sin cortinas de gasa alrededor.

Él tampoco se había acostado, había acercado un sillón frente a la puerta y allí estaba sentado, no sabemos si porque pensaba pasarse la noche de vigilancia o porque quería estar lo más cerca posible por si Suzanne Desbois le llamaba no tardar ni un segundo en acudir a su lado. Fumaba sin apartar la mirada de la rojiza madera veteada de negro; tenso, atento a cualquier sonido que pudiera llegarle de la otra alcoba.

«Si la oigo llorar, entro...».

Con los ojos más tormentosos que la atmósfera exterior donde continuaban casi sin interrupción los truenos, los relámpagos y la torrencial lluvia, se preguntaba qué pasaría si abriese la puerta que como un rematado imbécil había cerrado con llave (como si temiera que entrase Suzanne Desbois y me violara, rumió para sus adentros con amarga ironía), regresara a la alcoba matrimonial, y le dijese a ella:

«Vamos a dejarnos de chiquilladas que no van conmigo, mi puesto está aquí, en esta habitación y en este lecho, contigo, y vengo a ocuparlo porque me pertenece por la ley de Dios y la de los hombres, pero no te asuste la potencia de mi virilidad, niña mía, porque voy a desflorarte con todo el amor y toda la ternura de mi corazón; voy a hacerte mía una y mil veces, esta noche y todas las noches de mi vida, porque te deseo con ansias de muerte, bien mío, porque desde la noche de L'Etoile quedé cautivo para siempre de tu hermosura sin par, enfermé de pasión, y así estoy, muriéndome por ti, mi dulce tormento, mi bellísima hurí de cabellos de oro y ojos de esmeraldas...».

Lógicamente pasaría de todo, en el estado anímico en que ella se hallaba no le rechazaría; pero aun constándole que en cuanto la besara y la acariciara sabiamente Suzanne Desbois se convertiría en cera blanda entre sus manos y aun deseándolo con todas las fuerzas de su ardiente naturaleza, no lo haría, porque también tenía la certeza de que después le perduraría un amargo regusto de frustración, que no tendría nada que ver con las veces que hubiese culminado el coito y el inmenso placer que le proporcionaría, ya que aparte de otras consideraciones que deseaba con toda su alma poder olvidar para siempre, palabras, conceptos que abrieron en su corazón una honda herida muy difícil de cerrar, también estaba lo de aquella mañana cuando ella expuso su vida por huirle, ¿chiquillada?, según cómo se mirase. Y teniendo constancia de que Suzanne Desbois por escapar de él se había expuesto a morir, o a desgraciarse de por vida, ¿por qué no la dejó libre en aquellos momentos? Después no hubieran tenido dificultades para el divorcio, ni la Iglesia habría puesto reparos, habida cuenta de que habría sido un matrimonio blanco...

Si lo pensó, no lo hizo por una razón: no había llegado hasta tan lejos para rendirse a las primeras de cambio, no iba a darse por vencido precisamente cuando había conseguido lo que le parecía un sueño: casarse con ella. Y no se rindió, al contrario, la raptó, pensó, sonriendo al estilo lobuno.

Pero esta noche no pensaba hacer valer sus derechos de esposo porque no era así como la deseaba, no por unos derechos que le otorgaban unos papeles firmados; se mantendría firme en la conducta que se había trazado, aunque tuviera que clavarse las uñas en las palmas de las manos para no sucumbir al ardiente deseo que le impelía con brutal ardor a levantarse del sillón, ir a la puerta, coger la llave que destacaba cual ridícula barrera sobre la madera de palisandro, abrir e irrumpir apasionado en su paraíso particular, allí donde se hallaba la más bella de las huríes, la bella entre las bellas...

No obstante, aunque mal, ahora se dominaba, pero ¿y antes? ¿Cómo pudo resistirse cuando ella, ofuscada o no, se le ofreció? Y cuando la besó, ¿cómo pudo poner fin al beso, cómo pudo despegar los labios de aquellos otros con suavidad y aroma de pétalos de rosa? ¿Y cómo consiguió, teniéndola tan cerca, que no se le fuesen las manos hacia los turgentes y maravillosos senos que desde la noche de L'Etoile le tenían obsesionado, que moldeaba el satén elástico marcándole los pezoncitos? Porque, o no se ponía nunca sujetador (¿para qué lo necesitaba con aquellos pechos tan firmes y preciosos que tenía?), o los usaba de esos de encaje tan fino que parecen talmente tejidos por una araña perezosa, y era como si no llevase nada, siempre se le marcaban los pezoncitos... ¿Cómo había logrado, en suma, demostrar indiferencia, si se sentía igual que un volcán en erupción, acrecentándosele la pasión cuando la vio aparecer en la sala circular tan sumamente bella, y luego cuando la tuvo bailando delante, con aquella sonrisa tan seductora, tan pícara y tan deliciosamente femenina componiendo poses que ponían de manifiesto su exquisita hermosura?

Por ser de naturaleza muy ardiente a veces se había visto en situaciones harto comprometidas, pero nunca tanto como esta noche en que la sujeción del *slip* no le sirvió de nada; gracias tenía que darles a las holgadas prendas vestimentarias, a los zaragüelles y a la túnica que lograron encubrir con éxito su embarazosa situación.

Aquel rato maravilloso que ella le hizo pasar con el baile se lo debía a la prima Tima, porque sin su intervención, la amada de su corazón y de todos sus sentidos no habría bailado, lo mismo que le pasó con lo del caftán.

Una sombra pareció extenderse por el rostro de Cheik Abdelkrin.

Tendría que hablar muy seriamente con Tima, sus irrespetuosas palabras calificando a Suzanne Desbois de pobre chica y añadiendo que iba a hacer el ridículo le sentaron muy mal, a él y a toda la familia (exceptuando únicamente a los ancianos porque no la entendieron), ya que fue una tremenda falta de consideración y respeto. También tendría que explicarle la irreverente por qué había intentado disuadirla de que se pusiera un caftán de los que él había diseñado y mandado confeccionar para ella diciéndole que no le pegaban, que iba a parecer una facha... ¿Que no le pegaba a Suzanne Desbois un caftán, que iba a parecer una facha? ¡A Suzanne Desbois le pegaba todo lo que se pusiera, nunca parecería una facha, hasta con un saco de estopa estaría hermosa, porque ella era la hermosura personificada!

Sí, muchas explicaciones tendría que darle Tima y muy convincente iba a tener que ser para que él olvidara el asunto.

Se había irritado y no quería; por ello, una vez hecho el propósito de llamar al orden a la insolente prima, relegó el asunto a segundo término y continuó pensando en Suzanne Desbois, era infinitamente más agradable.

Se le hizo presente cuando ella aplaudió el final de la danza de la tía Salma, sin saber que ellos no la aplaudían nunca, ya que no procede aplaudir unos rezos; aunque se hagan con fondo musical...

«Esa especialidad tan original como emotiva de mi buenísima tía, ¡Dios la bendiga!».

Y todos, incluidos los ancianos, que para esto no importaba que no supiesen francés, la miraron con entrañable simpatía, porque comprendieron, como lo comprendió él, que la francesita recién casada, aun sin entender el significado de aquellos gestos, se había emocionado, lo que demostraba su gran sensibilidad.

¡Y por supuesto que no había tenido experiencias sexuales! Suzanne Desbois era un campo virgen esperando que lo desflorase y lo abonase él con sus genes de hombre. El padre tenía razón, era una niña, una deliciosa niña a la que sería maravilloso hacer mujer, instruirla en la ciencia del amor y del goce sexual; pero sin brusquedades ni avasallamientos, sin violentarla ni asustarla, sino procediendo con suprema ternura, con gran delicadeza, con mimo, con amor infinito...

Pero esta noche debió inmiscuirse el diablo y ninguna delicadeza, ningún amor ni consideración le demostró; y para culminar cometió la enorme grosería de llamarla gatita en celo. ¡Qué barbaridad! ¿Cómo no se le rompió el corazón en mil pedazos? ¿Por qué aquel ensañamiento cruel? ¿Por qué aquel placer morboso de mortificarla hasta hacerla llorar? ¿Por qué angustiarla de aquella forma si aquellas lágrimas fueron como gotas de acíbar cayendo en su propio corazón? ¿Por qué si estaba deseando tomarla en sus brazos y amarla hasta el infinito? ¿Por qué?

«¡No lo sé, diantres, no lo sé! Reconozco que casi todo lo que le dije fue premeditado, llevaba tiempo pensándolo y martirizándome yo mismo con mis conjeturas; pero lo de la gatita en celo, no; eso se lo dije sin pensar, sencillame porque se me vino a la boca la enjundiosa frasecita de mis pecados. ¡Sí, ya sé que no me he portado bien con ella, que me he portado como un bruto como nunca lo había hecho con ninguna otra mujer, lo sé, diablos, lo sé, y me duele, me duele en el alma!».

¿Y si entrara ahora? Solo para cerciorarse de que se había tranquilizado, de paso le pediría disculpas y enseguida se retiraría dejándola dormir tranquila...

«Cheik Abdelkrin, macho, o entras en esa habitación para quedarte en ella, o dejas de complicarte la existencia».

Mejor no, porque solo imaginársela en la cama con uno de los camisoncitos que él mismo le compró para el *trousseau* de novia le hizo sentirse tan enfermo de deseo, que su extraordinaria fuerza de voluntad dio un tremendo bajón y tuvo que luchar otra vez denodadamente contra sus sentidos para poder continuar resistiendo.

«Así está mejor, pasito a pasito puedes llegar muy lejos, a largas zancadas te expones a dar un traspiés y pegarte el batacazo padre».

Paciencia, la primera batalla había sido ardua, pero la había ganado él; porque tener a Suzanne Desbois en su *alcaçaba*, bajo su mismo techo, en la habitación contigua, sin más barreras entre ambos que una puerta que podría abrir sin que nadie se lo impidiera, no era poco, al contrario, era un logro inconmensurable.

En fin, la noche iba a ser muy larga, pero luego amanecería.

CAPÍTULO XVII

Cuando yo tenía falta de ti, ¡oh, mi rostro!,
los gatos lo han arañado
(Proverbio árabe)

A través de las cortinas de encaje del balcón se veía caer agua como una catarata plateada, y cuando se producía un relámpago, fantásticamente irisada.

A pesar de ser ya de madrugada, Suzanne no se había acostado, continuaba sentada en el descalzador, si Cheik Abdelkrin no percibía ningún sonido es porque ella no producía ni el más mínimo, ¡como los pensamientos no se oyen!

No se había desvestido ni descalzado; tampoco se había despojado de las joyas, ni siquiera del fabuloso cinturón, ni del doble hilo de perlas rodeándole la frente y cayéndole en el entrecejo una más grande en forma de lágrima.

Como si fuese la esclava sexual de un sultán, pero ella no era ni eso.

De repente cobró movimiento y de un brusco tirón se arrancó materialmente de la cabeza el rico adorno lanzándolo lejos, revoleándolo. Y el hilo que ensartaba las perlas debía ser a prueba de tirones rabiosos, pues no se rompió, allí quedaron, unidas, formando un caprichoso dibujo sobre la alfombra.

Pero ya había reaccionado, ya veía mejor su entorno, y lo primero que le saltó a la vista fue su bolso sobre el tocador. Se levantó, fue hasta allí, se quitó el cinturón, lo puso al lado del bolso e hizo lo mismo con las otras joyas. Luego se acercó al armario de espejos cuyas puertas las señalaban las llavecitas colocadas en las cerraduras, y sacó un conjunto de camisoncito y *déshabillé* de seda color verde manzana, se fue con ello al cuarto de baño y a los pocos minutos estaba de regreso lista para acostarse.

Durante unos segundos se quedó de pie junto al lecho, mirando la puerta de la otra habitación; entonces la imaginación le jugó una mala pasada, le pareció que Cheik Abdelkrin todavía estaba allí, dándole la espalda, quitando la llave de la cerradura, empujando la puerta y entrando en la otra alcoba sin volverse; repitiéndose el proceso una y otra vez: Cheik Abdelkrin de espaldas, quitando la llave de la cerradura, abriendo la puerta y entrando en la otra alcoba sin volverse; Cheik Abdelkrin de espaldas...

Sacudió la cabeza para ahuyentar la repetida visión. Retiró las cortinas del lecho por un lado y lo destapó, se quitó el *déshabillé*, que no sabía para qué se lo había puesto, se subió metiéndose rápidamente entre las sábanas y tapándose hasta el cuello; dio al interruptor eléctrico que tenía en la cabecera y se apagó la lámpara central; no obstante, la estancia quedó suficientemente iluminada con la claridad plateada que llegaba del jardín y de los relámpagos casi incesantes. Nunca había dormido en un lecho así, entre cortinas de gasa.

Era comodísimo, no dejaba nada que desear, y estaba muy cansada; por todo lo cual, a pesar de sus recelos y de su ingrato estado de ánimo, a los escasos minutos dormía plácidamente y ya no se despertó hasta por la mañana al darle el sol que entraba en la habitación tamizado por las cortinas de encaje del balcón y las de gasa del lecho, le daba en la cara. Al parecer, el tiempo había cambiado mucho.

Evocó con nostalgia a su padre, también a Connie. No obstante, la entrañable remembranza no consiguió desbancar al otro pensamiento que volvió con ímpetu avasallador enseñoreándose de todo su espíritu, igual que un taladro en la mente.

¿Por qué cuando él le preguntó tan groseramente si había hecho el acto sexual fue tan imbécil y le dijo la verdad, hasta rebajándose como si hubiera tratado de convencerle de su pureza? ¿Por qué no le mintió, por qué no le dijo que sí, que había hecho de todo con otros hombres?

No podía continuar así, tenía que calmarse. Se levantó del lecho, se puso el salto de cama sobre el camisón y, sin tener todavía las ideas muy claras, salió al balcón.

De la terrible tempestad nocturna no quedaban más rastros que la tierra y las plantas empapadas de agua.

—Buenos días, bella hurí, ¿has descansado bien?

Se sobresaltó al oír muy cerca la varonil voz. Él estaba allí, casi a su lado; por lo visto, las habitaciones compartían balcón y como ella salió igual que una sonámbula no le vio hasta que le oyó. De una fugaz ojeada captó muchas cosas: su postura indolente, apoyado un brazo en el antepecho del balcón y en la otra mano un cigarrillo encendido, que, al igual que ella, estaba en ropa interior, un batín (supuso que debajo llevaría el pijama) color azulón con un bolsillo superior con algo bordado con hilos dorados, y que no daba la impresión de que acabara de salir del lecho, estaba muy bien peinado. Esto le proporcionó un suplemento más para su rabia, pues imaginó el gran contraste que estaría ofreciendo con sus cabellos desgreñados, porque, aunque no se había mirado al espejo, sabía muy bien cómo la gastaban sus pelos.

Él sonreía, pero ella, tras lanzarle una relampagueante mirada, de un impulso, sin responderle, volvió a meterse en la habitación.

La sonrisa de él se convirtió en risa, puesto que desde el interior la escuchó ella, y lo que le dijo también:

—Eres bella como una rosa abierta al amanecer y los pétalos llenos de gotas de rocío cual aljófar; empero, igual que las rosas tienes espinas que clavas al menor descuido, pero si yo quisiera te haría cambiar como la noche y el día, de rosa orgullosa y déspota te convirtiría en dulce y humilde violeta cuyo perfume sería solo para mí...

¡Si sería cínico, si sería petulante, si sería fantasioso aquel diablo moro!

Se ahogaba con su propia rabia, casi no podía hablar; pero habló, y hasta consiguió que su voz sonara irónica; ahora bien, desde la habitación:

—Muy bonita tu alegoría, ¿pero no te parece demasiado cursi con eso de la rosa y la violeta?

La réplica masculina no se hizo esperar:

—A las personas ignorantes siempre les parecen ridículas las alusiones poéticas.

¡La había llamado ignorante!

—¿Tú, un medio salvaje, te atreves a insinuar que yo, una francesa cultivada, soy ignorante?

La risa de Cheik Abdelkrin se acrecentó, consiguiendo ponerla en un estado tal de nervios que deseó triturarlo con sus propias manos:

—¡Muérete, muérete, animal!

Y se preguntó angustiada, si podría acostumbrarse alguna vez a verle sin llevarse disgustos de muerte, porque con lo indelicado que era seguro que se pasaría todo el tiempo jactándose de haberla tenido a su disposición y haberla despreciado. ¡Y ella que a su llegada la noche pasada, al percibir el agrado y simpatía con que la acogieron, y engañada también por las falsedades de él, llegó a hacerse el ánimo de que quizás no todo fuese tan malo como se había figurado!

«Gracias a Dios que no me ve mi padre, ¡el muy tontorrón que llegó a decirme que llegaría a ser muy feliz con Chek Abdelkrin! ¡Qué idea más ridícula!».

Pobre padre, a pesar de que sabía que si ella se hallaba allí y en tan angustiosa situación era por su culpa, no se lo tenía en cuenta; la mala suerte había sido tropezar con aquel salvaje.

Llevaba un rato sentada en el lecho rumiando sus inquietudes, cuando unos golpecitos en la puerta del corredor la sacaron bruscamente de su amarga abstracción:

—¿Quién es?

—Una servidora, señora.

Era una criada muy joven, apenas de quince años; colgado en un brazo un esponjoso albornoz rosa, en una mano unas preciosas babuchas del mismo tono pero de seda brochada, y en la otra una cartulina blanca con algo escrito.

Se inclinó ceremoniosamente ante ella, y habló en francés bastante correcto:

—Por orden de mi señor, el emir, me manda la gobernanta para que me ponga a tu servicio, te entregue el albornoz y las babuchas y esta cartulina donde está escrito en francés el menú del día, para que lo repases y des tu conformidad o pongas detrás lo que no te parece bien, lo que hay que cambiar, añadir o suprimir.

¿Repasar el menú para dar su visto bueno o corregir lo que no le gustase? ¡Eso incumbía al anfitrión, no a la invitada!

—Dile a tu señor que se encargue él mismo del menú, y si no quiere molestarse que lo haga otra persona cualquiera.

—Sí, mi señora, ya me advirtió la gobernanta que si tú no querías ocuparte que le llevara la cartulina a lala Salma.

—Está bien, ¿cómo te llamas?

—Hlala, mi señora, para servirte.

—Entra ahí y prepárame el baño —ordenó Suzanne, cogiendo el albornoz y las babuchas.

—El baño ya está dispuesto, mi señora.

—¿Cómo que el baño ya está preparado? ¡Ah, ya! —recordó de pronto—. Te refieres a ese baño especial para mí...

—Sí, mi señora, a ese baño especial y exclusivo tuyo me refiero.

—¿Y cómo es que lo has preparado sin habértelo ordenado yo? —Se hizo belicosa, sin razón, solo porque tenía ganas de pelear con alguien, con quien fuese.

—La gobernanta me lo mandó por orden de mi señor; pero él estaba allí revisándolo, yo seguí sus instrucciones porque todo funciona con electricidad y mandos.

Nada, el tío tenía que mangonearlo todo, ¿la habría tomado por una puerca a la que había que llevar para que se bañara? Ganas le estaban dando de no ir a bañarse a aquel baño especial y exclusivo... ¿Especial y exclusivo para ella en calidad de qué, de estimada invitada?

Podría bañarse, o ducharse allí al lado, en el cuarto de baño anexo.

Finalmente, le picó la curiosidad por saber cómo era el famoso baño.

Salió de la habitación seguida por la servicial morita y, a partir de ahí, empezaron a suceder cosas raras, rarísimas, increíbles, alucinantes, espeluznantes.

Como observaba que la morita siempre le iba detrás, rezagada, el detalle la irritó, porque esta mañana llevaba la irritación a flor de piel, pronta a manifestarse por la menor cosa, e impaciente, increpó a la chica, ordenándole que caminase más deprisa y delante de ella, porque andando de aquella manera, le dijo, como si estuvieran paseando por el corredor, iban a echar la tira en llegar al dichoso baño y, a juzgar por la expresión de espanto que se reflejó en la cara de la morita, fue como si le hubiera nombrado al demonio y pidiendo humildemente disculpas se negó a obedecerla, alegando que no podía volverle la espalda, que era una falta de desacato que ningún criado podía cometer porque se exponía a un castigo severísimo.

—¿Qué tonterías dices?

—No son tonterías, mi señora, yo iré detrás de ti, como está mandado. No temas perderte, te iré guiando, además, no tiene pérdida, está por el corredor.

—Déjate de pamplinas y camina delante de mí.

Estaba pensando que aquella podía ser su oportunidad para dejar bien sentado que ella no se dejaba influenciar por costumbres arcaicas, que era una mujer civilizada, una francesa cultivada, no una retrógrada, y que se enterase de una vez por todas aquel salvaje de Cheik Abdelkrin. ¡A ella con protocolos trasnochados, y todavía si se tratase de reglas de personas normales aunque fuesen estrictas, no aquellas chaladuras! Si rompía con una costumbre que debía imperar en el castillo, posiblemente desde tiempos inmemoriales, con lo acérrimo que era el tío de sus tradiciones, le daría en la cara bien dado.

—¡Imposible, señora, no puedo ir delante de ti!

—Será imposible para vosotros que vivís todavía en el año de la pera, no para mí que soy una mujer francesa, así pues, déjate de aspavientos y camina delante de mí.

—¡Por Alá, mi señora, no me obligues!

—¡Déjate de idioteces y muévete, que nunca imaginé que tomar un baño pudiera complicarse tanto y necesitase tantos preparativos y tanto teatro! ¡Ale, deprisa, que ya me están entrando unas ganas acuciantes de bañarme!

No era una mala persona que gozara avasallando a los de condición humilde; pero estaba muy irritada, deseando hacer algo que molestase mucho a Cheik Abdelkrin, y allí no creía que se le volviera a presentar otra ocasión como aquella, por tanto tenía que aprovecharla, y cuando vio a la morita agachar la cabeza claudicando, sonrió satisfecha. Naturalmente, lo que deseaba era que él las sorprendiese, porque si él no veía con sus propios ojos cómo iba la esposa andando en pos de la criada, todo pasaría sin pena ni gloria, habría hecho sufrir a la infeliz para nada.

Por el corredor no se veía a nadie, más solitario y silente, imposible, hasta impresionaba. ¿Dónde estaría él? No parecía que se hallara por allí, dentro de alguna habitación, quizás estaba todavía en su alcoba. La idea la decepcionó; pero justo entonces, cuando la criadita llegaba a la altura de una puerta, igual a las otras que habían ido dejando atrás, al leve rumor de las pisadas de ambas se unió otro sonido, diferente pero casi igual de ligero, el que hizo la citada puerta al girar sobre los bien engrasados goznes, y como respondiendo a una invocación apareció en el dintel Cheik Abdelkrin. Por las trazas se veía que acababa de salir de la ducha, o del baño: albornoz y babuchas morunas, todo blanco, y los cabellos mojados, pero peinados.

La morita se detuvo en seco, igual que si se hubiese dado de bruces contra un muro invisible, y la víscera cardiaca de Suzanne se puso a latir como enloquecida; pero consiguió increpar a la criada sin que se le notara la tremenda excitación:

—¡No te quedes parada como una tonta, a ver si llegamos al famoso baño de una vez sin tenerme que recorrer íntegro este castillo de los tiempos de Matusalén!

Fue igual que si hubiera estado sola y le hubiese hablado a las paredes: la morita parecía que ni la recordaba y él como si no la hubiese visto.

¡Por supuesto que la había visto andando detrás de la criada! ¿Por qué sino iba a tener aquella expresión tan terrorífica?

En un mutismo que causaba escalofríos, él terminó de salir y cerró la puerta a su espalda, todo sin desviar la colérica mirada de la morita. ¡A saber las crueldades que estaría pensando hacerle a la infeliz, u ordenar que le hicieran en su presencia para no perderse el espactáculo!

Sobresaltándola otra vez, ahora más, haciéndola dar tal respingo que se convirtió en un aparatoso salto hacia atrás que casi la hizo perder el equilibrio y caer de espaldas, en el impresionante silencio resonó una fortísima palmada dada por las enormes manos de él; una sola, pero a juzgar por los efectos inmediatos fue suficiente, ya que aún no se había extinguido por completo el eco (el enorme castillo tenía eco) cuando aparecieron por un extremo del corredor a todo correr dos moros altísimos y fortísimos, con los cráneos rapados, brillantes. Llegaron, se inclinaron ante su señor y, sin pronunciar palabra, esperaron órdenes. Él les habló en árabe y ellos dieron cabezadas de asentimiento. Sin más, Suzanne vio aterrorizada cómo cada uno cogía por un brazo a la infeliz y se la llevaban en volandas, corriendo por el corredor.

En el extraordinario silencio que nuevamente se enseñoreó del lugar, donde ahora solo oía su propia respiración haciendo *fsss, fsss, fsss, fsss...*, igual que cuando sale el aire de un fuelle presionado con fuerza, en la espesa calma de película de terror, cuando habló, a causa de la dificultosa respiración, lo hizo tartamudeando:

—¿Dón... dón... dón... dón... dón... dónde... se la... han... lleva... lleva... llevado...?

Imperturbable, él no le contestó, solo dijo:

—Ven conmigo, yo te conduciré a tu sala de baños.

Y dio un paso acercándosele, pero ella, en un extraño escape sin control, alzó la voz y, asombrosamente, habló sin tartamudear:

—¡Déjate ahora de sala de baños y responde a mi pregunta!

Él la miraba a la cara, impertérrito, con los ojos tan brillantes que parecía que tenía dentro miles de lucecitas, y a ella se le pasó el efecto del arrebato:

—Por fa... por fa...vor..., di... dime qué... qué... qué... qué... qué van... a... hacerle...

Durante unos instantes las lucecitas en el interior de los ojos masculinos parecieron extinguirse, su expresión general cambió, se hizo grave; pero aquel cambio fue de una duración fugaz, casi de inmediato las pupilas recuperaron el extraordinario brillo y la expresión facial dejó de ser grave para volverse perversa y enigmática:

—Aunque no es de tu incumbencia te diré que he ordenado castigarla como se merece; mis verdugos saben perfectamente lo que han de hacer sin necesidad de que yo les pinte un cuadro. Es su oficio y para ello les pago largamente, para no mancharme yo las manos de sangre; lo cual no sería propio con mi categoría de gran señor.

¡Dios Bendito, los verdugos, y para no mancharse él las manos de sangre!

Respiró hondo y consiguió hablar otra vez sin el fastidioso tartamudeo:

—Por favor, escúchame, esa chica no es culpable.

—Entiendo, tu compasivo corazón femenino está conmovido; pero yo he visto con mis propios ojos cómo esa criada irreverente te volvía la espalda, a ti, a mi esposa; porque, aunque nuestras relaciones íntimas sean como son, para todos eres la señora de estos feudos, por tanto, te deben acato y pleitesía, y el que te falte, me falta. Lo que me extraña mucho es que se haya atrevido a tanto, cuando todos los que me sirven han sido preparados a conciencia, inculcándoles el respeto y obediencia ciega a...

—¡Cállate de una vez —se impacientó ella a pesar de su miedo, otra vez hablando normalmente—, no me dejas hablar, te he dicho que esa chica no es culpable! —Y ante el ominoso silencio que se produjo, concluyó en tono cohibido, resignado—: La pobre chiquilla no tiene culpa de nada, sería una tremenda injusticia castigarla.

—Nunca he sido injusto con mis sirvientes... A ver, explícate, tengo que saber toda la verdad para obrar en consecuencia.

—Es muy simple, yo la obligué a volverme la espalda; puesto que...

—¿Que tú la obligaste? —la interrumpió, incrédulo—. ¿No sabías que volverte la espalda es una gran falta de respeto que yo castigaría severamente si la sorprendía o me enteraba por el medio que fuese?, y te aseguro que en mis dominios no sucede nada importante sin que yo esté enterado a los pocos segundos.

—Escucha...

—Espera, que aún no he terminado, porque si no sabías nada, y no tenías por qué saberlo, puesto que todavía desconoces nuestras costumbres y leyes, e inocentemente le ordenaste que fuera delante de ti, y ella, que sí que las conoce perfectamente, te obedeció, me parece que continúa siendo la única culpable.

Imaginando la suerte ingrata que estaría corriendo, o a punto, la desgraciada criadita en manos de los horrendos verdugos (Señor de los cielos, ¡los verdugos!), Suzanne estaba preocupadísima:

—¡No dejas de interrumpirme, solo quieres hablar tú, extendiéndote en conceptos inútiles con esa grandilocuencia que te gastas como si fueras un sultán de los tiempos antiguos, pues para que lo sepas, ella sí que me dijo lo de esa tontería, pero yo no le hice caso y la obligué a andar delante de mí! ¿Y ahora qué, qué pasa, me vas a matar? —se le puso brava, mirándole, valiente, retadora y añadiendo enseguida, antes de que, al parecer, saliera él del asombro—: ¡Deja ya de darle tanta importancia a semejante sandez, no te fastidia el moro este con tantas tradiciones estúpidas!

—¡No es una sandez ni una estupidez, es una ley acatada por todos los míos, familiares y servidores, una regla inmutable que nos viene de nuestros ancestros, y tú no eres quién para llegar de la noche a la mañana tratando de abolir las ordenanzas establecidas, por tanto —terminó mirándola de manera terrorífica—, tienes razón, la criada no es culpable, lo eres tú!

—¿Que yo soy culpable? ¿De qué soy culpable?

—De haber inducido a una sirvienta mía a la rebelión. Lo único a dilucidar en este juicio salomónico es si solamente tú eres culpable o lo sois las dos.

¡Quién iba a decirle que la tontería de obligar a la criada a caminar delante de ella iba a traerle tantas complicaciones! Y el tiempo apremiaba, pues ya debían haber pasado bastantes minutos desde que los verdugos (Dios misericordioso, ¡los verdugos!) se habían llevado a la infeliz criada, ¡y con las prisas que llevaban!

—No es necesario que te estrujes las meninges, la única culpable soy yo.

—Me colocas entre la espada y la pared —dijo él con entonación grave, solemne—, pues, al tratarse de mi esposa quien ha faltado, el asunto se complica. Mi deber como jefe de la familia me exige, me obliga a tomar severas medidas. Te juro que lo siento muchísimo, pero no tengo más remedio que dar contraorden, volver a llamar a los verdugos para que suelten a la sirvienta y se hagan cargo de ti.

—¿Qué? ¡No, no!

—Chist, no alborotes, ven conmigo... —la cogió por un brazo y, pese a la leve resistencia de ella, la llevó, él también casi corriendo, corredor adelante sin dejar de hablar, aturdiéndola cada vez más—. No me gustaría que mis familiares o algún sirviente nos oyeran desde abajo y se enterasen de que mi propia esposa, quien debiera dar ejemplo de buenas costumbres, ha atentado contra las normas establecidas.

—¿Que yo... he... aten...? —trató de protestar ella, y hasta consiguió detenerse (porque él se lo permitió) en el avance por el corredor tan solitario y siniestro, justo cuando llegaban delante de otra puerta, él la empujó y se abrió.

—¡Sin discutir, Suzanne, entra aquí! ¡Vamos, entra!

—¡Pero, bueno! —trató de rebelarse en un ramalazo de lucidez que tal a un fugaz meteorito le cruzó el cerebro—: ¿En qué siglo vivís? ¡Esto es absurdo, es de locos, no son concebibles estas crueldades ancestrales en nuestra época!

—¡Adentro he dicho, adentro! —exclamó él con voz de trueno, casi cortándole el resuello, empujándola al interior de la estancia, colándose él rápidamente detrás, de rondón y cerrando acto seguido la puerta.

Suzanne estaba ya tan aterrorizada que no veía ni dónde se hallaba, y eso que era mucho; pero, a pesar de todo, captaba que la situación no parecía auténtica, que era demasiado exagerada; sin embargo, aunque le pareciese increíble la cosa estaba clara, tenía que asumirlo y prepararse para lo peor, puesto que ahora a quien amenazaba el tremebundo castigo era a ella: ¿en qué estaría pensando el salvaje mientras la miraba con aquellos ojos que de tan brillantes parecían luciérnagas? ¿Tal vez en emparedarla viva?

CAPÍTULO XVIII

Quien encuentra mejor que la miel no tiene más que deleitarse
(Proverbio árabe)

****

¿Cómo iba a ver nada de lo que la rodeaba si se hallaba inmersa en un negro pozo de terror? Mas a pesar de todo no cesaba de pensar en la morita. Este sentimiento de compasión hacia otro ser humano cuando ella misma se sentía en tremendo peligro era digno de admiración, y a Cheik Abdelkrin no se le pasaba por alto. Lo malo era que tanto la compasión que sentía Suzanne Desbois por la sirvienta como el terror por cuanto la atañía, a él, le ofendían, y le dolía, y al mismo tiempo le daba tanta rabia que conseguía erradicarle, en el mismo instante de brotar, cualquier sentimiento benévolo, al contrario, gozaba morbosamente con el miedo de ella; aunque estos sentimientos no le enaltecieran, como no le enaltecían los que ella albergaba a su respecto. Mas aún terriblemente asustada, ¡qué bella estaba, qué ojos, qué cejas y qué pestañas, qué naricita, qué boca, qué labios, qué cutis, qué cuerpo, qué hermosura sin par!

—Por favor..., avisa... para que no... le hagan... nada...

—Por eso no te preocupes —condescendió él a explicarle—, las sentencias no se cumplen a los pocos minutos de yo dictarlas; a pesar de que muchos aparatos de la sala de torturas son nuevos, ya que este es un asunto que cuidamos mucho, otros son muy antiguos y rara es la vez que no necesitan algún retoque de última hora: que si ajustar una tuerca, que si nivelar una plancha, que si engrasar... Yo no entiendo de eso, los verdugos se encargan de todo, suelen echar bastante rato en los preparativos, son muy meticulosos...

(Dios Bendito, ¡los verdugos eran muy meticulosos!)

La miró él unos instantes en silencio, pensando que ya estaba bien, que iba a ponerle fin al martirio de la pobrecita; aunque se lo tuviese bien merecido, dijo:

—Por primera vez en mi vida hesito antes de castigar una falta confesa, pero no puedo pasar por alto que eres mi esposa, no una sirvienta, aunque solo lo seas de nombre. Además, tengo presente a tu padre que te entregó a mí y que si estuviera aquí confiaría en que fuese indulgente con su niña... Y la verdad, que me sabría muy mal ponerte en manos de esos brutos que son capaces de descoyuntar a una persona únicamente con los dedos pulgar e índice de una sola mano...

—¡Ni se te ocurra llamarlos, ni se te ocurra! Por favor...

—Cálmate, no te pongas histérica. Te aseguro que estoy pensando en la mejor manera de arreglar las cosas, en la menos dolorosa y traumática para ti; porque de lo que no cabe duda es de que has tratado de relajar la disciplina de mi servidumbre —y continuó, haciendo su tono grandilocuente—: Esta es una gran casa, Suzanne Desbois, una morada donde vivimos muchas personas, y nadie puede violar las normas establecidas, porque si alguien lo hiciera y quedase impune, se produciría el caos, esto se convertiría en una anarquía sin precedentes, en un huerto sin vallado donde cada cual campraría por sus respetos, y yo, como jefe indiscutible de la familia, tengo que velar porque eso no ocurra; mereces ser castigada y lo serás; pero tranquilízate, no voy a llamar a nadie, ¡faltaría más! Soy tu esposo y no puedo permitir que otros hombres pongan las manos sobre ti, sea para lo que sea, y tampoco puedo exponerte a que se pasen y estropeen tu belleza, aparte de que en mi justa opinión no creo que merezcas un castigo muy severo, puesto que pienso que lo has hecho inocentemente, sin calibrar la magnitud de tu falta; y tienes otro atenuante al cual yo doy mucha importancia: la nobleza que has demostrado confesando tu culpa para que no pague una inocente por ti. Por tanto, haciendo balance de la falta y los atenuantes, he llegado a la conclusión de que si me prometes no reincidir solo te impondré un correctivo. ¿Lo prometes?

—¿El qué?

—¡Mujer, prometerme que no incurrirás en la misma falta!

—¡Ah, bueno, sí! ¡Lo prometo! ¡De verdad que lo prometo!

—En ese caso, como te he dicho, solo te impondré un correctivo; algo que ,si bien cuando te lo diga va a chocarte, y, por supuesto, desagradarte, pues comprenderás que un correctivo no puede ser un dulce, no va a llegar al extremo de lo que sentirías si te dieran en tu delicada espalda una docena de vergajazos.

—¡No seas bárbaro, por Dios!

—¡Claro que no! Será algo mucho más soportable para ti; mira qué simple: si me das un beso, todo quedará olvidado.

—¿Qué?

—Has entendido bien, voy a ser magnánimo: tu correctivo será que me beses.

—¿Te estás burlando de mí? ¡No, si ya me parecía!

—Yo no suelo bromear con cosas tan serias... ¿Tienes algo que objetar?

—¡Por supuesto que tengo que objetar que esto me parece una tomadura de pelo! —se le encrespó—. Ya lo sospechaba y con esa petición idiota se confirman mis dudas, te estás burlando de mí, seguramente para humillarme como anoche.

—Eres muy dueña de pensar lo que quieras, he querido ser generoso contigo, eso es todo, pero como no aceptas mi magnánimo trato voy a dar una palmada y...

—¡No! ¡Espera, espera, por favor! —pidió, agitada.

—¿Sí...?

—No sé para qué quieres que te bese.

—¡Mujer, qué cosas dices! Porque anoche tus labios me supieron a pura ambrosía, y como soy muy goloso...

—Voy a decírtelo claramente: no acabo de asimilar la situación, y lo del beso, digas lo que digas, me parece una burla; pero lo mismo te digo, que como eres tan fanático te creo capaz de todo y estoy preocupadísima por la chica. Si te beso, ¿me prometes dar orden enseguida para que la suelten sin hacerle daño?

—Te lo prometo —contestó él, solemne, hasta alzando la mano derecha.

—Estoy muy confusa, no sé lo que creer; pero por si acaso te daré el beso... Vamos a ello, cuanto antes acabemos con esto, mejor...

—¡Eh, eh, no tan deprisa, antes tengo que darte instrucciones!

—¿Qué instrucciones? —preguntó ella, suspicaz; porque aquel moro le inspiraba un recelo enorme.

—Que como todavía eres novata voy a explicarte cómo lo quiero, por supuesto, en la boca; un beso sin trampa ni cartón, igual que el que yo te di anoche, ya sabes, dulcemente prolongado, saboreándolo a tope, sacándole toda la esencia, ¿te acuerdas? Sabiendo cuáles son mis exigencias tú verás lo que prefieres: el beso o los vergajazos.

—¡No seas salvaje!

—Deduzco por tu vehemente protesta que el beso lo soportarás mucho mejor; quizás hasta te guste, en cuyo caso ya no sería un correctivo.

—¿Quieres callarte de una vez? ¡No me aturrulles más, me atolondras con tu verbosidad y haces que vea las cosas a tu gusto y capricho!

—Está bien, ya me callo. Adelante, bella hurí, no me hagas esperar más que va a darme un infarto.

A pesar de sus lógicas dudas Suzanne no podía pensar con normalidad, pero aun así no había quien le quitara de la cabeza que lo del beso era una perversa artimaña del sensual moro, que era su marido, pero que no era su marido.

Tímidamente llegó con las manos a su cuello, pues esta mañana él sí que se inclinó todo cuanto fue necesario, y no solo eso, sino que enseguida la tomó en sus brazos, estrechándola, abarcándola completamente, acoplándosela a su anatomía varonil, con una fuerza a la par que una ternura indescriptibles, y ella se sintió dulcemente aprisionada, notando la tremenda y turbadora potencia del cuerpo del hombre, de su miembro viril que sentía como si intentara clavársele en el bajo vientre, y como apoteosis final de sus sentidos femeninos, que estos sí que los tenía bien despiertos, la boca de él, que tampoco se limitó al pasivo papel de recibir sin dar, ya que no solo colaboró activamente en el beso sino que de inmediato se adueñó de la situación, cubriendo la boca, absorbiéndola golosamente, introduciéndole la lengua, y ella sintió como si todo su ser estallase en oleadas de dulcísimo éxtasis, oleadas que llegaban a su cuerpo envolviéndolo en tierno calor, alejándose luego brevemente y regresando, yendo y viniendo, yendo y viniendo..., y gimió de placer bajo la boca masculina, y se sintió inerme entre los poderosos brazos de Cheik Abdelkrin, y sin fuerzas se abandonó en ellos, se quedó en ellos.

La atrofia de su cerebro era total, o casi total, no se le produjeron más ideas y las que tenía se le borraron; no se acordaba de la criadita Hlala ni de los monstruosos verdugos, no se acordaba absolutamente de nada, y cuando sintió su boca libre de aquella otra imperiosa y sus pies otra vez sobre el suelo firme, su cabeza vaciló.

—Si falta hubo, este beso lo borra todo, ¡todo! Insultos, agravios, humillaciones, desconfianzas... ¡Dios mío, y eso que no sabes besar, pues con un par de lecciones como la de anoche y este de ahora, me matas! —y continuó él con una calma que ella no podía concebir—: Estás en tu sala de baños, la que hice montar y decorar siguiendo mis directrices de una idea que se me ocurrió con el fin de ofrecérsela a la mujer que fuese mi esposa, luego tuya es, para tu uso exclusivo.

Cierto, no se hallaba en un cuarto de baño más o menos lujoso, sino en una sala de baños, ¡y qué sala de baños!

Espaciosa. El techo de espejos. Las paredes de bellísimos mosaicos vidriados con motivos florales en tonos pastel: rosa, celeste y blanco, cortinas de seda color de rosa con una bonita cenefa de bordados en celeste colgaban de una barra de oro mediante anillas del mismo metal, como así mismo eran de oro las cuatro argollas más grandes y anchas, como brazaletes, que retenían abiertas las cortinas de manera que se veía la maravillosa bañera en forma de concha marina recubierta con nácar veteado de rosa, estaba medio llena de agua espumosa. El lavabo, así mismo, recubierto de nácar con delicadas vetas rosadas. La grifería, los toalleros y un alto perchero de varios brazos, de oro, colgado en él un albornoz igual al que ella llevaba puesto, pero de color celeste, los dos, como las toallas, con un bordado en tono contrastante: el rosa con el bordado en azul y en el azul, el bordado en rosa: un anagrama y unas iniciales: S. A. (¿Suzanne Abdelkrin?). El tocador, bajo, de forma panzuda, igualmente recubierto con nácar veteado en rosa, los pomos de los cajoncitos, de oro; en la superficie bellos frascos de nácar traslúcido que emitían reflejos irisados al darles la luz, unos contenían exóticas esencias, otros aceites esenciales, todos con los tapones de oro. En un rincón un pebetero de oro dejaba escapar volutas de blanquecino humo que perfumaban el ambiente con aroma de rosas. Los apliques eléctricos de las paredes y un plafón en el centro del techo de espejo, con formas de rosas de nácar traslúcido irisado. La puerta, por la parte interior recubierta de nácar veteado, el picaporte en forma de mano femenina, de oro, con las uñas largas y puntiagudas, de nácar traslúcido con reflejos irisados.

Estaba alucinada, y él, que no cesaba de escudriñarle el rostro, al leer la admiración que reflejaban los bellísimos ojos muy abiertos, como intentando abarcarlo todo de una sola ojeada, sonrió satisfecho y se hizo sultán y esclavo.

—Espero haber acertado con el joyero digno de albergar la joya más bella, delicada y exquisita del mundo —dijo inclinándose ceremonioso—, no obstante, si encuentras algo a faltar, o que no te guste, no tienes más que decirlo, manda y serás obedecida sin dilación, porque tú eres la sultana de todos mis dominios —y sin que ella hubiera dicho nada, continuó en otro tono—: Cuando te hayas bañado quiero repasarte las rozaduras, no vaya a ser cosa que nos estemos confiando y alguna lleve trazas de infectarse, en cuyo caso telefonearé a nuestro médico de Oujda para que venga a la mayor brevedad.

En opinión de ella, cuando Cheik Abdelkrin se ponía en plan galante se expresaba de manera rimbombante; pero, qué caray, a ninguna mujer le desagrada que la llamen la joya más bella y exquisita del mundo, ni sultana...

—No será necesario —habló al fin, medio aturdida.

—Probablemente tengas razón, pero lo mejor es cerciorarse... Ah, yo mismo he revisado la temperatura del agua —dijo indicando con los ojos la cabecera de la bañera—. Cuando tu doncella esté familiarizada con tus gustos ella se encargará de todo; hoy me ha supuesto un placer ocuparme personalmente del baño donde vas a zambullirte cual preciosa ondina... ¿Quieres que me quede para ayudarte?

—¿Quieres hacerme el favor de salir de aquí ahora mismo? —reaccionó ella.

—Vale, vale, a tu gusto —rio él, alzando las manos en gesto apaciguador.

Cuando ya se iba le llamó ella por su nombre, tímidamente:

—Cheik...

—¿Sí? —inquirió él, gratamente sorprendido, por lo del nombre, volviéndose sonriente, pero sin acercársele, esperando.

—Te lo ruego, avisa enseguida para que suelten a la criada.

Fue extraordinario, en un abrir y cerrar de ojos cambió radicalmente la expresión masculina, y cuando él habló de nuevo su voz también sonó cambiada, ahora era reconcentrada, encubriendo a duras penas una gran carga de cólera:

—Me decepcionas, Suzanne Desbois, yo te tenía por una mujer más inteligente. Vamos a ver: ¿adónde crees que se han llevado a la criada, tal vez a una ergástula que yo tenga para encerrar a mis sirvientes en cuanto que se me desmanden lo más mínimo, donde mis verdugos a sueldo los encadenarán y les someterán a suplicios, arrancándoles las uñas, cortarles la lengua, a los hombres también los genitales, y cosas por el estilo...? —al llegar a esto, incapaz de seguir conteniéndose, alzó la voz, que pareció convertirse en un trueno—. ¡Estás en un grandísimo error, mis sirvientes son tratados en mi casa con todo respeto, consideración y cariño, como seres humanos que son y como un ser humano que soy yo, su amo! ¿No puedes admitir que soy un hombre normal, como cualquier otro de nuestro tiempo, con sentimientos como los puedan tener tu padre o tus amigos franceses? ¿No te cabe en la cabeza que poseo una educación, una cultura, y una civilización como el que más? ¿En qué época te crees que vivimos los míos y yo? ¿No te ha bastado verles anoche a todos, para captar la armonía que reina entre nosotros, la gran educación que tienen hasta los más ancianos, el saber estar, el comportamiento, la amabilidad, la exquisita delicadeza, la alteza de miras, los nobles sentimientos de todos los míos? —y continuó más calmado—: Para tu tranquilidad, y para que no continúes alimentando ideas de barbarie, tengo que aclararte que todo lo que has presenciado aquí esta mañana ha sido una comedia montada en tu honor; una farsa que se me ocurrió para darte una lección a raíz de cuando me dijiste que cómo me atrevía un salvaje como yo a insinuar que eres una inculta, una reacción ególatra de mi parte, lo reconozco. La criada a la que imaginas quizás descuartizada o a punto de estarlo, seguramente se halla en tu alcoba poniendo orden y esperándote para cuanto gustes mandarle.

Los verdísimos ojos de Suzanne parecían despedir rayos y centellas:

—¡Te has estado burlando de mí, yo lo sabía, no vayas a creer que soy tonta!

Cheik Abdelkrin por su parte ya estaba tranquilo, sin rastros de cólera, sonriente:

—La situación era tan absurda que a la fuerza tenía que chocarte; no obstante, creíste todo lo que yo quise; aunque no me enaltece que me hayas creído capaz de cometer tamañas barbaridades... ¡Ay, Suzanne, Suzanne, niña loca y malcriada!

—¡Me has martirizando psicológicamente, eres un sádico!

—Puede que sí —dijo él, ahora circunspecto—, pero te has merecido con creces esos minutos de tensión y de miedo, porque cuanto más te asustabas, más te los merecías. Tu terror fue tu castigo por haberme creído capaz de tener verdugos a sueldo a los que podía ordenar, aparte de maltratar a una infeliz sirvienta, que te maltratasen a ti... Por el amor de Dios, ¿cómo pudiste creerlo ni por un solo segundo, cómo pudiste pensar que yo pudiera ordenar que te golpeasen, que te causaran dolor en tus delicadas carnes, que te hiciesen daño? —de repente se echó a reír—. Por mi parte, además de la satisfacción que me ha proporcionado darte esa lección que parecías estar pidiendo a gritos, con lo del beso me lo he pasado bomba, y tú también, no lo niegues.

—¡Vete! ¡Vete! ¡Fuera de mi vista! ¡Vete!

Y él, haciendo un gesto de cómico terror, riendo, salió de la sala de baños.

—¡Y dice que no es cruel, que no es salvaje! —se quedó rezongando ella—. ¿Y el suplicio mental al que me ha tenido sometida durante diez minutos por lo menos, es que no ha sido una salvajada, un cruel sadismo?

Nada más regresar a la alcoba donde ya estaba todo en orden vio a la criada, y rabiosa, sin querer pensar que era injusta puesto que la chiquilla solo había obedecido órdenes, la echó de la habitación con cajas destempladas.

Casi al momento oyó unos golpecitos en la puerta de madera de palisandro que comunicaba con la otra habitación, seguidos por la voz de él.

—¿Puedo entrar? Quiero verte las rozaduras.

—No puedes entrar, y tampoco creo necesario que veas mis rozaduras.

—Difiero de esa opinión, es indispensable que vea cómo han evolucionado.

—Han evolucionado bien.

Resultaba un diálogo bastante chocante, a través de una puerta cerrada.

—Es una apreciación tuya, necesito verlo con mis propios ojos.

—Está bien, me rindo; como siempre tendré que someterme a tu mando y ordeno; pero como todo tiene un límite, aunque estemos en tu *alcaçaba* vas a esperar hasta que me vista.

—De acuerdo, esperaré —condescendió él.

Sabiéndole al otro lado de la puerta de comunicación, la dominó un nerviosismo casi incontrolable, cogió las ropas que iba a ponerse, pasó al cuarto de baño anexo y allí se vistió. Mirándose al espejo, aunque no quería acordarse se le hizo presente el beso...

«Piensa con propiedad, Suzanne, no es que lo hayas recordado ahora, sino que desde que se produjo el hecho, ni aun en los peores momentos conseguiste olvidarlo por completo; que una cosa es recordar algo y otra muy diferente no poderlo olvidar, aunque al mismo tiempo tengas la mente ocupada con otras ideas, y tampoco puedes tergiversar: no fue su beso, sino el beso intercambiado con él; en el matiz está la diferencia, y no trates de escudarte en que le besaste para salvar a la criadita de las garras de los verdugos, porque antes del beso ya tenías la cabeza como una olla llena de grillos y, enseguida, en cuanto él puso su boca sobre la tuya, fue como si tu cerebro se paralizase, lo olvidaste todo, no te acordabas de la morita ni de los horrendos tipos con los cráneos rapados y brillantes, que verdugos verdaderos o de mentirijillas espantosos sí que eran. Pero te sentías más viva que nunca, vibrante entre sus brazos, notando la presión de su cuerpo, y de aquello tan grande y tan duro que parecía que se te quería clavar en el vientre, sintiendo su boca en la tuya, y su lengua...».

Dios Bendito, más le valdría quitarse aquellas turbulentas ideas de la cabeza porque si no iba a terminar mal, muy mal.

Cheik Abdelkrin se vestía a la europea en contadas ocasiones para ir a algún lugar determinado, la túnica morisca que se puso esta mañana era en tono *beige* con adornos de pasamanería en color marrón y plateado; por abajo, se veía que llevaba zaragüelles blancos y botas de media caña, así mismo de color marrón. Y Suzanne tuvo que reconocer para sí misma que la indumentaria árabe le iba muy requetebién.

En cuanto a ella, que respecto a los cabellos no había podido hacerse gran cosa, se había vestido con *leggins* negros y blusón de punto verde brillante con escote redondo y mangas largas y anchas. Botines de medio tacón con un gracioso adorno de botoncitos en un lado del pie y, como, según los pensamientos de él, la cabellera revuelta no le restaba atractivo sino todo lo contrario, si la noche pasada con el caftán Suzanne Desbois estaba de muerte repentina por infarto cardiaco de amor, esta mañana, con aquel atuendo tan moderno, estaba como para que él se lo quitara *ipso facto*, las ropas que se veían y las que llevase debajo, que se figuraba sería muy poco, tal vez solo la braguita, la tomara en sus brazos, la llevase hasta la cama que tenían allí mismo, la depositara mimosamente en ella (en frío le estaban atormentando los remordimientos de conciencia por el mal rato que la hizo pasar y sentía unas ganas tremendas de mimarla), se metiera él también en el lecho y le hiciera todo lo que sabía hacer, que no era poco, y lo que no supiera se lo inventaría sobre el terreno, o sea, sobre ella, porque con aquella delicia de criatura seguro que su inspiración amorosa sexual crecería hasta el infinito; y a lo mejor descubría nuevas formas de hacer el amor y podía escribir un libro por el estilo del *Kamasutra*, pero en más moderno, desechando por una vez su estilo filosófico; ¿aunque quién decía que el amor y el sexo no son estupendas fuentes de inspiración filosófica? Si bien le resultaría conveniente poner primero en práctica sus audaces ideas, para poder escribir sobre sus experiencias con motivos de peso; y solo de pensar en lo factible que era esto estaba ya medio mareado.

—¿Ha sido de tu agrado el baño? —le preguntó sonriente, ocultando hipócritamente sus pensamientos.

—Sí, ha sido de mi agrado el baño —contestó ella, seria, seca, distante.

—Ummm... hueles a rosas recién cortadas del jardín —continuó él, haciendo caso omiso a la actitud de ella.

—¡Ya me dirás! —se hizo satírica—: La espuma del baño olía a rosas, la de la ducha ídem, y el pebetero expandía humo con igual aroma. Creo que es lógico que haya salido de semejante baño impregnada de olor a rosas, lo raro sería que oliese a hierbabuena, por ejemplo.

—Tú no necesitas de ningún artificio para oler a rosas, porque eres una rosa, si elegí ese perfume fue precisamente para que no chocara con tu aroma natural.

—Déjate de cursiladas, que para eso te las pintas solo... Aquí tienes mis manos.

—Nada, apenas unas sanas estrías rojizas... ¿Y las piernas?

—Las piernas también están muy bien, y si esperas que me quite los *leggins* para recrearte la vista, ve olvidándolo.

—De acuerdo, confiaré en tu buen juicio —y cambiando de tono y de tema, agregó—: ¿Cómo es que te he encontrado sola, y tu doncella?

—A la cómica de pacotilla que te siguió el juego para montarme la ridícula comedia y burlaros de mí, te diré que, aunque seas tú quien manda, la he echado, y si no te gusta mi decisión te aguantas, que bastantes cosas soporto yo de ti.

—Tus decisiones siempre serán respetadas si no atentan contra nuestro sistema, y esto no es broma.

—Y con tanta prosapia como te gastas, ¿no te importa que unos criados se burlen de mí, y de rechazo de ti?

Él se puso muy serio:

—Esos sirvientes, u otros, y aunque fuese un familiar, ya se guardarán muy bien de faltarte al respeto ni en la dimensión de un pelo, porque si tal ocurriese, el que fuera, o los que fueren, recibirían un castigo ejemplar. Lo de esta mañana para ellos ha sido simplemente una comedia para divertirte.

—¡Mira qué bien! ¿Y cómo pudiste imaginar lo que iba a ocurrir?

—Porque ya estoy empezando a conocerte muy bien, Suzanne Desbois: la criada solo tenía que decirte que no podía volverte la espalda para que tú la obligaras a hacerlo. Sobre esa base monté el tinglado, y como pudiste apreciar salió inmejorable.

—¡Eres odioso!

—Y tú, preciosa... Bueno, olvidemos lo pasado, no te enfades, por favor... ¿No te puedes peinar, verdad? Me ofrecería muy gustoso para peinarte yo, pero sé que tampoco me lo vas a permitir.

—¡Claro que no te lo voy a permitir, y no, no me puedo peinar! —le gritó ella, como haciéndole responsable de la rebeldía de sus cabellos, y continuó más calmada—: Nunca he podido sola y ahora me molesta cuando cojo el peine o el cepillo.

—Ni lo intentes, puedes hacerte sangre; te mandaré a mis primas para que te ayuden como anoche. Mañana vendrá una peluquera de Oujda, una española que conoce muy bien mi tía Salma y que mc asegura es la mejor de toda la zona. Te pondrás de acuerdo con ella, si quieres que venga todos los días irá un chófer con un coche a recogerla y luego a regresarla a su casa, pues deseo que esos cabellos tan preciosos tengan siempre el cuidado idóneo para que no se estropeen... No te entretengo más, te espero para desayunar en la terraza oeste, mis primas te acompañarán hasta allí.

CAPÍTULO XIX

Préstame tu asno para que yo lo cargue con
la hierba para que coma el mío
(Proverbio árabe)

—¿Podemos entrar? Venimos de parte de nuestro primo, tu marido.

Suzanne sintió gran satisfacción al pensar que si ella no daba su autorización no podía entrar nadie en la alcoba; ahora mismo, si le daba la gana, podía decirles a las primas de él que se fueran por donde habían ido con viento fresco, y tendrían que marcharse sin rechistar; no obstante, fue magnánima y les permitió la entrada.

Eran tres: Khadija, Malika y Tima. La primera llevaba una gran bolsa de lona.

—Cheik nos ha dicho que necesitas otra vez ayuda para peinarte —dijo Khadija abriendo la bolsa y empezando a sacar bártulos de peluquería—. Dice que a partir de mañana contratará a una peluquera de Oujda para tu servicio exclusivo.

—Nosotras solo nos peinamos de peluquería cuando estamos de fiesta —añadió Malika—, si no nos da pereza ir a Oujda a la peluquería.

—A propósito de fiestas —dijo Tima—, ¿no te ha dicho nuestro primo cuándo dará la de tu presentación?

Como Suzanne no sabía nada al respecto, no supo qué contestar y se quedó callada; entonces, la fea prima, sin ir a cuento, soltó una desagradable risita.

Las dos hermanas ya se habían puesto manos a la obra, mientras Tima, que Suzanne no sabía para qué había ido, con un desenfado insultante se adentró en la habitación hasta llegar al lecho, e hizo un comentario por demás baladí:

—Supongo que te han cambiado las sábanas de la cama.

—Quizás no fuera necesario cambiarlas —replicó Suzanne, indiferente.

—Me extrañaría, porque en esta morada todo son exageraciones, y en la limpieza, como en todo, se pasan.

Suzanne pensó que Tima se preocupaba por saber si estaba bien atendida, y no sabía si sentirse agradecida por tales muestras de interés o molestarse, a fin de cuentas ella era la esposa de Cheik Abdelkrin, dueño y señor del castillo, y la feísima prima se comportaba igual que por la noche en el vestuario blanco, como si la dueña fuese ella y la esposa del primo la invitada; o sea, igual que le había dicho Cheik Abdelkrin, pero lo que él le dijese era diferente.

—Voy a ver si las han cambiado.

Y uniendo la acción a la palabra, sin hacer caso a los gestos de las otras que estaban nerviosísimas y ante el pasmo de Suzanne, con una desfachatez increíble, la fea retiró las cortinas de gasa, cogió la parte superior de la colcha y tiró hacia abajo...

—Sí, la han cambiado —dijo de mala gana—, la de ayer tenía flores bordadas y esta tiene ramilletes, y aunque no fuese necesario también habrán cambiado la sábana de abajo; ya lo he dicho, aquí se pasan con la limpieza... ¿Quién te la ha hecho?

—¿El qué?

—La cama, mujer —contestó Tima haciendo como que sonreía con una desagradable mueca en la bocaza—, estamos hablando de eso, ¿no?

Pero Suzanne, que ya estaba nerviosa de antes, se impacientó:

—¡Estarás hablando tú, porque yo, sinceramente, estoy asombrada del interés despertado en ti por mi cama!

—¿Pero quién te la ha hecho?

—¡Quién me la haya hecho no es cosa de tu incumbencia!

—No creo que tenga nada de particular querer saber...

—Ya está bien, Tima —advirtió Khadija, disgustada.

—No he querido molestarla, solo me estoy interesando por saber si la doncella que le ha asignado lala Sohora reúne los requisitos necesarios.

Pero Suzanne se encontraba fuerte y con ganas de pelea, e iba a aclarar de inmediato unos conceptos que la horrorosa parecía no tener en cuenta:

—¿Y quién eres tú para tomarte tales atribuciones? Que yo sepa no soy tu invitada, sino la esposa de Cheik Abdelkrin, estoy, por tanto, en casa de mi marido, que es mi casa, y tú eres una prima que está aquí de visita. Así pues, no confundas los términos, Tima, tú eres la invitada, no yo, y si no me satisfacen los servicios de una de mis criadas —dijo recalcando lo de «mis criadas»— soy yo quien decide, no tú.

Las dos hermanas parecían asustadas:

—Por favor, Suzanne, cálmate, no te lo tomes así.

—Tranquilízate, no hagas caso a Tima, es una entrometida.

Mas ahora fue Suzanne la que no quiso callar:

—Y otra cosa, Tima, en mi opinión, la limpieza nunca es demasiada, y como estoy en mi casa, respecto a higiene todo continuará como hasta ahora, en tu casa eres muy dueña de cambiar las sábanas de tu cama cada tres o cuatro días, cada semana, cada mes, o cada año si te da la gana, pero en mi casa mando yo y se cambiarán cuando me da la gana a mí, ¿está lo suficientemente claro para ti o te lo doy por escrito?

—Yo no he querido molestarte —insistió Tima, que se había puesto verdosa—, de todas formas, si no quieres decirme quién.

—¡Ya basta, Tima! —se hizo firme Khadija, secundada por Malika:

—Estamos aquí a petición de nuestro primo para que peinemos a su esposa, no para que indaguemos si les han cambiado las sábanas de su noche de bodas.

Por fin se iluminó la mente de Suzanne. Había oído hablar de la costumbre de los árabes de mostrar evidencias de la pureza de la novia, pero, por lo visto, esta mañana tenía el cerebro embotado, y si no hubiera sido por Malika continuaría en la inopia.

A cada momento que pasaba se le hacía más odiosa la prima Tima: ¿con qué derecho se encontraba la horrorosa para indagar en sus intimidades matrimoniales, en el caso de que las hubiera habido, e intentar descubrir si ella era virgen o no antes de casarse con el adorado primo? ¡Aquella fea era una grosera y una impúdica!

«¡Pues como no haya manchado las sábanas con alguna gotita de sangre que me hayan rezumado las rozaduras de las piernas, o las de las manos!».

Era cierto que Khadija se daba estilo para peinar, pues esta mañana simplemente recogiéndole los cabellos en un lado, haciéndole una trenza y dejándole algunos rizos sueltos encima de las orejas, estaba preciosa; claro que para que Suzanne Desbois estuviese preciosa no había que forzar nada, sin peinar también lo estaba.

Sin embargo, la pregunta que le hizo Cheik Abdelkrin al verla aparecer en la terraza oeste acompañada por las primas decepcionó a la improvisada peluquera.

—¿Por qué no te has dejado el pelo suelto como anoche?

—¡Lo que me faltaba, el pelo suelto todo el día!

—¿No te gusta? Yo creo que Suzanne está bellísima —dijo Malika, tendiéndole un cable a la nerviosísima Khadija.

—Mi esposa está bellísima con todos los peinados que se haga y con todos los atuendos que se ponga, y no he querido decir que el peinado esté mal hecho, pero como tiene los cabellos tan bonitos me gusta vérselos siempre sueltos —y añadió dirigiéndose a ella, haciéndose amorosamente exigente—: Seré comprensivo, para la mañana, vale, pero por las tardes y por las noches los quiero sueltos.

Como estaba muy sonriente y cuando dijo lo de los atuendos continuó igual, sin cambiar de expresión, aunque las primas le miraron alarmadas, enseguida se tranquilizaron, pensando que si Suzanne le había contado lo del caftán y había sido una indirecta a Tima, él no estaba muy enfadado, no le había dado importancia.

Lo mismo pensaba Suzanne, seguramente había sido una indirecta lanzada a la prima, una cariñosa reprimenda; además, cuando ella se lo contó a él le hizo mucha gracia, se echó a reír...

—Marchaos mientras nosotros desayunamos y regresad dentro de un rato para acompañarnos por el recorrido que vamos a hacer dentro y fuera del castillo.

¡Qué fastidio llevar aquellas idiotas, sobre todo a la antipática y feísima Tima!

—¿Ibas a decir algo? —le preguntó él, cuando las primas ya se iban—. He creído notar como si no te hiciera mucha gracia que mis primas nos acompañen.

—Me da absolutamente igual —se hizo ella displicente.

—No nos molestarán, saben muy bien cómo tienen que proceder.

En la terraza, con una temperatura muy agradable y donde olía a flores y a tierra mojada, un silencioso e impávido criado les sirvió un abundante y variadísimo desayuno. Enseguida se retiró dejándoles solos, y Cheik Abdelkrin volvió a ser un hombre realmente encantador: atento, amable, galante, igual que el de anoche, cuando todavía no habían ido a la alcoba.

Al rato, apenas habían terminado, llegaron las primas, pero no solamente las tres de antes, con ellas iban dos más, una llamada Amina y la otra Leila.

¡Lo que faltaba! ¿Por qué no habrían ido todas cacareando como gallinas?

—¿Qué significa esto? —preguntó él con el ceño fruncido.

Amina, azoradísima, sin levantar la mirada del suelo, habló tímidamente:

—Leila y yo nos hemos permitido venir porque Tima nos aseguró que tú lo comprenderías... Pero si no das tu autorización, nos vamos, y perdona el atrevimiento.

—Está bien, puesto que ya estáis aquí nos acompañaréis también.

Claro, dijera él lo que dijese las normas estrictas solo contarían para los criados, los familiares quedarían exentos.

A continuación, la fea se dedicó a hacer toda una serie de muecas, gestos, y hasta guiños, mirando, ya a las primas, ya a la esposa del primo, a esta con maligna burla, y sin ningún disimulo, como si deseara que ella, Suzanne, se diera cuenta, aunque tampoco parecía importarle la presencia del adorado primo, mientras que las otras estaban todas nerviosísimas, casi asustadas, mirando más al rostro de él que a la misma Tima, pero a su vez haciéndole gestos a esta, como llamándola al orden. Una escena, muda, pero con una mímica de lo más expresiva, y claro está, como Suzanne no era ciega, se dio perfecta cuenta del extraño manejo. Todo aquello, igual que lo ocurrido hacía un rato en la alcoba, la desbordaba, ¿era esto la femineidad árabe? Pues si era esto ella no quería copiarla en modo alguno.

Y, por supuesto, Cheik Abdelkin, que tampoco era ciego, también notó la insolente, ineducada e intrigante actitud de la prima Tima, captando perfectamente su significado y contra quién iba dirigida toda la desagradable mímica.

Con la mirada que de tan fría parecía congelada fija en el rostro de Tima, inquirió:

—¿Ocurre algo que yo deba saber?

Dio la impresión de que todas iban a desmayarse, menos Tima, que parecía satisfecha de haber llamado la atención de su adorado y se hizo toda mieles para él:

—Nada que pueda perturbar tu espíritu, amadísimo y reverenciado primo.

—En ese caso contrólate; olvida tus malos hábitos, sabes que no son de mi agrado.

—Te suplico humildemente perdón, mi señor. Nada me entristece más que incurrir en tu enojo y que tus maravillosos ojos me miren con reproche y disgusto.

—¡Bueno, basta de exageraciones! —rio él, observándose claramente su intención de quitar hierro al asunto; sin más, le pasó a Suzanne el brazo por los hombros e iniciaron el paseo.

Estaba muy disgustado, por discreción, por si ella no se había dado cuenta no ponerla sobre aviso y si se había percatado para que no le diese a la cuestión más importancia de la que seguramente tenía, por el momento, prefirió soslayar el asunto con aquella pequeña reprimenda dirigida a Tima, pero reafirmándose en sus propósitos de tener lo antes posible una seria conversación con ella, necesitaba aclarar conceptos de capital importancia que, al parecer, se obstinaba en ignorar, a saber: que Suzanne Desbois era su esposa y, por tanto, ella, Tima Ziat, le debía respeto y si persistía en su antagonismo se vería obligado a tomar una decisión radical: ordenar a la insolente que abandonara su casa para siempre.

Durante todo el tiempo que duraría el paseo, ellos dos caminarían delante, él llevándola cogida por los hombros sin que ella protestase, para que no pensara que estaba afectada por lo de la noche y por la pesada broma de esta mañana; detrás, a prudente distancia como si les escoltaran, las cinco primas.

Igual a un perfecto cicerone le iba dando detalles suplementarios sobre lo que verían aquel día y sobre cosas que no verían, entre otras un quirófano muy bien pertrechado, acondicionado también como paritorio; las esposas de los Abdelkrin primogénitos alumbraban allí, su madre había sido una de ellas, y su esposa, cuando llegara el momento, si no surgían complicaciones graves, haría lo mismo; aunque sería ella la que eligiera dónde prefería alumbrar, si allí o en una clínina del país que quisiera. Contaban con un estupendo comadrón cirujano con clínica en Oujda, pero que se desplazaba al castillo todo el tiempo que la familia Abdelkrin lo necesitara, el mismo que había asistido a su madre en sus dos partos, muy joven por entonces.

Al hacer mención a lo de que cuando su esposa diera a luz lo haría en el quirófano del castillo si nada grave lo impedía, Suzanne no se dio por aludida, captó perfectamente que aquellas palabras no fueron dichas en su intención, fue como si Cheik Abdelkrin comentara el asunto con una comprensiva amiga, o con una visitante, haciendo planes respecto a un venturoso futuro, como si hubiese olvidado que precisamente con quien estaba hablando era con su esposa; claro que ella era una esposa nada más que de nombre; pero podría haber tenido la delicadeza, ya que tan agradable estaba esta mañana (después de la bromita), de no sacar a relucir un tema tan escabroso, y subrayando tanto lo de la esposa, o las esposas del primogénito.

Analizando sus palabras, Suzanne estaba hecha un lío, no sabía si él se había referido a su mujer, o a sus mujeres. Había dicho: las esposas de los Abdelkrin primogénitos; por tanto, podría haberse referido a las esposas de todos los Abdelkrin juntos o a las esposas de uno, del primogénito del momento: él.

—... Aunque si mis hijos tardan en llegar tendré que buscar a otro médico comadrón, porque el que te he dicho puede que para entonces esté demasiado viejo.

—Me parece perfecto, así llegado el momento crítico, el Abdelkrin primogénito no tendrá que salir a escape con la esposa parturienta en brazos en busca de un lugar civilizado para que dé a luz.

—Por esa razón se montó el paritorio —contestó él sin tenerle en cuenta el sarcasmo—, y porque a las mujeres de mi raza les place más alumbrar en sus casas que en ningún centro clínico; claro que eso solo se lo pueden permitir algunas privilegiadas, ya que no se puede exponer a una mujer a los muchos peligros que podría correr en un lugar que no reuniese las condiciones necesarias de asepsia y, por supuesto, sin contar con un buen equipo médico.

Todas las estancias que visitaban eran magníficas: bellos muebles, fabulosos objetos de adorno, extraordinarias lámparas, extraordinarios cuadros, soberbias alfombras y tapices de seda o lana, ya fuesen de Persia, Irán o del mismo Marruecos. No obstante, quizás habría que destacar el salón de recepciones, grandioso, realmente espléndido, con regios muebles, una fabulosa estatua en bronce del mitológico grifo, vitrinas con preciosos objetos de porcelana, cristal y oro, cuadros maravillosos con firmas de renombre internacional dignos de figurar en los mejores museos del mundo; y de hecho, así iba a ser dentro de poco, le explicó él, porque aparte de que muchas veces se había dicho que era una verdadera pena que aquellas magníficas obras no pudieran ser admiradas nada más que por él, sus familiares y amigos, el beneficio monetario que le reportase lo tenía destinado íntegro para los niños acogidos en su fundación; un regalo que tenía en mente hacerles.

—Aún no tengo muy claras las ideas, pero sí que será para recreo y cultura física; que actualmente los muchachos andan locos por tener buenos pectorales y bíceps —bromeó, y cambiando de tema continuó—: Contamos con un estupendo campo de golf, otro de equitación y un gran coto de caza, muy apreciados por mis invitados, uno de mis predilectos, aunque no se trata de una testa coronada, es el novelista Hervé J. Villaret, le viste ayer en nuestra boda, fue uno de los testigos. No llegué a presentártelo porque no vi el momento oportuno, ya le conocerás. Hablando de escritores, hoy no voy a llevarte a la biblioteca porque ya me he trazado un itinerario, cuando la veas vas a asombrarte de tantos y tan buenos libros que tenemos. Los Abdelkrin siempre han sido muy aficionados a la lectura en general y a la poesía en particular, y casi todos, aparte de nuestra lengua natal, saben, y sabían, leer francés y español. Actualmente, la mayoría también inglés; yo sé otros idiomas. Poseemos en español obras del historiador y filósofo hebraico-español, Abraham Ibn Daud, las obras completas en inglés de Alfred Tennyson, obras premiadas con el Nobel de literatura, aparte de otras, las de Vicente Aleixandre, Salvatore Quasimodo y Nelly Sachs... Del poeta persa Di Musarrif Al-Din tenemos *Bustän* y *El vergel.*

Suzanne tenía la impresión de que él trataba de epatarla con su erudición, ¡a ver si se creía que era una inculta! Como le dijo en el balcón...

—Has mencionado a un escritor hebreo español y me extraña que no hayas citado a uno que fue más importante que ese. En España, concretamente en Córdoba, que fue su ciudad natal y lo admiran mucho, hasta tienen una estatua y una calle con su nombre... Como eres tan sabiondo supongo que sabes a quién me refiero.

Él, que la había escuchando atento y sonriente, exclamó sorprendido:

—Es asombroso que hayas leído al gran filósofo cordobés Moshes Ben Maimón, Maimónides, ¡no me lo puedo creer!

—Eres muy dueño de creerlo o no —se mosqueó ella.

—No te enfades, mujer. Simplemente estoy asombrado de que conozcas la obra del insigne hebreo.

—Pues ya puedes desasombrarte, porque yo no conozco la obra de ese señor; aunque figúrate que una vez escribí algo sobre él... Interesante, ¿no?

—Mucho, ¡cuenta, cuenta!

—Fue cuando estudiaba en un internado de París —contó ella ya disipado el enfado—; un día el profesor de literatura nos mandó hacer un ejercicio de redacción sobre algún filósofo antiguo, ¡menudo rollo! Menos mal que nos estaba permitido consultar los libros de la biblioteca, y por chiripa vi en el lomo de uno el nombre de Maimónides. Leí apenas algunos párrafos, para salir del paso.

Y como ella se callara y durante unos segundos de espera que él le concedió no continuase, le preguntó:

—¿Ya está?

—¿Cómo que si ya está? —volvió a mosquearse.

—Me refiero a tu ejercicio de redacción, a cómo quedó.

—Pues con todo lo que me había molestado pasó sin pena ni gloria. Hubo otros mejores, y otros peores... Te lo diré claramente: con todos los respetos debidos a Maimónides, yo no sería capaz de leer tres páginas seguidas de todo lo que haya dejado escrito, porque eso sí que debe ser un rollazo de lo más soporífero.

—¡Mujer! —rio él de buena gana.

—¿Qué quieres que te diga? Esos temas tan profundos, tan complejos y tan enrevesados, me aburren soberanamente, me dan migraña. No soy tan leída como tú.

—A Dios gracias.

—¿Por qué a Dios gracias, si puede saberse...? —se hizo desafiante, molesta por los aires de sabelotodo que se gastaba aquel moro.

—Porque en lo que a mí concierne no me gustan las mujeres marisabidillas; cultas sí; pero no eruditas, digamos cultas a la violeta... No sé si me entiendes...

—Te entiendo muy bien, cultas a la violeta, conociendo bastantes temas por encima, para poder salir airosa en cualquier conversación sin profundizar demasiado. Te lo advierto, no soy un pozo de sabiduría, pero tampoco una inculta.

—Nadie ha dicho tal cosa —replicó él, rápidamente y de manera formal, como si intentara disculparse por lo del balcón.

—Y te hubiera bastado con decir que no te gustan las mujeres tan cultas como tú, ni por supuesto más cultas que tú.

—Por supuesto —replicó él, risueño.

—¿Pues sabes cómo le llamo a eso? ¡Machismo sin paliativos!

Durante unos momentos habían estado detenidos en un largo corredor, y él, para verle bien la cara mientras contaba lo de su ejercicio de redacción, la había soltado colocándosele en frente, ahora volvió a ponerse a su lado, la rodeó otra vez con el brazo y hablando él reanudaron el paseo:

—Los árabes somos machistas por naturaleza, al mismo tiempo románticos, y muy poéticos; y opino que es muy difícil que cambiemos. Pero no creo que sea motivo de queja para vosotras, pues de ninguna manera estoy con los que maltratan a las mujeres, esos no son machistas, son unos degenerados. Escucha cómo veo yo el asunto: la mujer que une su vida a un hombre de los denominados machistas, siempre que no sea un malnacido, debe conceptuarse afortunada, porque tendrá muchas ventajas. El machista sabe apreciar mejor que nadie la belleza, la gracia, la delicadeza y la fragilidad femenina, aunque también somos a veces exigentes y hasta abusones, lo reconozco y como machista confeso entono el *mea culpa*. A cambio solemos rodear a la mujer de ternura y mimos, haciéndonos amantes apasionados y dulces al mismo tiempo, erigiéndonos en protector y custodio de nuestra amada, cobijándola bajo nuestra fuerza viril, conceptuándola como algo frágil y precioso. Entonces ella, consciente de esa pasión y esa ternura que inspira a un tío de pelo en pecho que cuando está a su lado se convierte en tierno esclavo de sus encantos, aún se hace más bella, porque la mujer amada embellece, su femineidad eclosiona como una flor que abre sus pétalos necesitada de todo cuanto su hombre le brinda, desbordándose sus más íntimos sentimientos y deseos despertados por la habilidad de su macho y...

—Corta el rollo, ¿quieres? —dijo ella con fastidio.

—Vale, ya corto el rollo —rio él otra vez—. Como respuesta a tus palabras de antes, te diré que nuestra biblioteca nos parecería incompleta sin la obra de Maimónides, e igualmente nos parecería que faltaba algo muy importante sin la obra maestra de la literatura árabe número dos —puntualizó—, puesto que la número uno es el Corán, que, por supuesto, lo tenemos en un lugar aparte, ya que por tratarse del libro sagrado musulmán no debe estar en lugares contaminados, ni se debe tocar sin haberse lavado antes las manos; pero ahora me estoy refiriendo a *Magämät* de Al-Hariri, y aún añadiría los poemas de Abu Nuás, que fue uno de los mejores poetas árabes, y que aún, siendo muy antiguo, es tanta su fama que todavía se le da su nombre a los personajes principales de los cuentos populares, sobre todo al bufón. —Y continuó, mirándola a la cara que así mismo ella había vuelto hacia él, alzándola—: ¿Por casualidad has ido alguna vez por la Kasba de Rabat, o la Medina como acostumbras decir, y te has encontrado con un gran círculo de personas rodeando a un bululú?

—Sí, un domingo fuimos un grupo de amigos, porque yo quería comprarme un anillo igual que uno que se había comprado una amiga en las tiendas de oro, y cuando íbamos por en medio de todo aquel trasegar de gente nos topamos con lo que has dicho, un gran círculo de moros y, por curiosidad, con esfuerzo logramos entrar y llegar hasta la primera fila de expectadores. Nos reímos un montón, y se supone que el tipo que se hallaba en el centro estaba representando algo cómico, porque los que le rodeaban, en vez de tomarse a mal que un grupo de jóvenes franceses se rieran, igual que lo estaban haciendo ellos, se pusieron a mirarnos y a cabecear con complicidad, y nosotros de lo que nos reíamos era de lo exagerado de los gestos del tipo, imitando diferentes voces, abriendo mucho los ojos, echando carreritas de un lado al otro.

—Esos hombres —replicó él en tono grave— son verdaderos artistas en su género, una sola persona tiene que representar a todos los personajes de sus cuentos: a los buenos y a los malos, a los leales y a los traidores, al hombre y a la mujer, al héroe y al cobarde y, más difícil todavía, también tienen que imitar a los animales, por ejemplo, a un fiero león, a un ladino zorro, a un tozudo asno, a un fiel can, o a una escandalosa gallina, y las imitaciones las hacen a base de mímica, expresiones faciales y corporales y cambio de voces, y todo rapidísimo para que no se produzcan confusiones y los espectadores sepan de inmediato si ha salido de escena el hombre y ha entrado la mujer, o si ha entrado el marido y se ha encontrado con el amante de la esposa, o si ha llegado el vecino con su perro; y, en ocasiones especiales, son capaces de entonar loas en honor de personas o hechos relevantes, con el mérito añadido de que es un talento natural, no cultivado en academias de arte dramático ni nada por el estilo, sino desarrollado en los continuos viajes que suelen hacer apiñados en destartalados autobuses, a lomos de asnos o a pie. Por ello te digo que ojalá no se extingan nunca esos bululús rapsodas que todavía van recorriendo nuestra geografía de ciudad en ciudad, de pueblo en pueblo y de aldea en aldea... Bien, pues en los cuentos de los bululús, casi siempre el nombre que le dan al bufón es el de Abu Nuás —y tras romper una lanza por los bululús, continuó—: Mi abuelo paterno nos legó una biblioteca bastante bien surtida de estupendos ejemplares, especialmente en árabe y en español, lengua que, como te dije anoche, la mayoría de los míos, entre los que me incluyo, dominaba muy bien porque durante mucho tiempo estuvo afincado en El Rif, cuando aquella zona era protectorado español; aunque a leerlo y escribirlo aprendió bastante tarde, con más de cincuenta años —continuó riendo—, él mismo dejó constancia de ello en escritos de su puño y letra, que tuvo una profesora de español, una bella joven andaluza llamada María Dolores Cruz, a la que conoció en El Rif y que luego se trajo aquí, para continuar practicando el idioma —volvió a reír—. Mi abuelo era un tío fabuloso: ¿has ido alguna vez a Tánger? En ese caso casi seguro que has pasado por el Zoco Chico. Allí, en el Zoco Chico de Tánger, entre tarros de aceitunas aliñadas y bolsitas de especias, mi padre encontró un libro increíble, una obra dramática del escritor hindú Bhavabhüti en lengua sánscrita. ¿Sabes lo que es la lengua sánscrita?

—La lengua sagrada del Indostán. ¿Aprobada, señor catedrático?

Cheik Abdelkrin se limitó a apretarla más por los hombros, luego dijo:

—Estamos llegando a un lugar muy especial: el salón de las joyas.

CAPÍTULO XX

Si tú eres Emir y yo soy Emir,
¿quién de los dos conducirá los camellos?
(Proverbio árabe)

****

Era una pieza interior, si no hubiera luces parecería una lóbrega cueva; aunque no se trataba de una claridad diáfana, sino de una luz difusa que no se sabía de dónde partía (no se veían en ningún sitio lámparas ni nada por el estilo), y que al propagarse en todas direcciones iba perdiendo intensidad haciéndose evanescente.

Paredes y techo recubiertos de satén rojo acolchado. Las junturas de las paredes y el cuadro que formaba el techo, remarcados por anchas tiras de plata caladas; el género de arriba con hundidos, y punteándolos, flores hechas con pétalos del mismo metal. Había divanes colocados de dos en dos, fronterizos, forrados igualmente con rojo satén acolchado, tenían brazales tubulares forrados del mismo género, los extremos recogidos en frunces con grandes borlones de hilos de plata; encima de los divanes, muchos cojines de diferentes colores, y en un diván, como dejada allí precipitadamente por algún ser invisible, una bonita cítara. Sahumadores de plata expulsaban volutas blancas de humo. Colgadas en las paredes, bellísimas bandejas de diferentes tamaños y formas, con asas o sin ellas, todas de plata con gemas engastadas. El suelo cubierto por una alfombra roja de pelos muy altos; al andar sobre ella se hundían los pies sin producir ni el menor sonido causando una agradable sensación de ingravidez. Entre los divanes, mesitas redondas dispuestas para servir el té. Junto a una de ellas se veía un alto recipiente panzudo, por supuesto de plata, con un pequeño grifo, debajo una palanganita, y arriba del todo una tetera.

—Es un samovar persa para hacer té. Antes funcionaban con carbón; pero como todo se moderniza, ese es eléctrico.

—¿Por qué si es eléctrico no lo usó anoche el viejecito, sidi Yilali?

—No lo usó anoche el viejecito, como dices —le sonrió él agradeciéndole la forma cariñosa de referirse a su anciano pariente y recordando fugazmente que la prima Tima les llamaba vejancones—, porque a ellos no les gusta ese cacharro; aseguran que el té hecho en ese trasto no sabe bien, prefieren la tradicional tetera con los ingredientes dentro y que les lleven el agua hirviendo de la cocina, y todavía les gusta más calentarse ellos el agua, *in situ*, en un antiguo anafe de latón alimentado con carbón. El samovar solo lo usamos cuando tenemos invitados de postín y hacemos té aquí, y estoy pensando que más de postín que tú, nadie; cuando quieras venimos solos, yo preparo la infusión y la tomamos íntimamente, ¿te seduce la idea?

—Me lo pensaré —replicó ella, riendo.

Altos pedestales de madera de cerezo sostenían floreros de plata y gemas engastadas, llenos de olorosas rosas rojas.

—Un pajarito me dijo un día que te encantaban las rosas rojas.

—¡Conque un pajarito! ¿No sería una pajarita?

Los dos se echaron a reír.

—También ordené que pusieran a quemar alhucema en los sahumadores.

Era extraordinario lo bien que se sentía con Cheik Abdelkrin, por momentos ni se acordaba de nada molesto, y cuando a la fuerza ciertas remembranzas rozaban su cerebro, nada le parecía demasiado importante ni desagradable. Esto no podía ser normal: ¿no sería la causa las volutas de humo que salían de los sahumadores? Tal vez con la esencia aromática habían puesto una droga que se dispersaba en el aire y al aspirarla producía aquel bienestar tan asombroso.

Junto a otros dos divanes y una mesita, había otro artilugio, igualmente de plata. Este con un largo y flexible tubito que se enroscaba sobre sí terminando en una estrambótica pipa de espuma de mar (sepiolita), y al lado un pequeño receptáculo con una anillita y en ella introducido el mango de una casi diminuta cucharilla redonda.

—Ese aparato tan historiado es para fumar hachís o quif. Mis antepasados varones tenían la costumbre. Mi abuelo paterno, el que vivió en El Rif, lo fumaba, y lo inhalaba; me fascinaba verle echarse en el dedo pulgar de la mano izquierda, con un objeto que tenía en forma de perinola, una pequeñísima cantidad de quif que aspiraba fuertemente por los orificios de la nariz. ¿Sabes lo que estoy pensando que sería fabuloso hacer aquí? —preguntó él de pronto, como si acabase de tener una idea luminosa, deteniéndose y haciéndola detenerse, mirándola a la cara.

—¿Bailar descalzo sobre la alfombra? —preguntó ella a su vez.

—¿Es eso lo que te sugiere? No estaría mal, un día te pediré que bailes descalza aquí para mí; con la referencia que tengo de anoche debe ser sublime; pero mis preferencias van más lejos, aunque a lo del baile también me apunto, pienso —continuó en voz baja, secreteando— que sería de fábula hacer el amor aquí, sobre la alfombra, si bien antes de iniciar los prolegómenos tendría que tomar ciertas medidas, para no tener mirones y para que no se me presentaran todos mis guardias como locos armas en ristre; primero les avisaría por un micrófono y luego cortaría el contacto eléctrico.

A Suzanne le ocurría y esto lo tenemos ya archisabido, que Cheik Abdelkrin, que era su marido pero que no era su marido, la turbaba, la ofuscaba; con el menor atrevimiento de su parte ella se aturdía y ya no podía pensar coherentemente; pero al mismo tiempo, le entraba tanto enfado que era capaz de plantarle cara:

—¿Y no lo has hecho nunca?

—¿Cortar el contacto eléctrico o hablar por el micrófono? —se hizo perverso.

—Ni siquiera sé de qué contacto ni de qué micrófono me hablas, ni por qué ibas a tener que avisar a nadie de lo que fueras a hacer tú, el mandamás, para que no vinieran a importunarte tus guardias, y por mi parte estas explicaciones huelgan, ya que estoy segura de que sabes muy bien que no me he referido a eso, sino a lo otro.

—¿A qué otro?

—Es igual, no contestes. No sé por qué te he preguntado si no me importa...

—¡Ah, ya! Perdona, en el primer momento no caí —mintió él descaradamente, y retomando el tono de voz bajo, continuó complaciente—: No, nunca lo he hecho aquí, y te confieso que ya de pequeño, como para la libido fui muy precoz, este salón me ha inspirado ideas eróticas y ahora estoy imaginando lo placentero que sería hacer aquí el amor —y continuó exponiendo su idea, con tanta naturalidad como si le estuviese explicando que como le gustaba más el cordero era al horno con cebollitas y patatitas bien doradas—: La alfombra es lo suficientemente mullida como para que mi pareja no se sienta incómoda, y colocándonos, por ejemplo, allí, no tendríamos límite de espacio, como me gusta mucho retozar necesito disponer de bastante sitio.

Suzanne bendijo mentalmente al reflejo rojizo de techo y paredes que veía en el rostro y en toda la persona de él, y dedujo que ella estaría igual, que el reflejo le estaría sirviendo de camuflaje. De todas formas él no insistió sobre el tema, sonriendo silencioso la condujo hasta uno de los objetivos principales del misterioso salón.

En cinco armarios vitrinas de madera de cerezo bordeados de plata y provistos de gruesos cristales a prueba de balas, se guardaban las joyas y gemas familiares.

—Naturalmente —le explicó él, los dos detenidos frente al primero de los armarios vitrina—, dado el extraordinario valor que encierran contamos con otros medios de seguridad mucho más eficaces que unos cristales por muy irrompibles que parezcan. Tenemos un detector de intrusión vía radio; además, la permanente vigilancia de muchos hombres en el exterior del castillo, y arriba, en las almenas.

El primero contenía la mayor cantidad de joyas, las más bellas que jamás antes había visto Suzanne; de oro y de platino con maravillosas gemas engastadas: rubíes, topacios, esmeraldas, turquesas, zafiros y profusión de brillantes. Entre tantas maravillas descubrió el aderezo que llevaba puesto la madre de él en el cuadro.

—Estas alhajas las han lucido siempre en las grandes recepciones el primogénito y sus esposas.

—¿Las concubinas también?

—He dicho sus esposas, no sus mujeres —sonrió él con malicia, y continuó explicando—: Aunque en realidad las concubinas son cortesanas de lujo, no tienen los derechos de esposas; pero llevan una buena vida, hasta disponen de servidumbre, ellas no hacen nada, se pasan el día en baños perfumados, masajes, cuidándose los cabellos, haciéndose la manicura y la pedicura, maquillándose el rostro..., siempre en pie de guerra, la que ha llegado a ser la favorita de su señor temerosa de perder el puesto y las otras intentando arrebatárselo. Lo triste es el final, muchas de las criadas de los serrallos antes han sido concubinas, y hasta favoritas, pero se han ajado y han perdido el favor de sus señores cayendo en desgracia.

—¿Y los hijos que tienen?

—Eso depende de la humanidad del padre, y del amor que sienta por la concubina en cuestión. Normalmente, a no ser que se trate de un padre desnaturalizado, todos quieren a sus vástagos, a los habidos con las esposas y a los de las concubinas, y se preocupan por el bienestar, la crianza y el futuro de cada uno.

—¿Viven juntas las esposas y las concubinas?

—¡No, mujer, qué idea! El serrallo está aparte.

—¿Y no se pelean entre ellas?

—Sí, a veces se tiran de los pelos —ahora él no cesaba de reír—, por celos; ya te he dicho, porque todas quieren ser la favorita de su señor.

—Y cuando quieren..., bueno, pernoctar con una, ¿lo hacen en el serrallo?

—No, para eso somos muy conservadores, no nos gusta el amor en colectividad; estar un rato con todas, viéndolas bailar, oyéndolas cantar y tocar algún delicado instrumento musical...

—¿Una cítara, por ejemplo?

—Sí, una cítara por ejemplo —sonrió él—, pero para hacer el amor las preferimos de una en una. A la elegida se la manda llamar con una criada, y al poco rato aparece en el aposento de su señor, recién bañada, perfumada, ataviada con sus mejores galas de gasas transparentes y debajo casi nada, solo la braguita para...

—Sí, sí, ya supongo todo eso —le cortó ella, molesta.

—Todo lo que te he dicho es cierto —dijo él, ahora serio, formal—, pero eso ocurría hace mucho tiempo, ya no se estila, varias esposas, sí, pero no una pandilla de concubinas. Las mujeres de mi raza también se han espabilado mucho y las legítimas ya no consienten esas cosas y, en mi opinión, hacen muy bien.

Le apretó un poco los hombros, instándola a andar, y fueron al segundo armario vitrina en el que solo había dos joyeros y un cofre, todo cerrado.

—Son los joyeros de mis padres, ahí están guardadas sus joyas personales. En el de la derecha, excepto las que llevaba puestas el día de su fallecimiento, están las que durante el transcurso de sus felices años de vida en común le regaló mi padre a mi madre, y en el otro las que le regaló ella a él. En el cofre conservamos como preciadas reliquias las que los dos llevaban puestas cuando les sorprendió el óbito.

Como allí no había nada que ver, se retiraron del lugar en silencio.

En el otro armario frente al que se detuvieron, sí había mucho que ver: alhajas finísimas, preciosas, de oro y perlas, blancas y de colores, redondas y oblongas.

Él ya se había recobrado de la emoción y volvía a ser el mismo Cheik Abdelkrin que ella estaba empezando a conocer: cultivado, atento y ameno.

—Algunas joyas poseen nombre propio. Tenemos constancia por escritos dejados por nuestros ancestros. A mi abuelo, lo de ponerles nombres a las joyas, las gemas y a las mujeres hermosas parece ser que se le daba muy bien. Fíjate en la perla blanca oblonga del centro de aquella gargantilla, mi poético abuelo la bautizó como «Gota de rocío del amanecer sobre el pétalo de una rosa», y a la perla redonda negra azulada como «Noche profunda». Otros antepasados míos más lejanos llamaron a ese collar de perlas rosadas «El collar de la sultana», al de perlas tornasoladas «Aurora resplandeciente» y al de perlas negras y blancas «Manchas de azor».

—Son una perlas preciosas. Yo nunca las había visto de colores; bueno, sí que las había visto, pero no eran auténticas.

—Estas lo son, traídas de la propia fuente, de Polinesia.

La condujo hasta otro armario vitrina donde se exhibían armas blancas: alfanjes, puñales, gumías y cosas por el estilo; todas eran bellísimas joyas con las empuñaduras de oro y gemas engastadas.

—Ahora voy a llevarte para que veas algo extraordinario, vas a alucinar.

¿Más alucinada todavía?

En el último de los armarios vitrina había solamente un gran joyero, como un maletín, abierto. Era de laca negro forrado con raso índigo. Lo formaban cuatro planchas superpuestas como peldaños de una escalera. En cada peldaño, seis alveolos y en cada alveolo un soberbio diamante tallado; y, aparte de los purísimos incoloros, había azulados, verdosos y rosados, entre estos algunos transparentes. Tallados redondos, en pera, o con la base plana y la parte superior abombada con facetas. El interior del joyero se veía profusamente iluminado por el resplandor que despedían las gemas al ser heridas por las difusas luces, que estarían centradas allí para producir el mágico efecto.

—Como puedes ver, todos son hermosos, pero aquel es el más grande —dijo él señalando a un diamante incoloro—, se trata de una pieza excepcional, como existen muy pocos en el mundo, tiene ciento sesenta y cinco facetas. Hay varios joyeros muy importantes interesados en su compra, me han ofrecido mucho dinero por él, pero a mí no me interesa venderlo. Y como comprenderás, a una belleza de tal magnitud no podía faltarle un nombre acorde, se llama: «Amanecer en el ojo de la aurora».

—Esto sí que no lo había visto nunca: diamantes transparentes de colores. Cuando yo tenía aproximadamente ocho años soñaba con diamantes así, porque mi padre me regaló un libro de Julio Verne donde se relatan dos historias, *L'Etoile du Sud* y *L'archipel en feu*. Y en la primera, aparte de una gran amistad, el tema son los diamantes. ¿Y aquel rosado transparente, tiene nombre?

—Se llama «Bella Zenobia». Lo bautizó mi tatarabuelo, como consta en sus memorias, en honor de su esposa Zenobia, que, según él, poseía los ojos más negros que el más profundo de los abismos submarinos, las cejas corridas más lindas del universo, los pechos como dos blancas palomas y el trasero como una luna llena —concluyó riendo, simpático, enseguida continuó—. Según nuestro árbol genealógico entre mis antepasados hubo muchos con muy altos cargos; pero aun así dedicaban todo el tiempo que podían a lo que en verdad les gustaba: comerciar. Pero como correspondía a su gran categoría personal, comerciar con géneros nada vulgares: ricas sedas, metales preciosos, joyas y gemas. Actualmente, mi hermano y yo, y otros familiares, nos dedicamos a lo mismo, aunque poseemos otros negocios; pero ese es el que nos gusta más, gozamos practicándolo y, además, nos reporta pingües ganancias...

—¿Cómo vendéis todo eso, en joyerías y sederías?

—En establecimientos mixtos. Poseemos una tienda en el centro de París, otra, también perfectamente ubicada, en Londres, y una tercera en New York. Y no es por vanagloriarme, pero nuestros establecimientos son únicos en el mundo entero por la gran calidad de sus artículos, por el gran lujo con que están montados, y el personal especialísimo que los atiende, marroquíes muy bien preparados, cultivados, con don de gentes y con una presencia inmejorable. Mi hermano y yo tenemos en proyecto abrir otro establecimiento en Madrid. Llevamos bastante tiempo acariciando la idea, no la hemos llevado a cabo todavía por la gran dificultad que entraña encontrar lo que deseamos en el centro de la capital española, y puesto que adquirir un solar donde queremos para construir es imposible, comprar dos grandes casas juntas..., ya veremos.

—Aquí en Marruecos no tenéis ninguna se esas tiendas... ¿O sí?

—No, aquí está nuestro cuartel general, aunque contamos con estupendos clientes marroquíes, especialmente ricas damas que asisten a las exposiciones que hacemos periódicamente y nos hacen buenas compras.

Salieron del salón de las joyas, hacia la salida del castillo, por la parte contraria a la principal, siempre seguidos desde bastante distancia por las cinco primas, al menos en este sentido eran discretas, sería el protocolo.

—Quisiera saber una cosa, no tiene importancia, pero siento curiosidad.

—Manda y serás obedecida.

— ¿Tú tienes un título, califa, emir..., o algo así?

—No, pobrecito de mí. Los ancianos de mi familia y la gente humilde me llaman emir; pero soy un vulgar sidi, es decir: un señor corriente y moliente.

—No creo que te conceptúes un señor corriente y moliente, y a fuer de sincera he de reconocer que puedes ser cualquier cosa excepto vulgar... A lo que vamos, ¿tus tarjetas de visita no llevan en una esquina un garrapato que parece una coronita?

Tuvieron que pasar muchos segundos hasta que él pudo calmar la hilaridad, aun así cuando contestó lo hizo entre risas:

—No, en mis tarjetas de visita no hay ningún garrapato que parece una coronita.

—¡Ya lo decía yo que Connie es una fantasiosa como Antonio!

—¡Un momento! Yo no he dicho que en mis tarjetas no haya un garrapato —volvió a reír él—, solo que ese garrapato no se parece a una coronita —luego serio explicó—: Mis tarjetas, como las de todos mis familiares consanguíneos, llevan en una esquina un anagrama figurando de la efigie de un grifo. Es el emblema de nuestra estirpe, la noble dinastía de los Grifos de Marrakech, adoptado hace tanto tiempo que el origen se pierde en las noches de los siglos... ¿Sabes lo que es un grifo?

—Como imagino que no te estás refiriendo al grifo del agua, porque me parecería una cosa muy tonta que llevarais ese aparato dibujadito en vuestras tarjetas de visita sin haber ningún fontanero en la familia, y porque desde anoche, y desde antes, no dejo de ver indicios, por ejemplo, tú de una manera u otra siempre lo llevas: una insignia en la solapa, en un medallón o en un sello. —Indicó con la mirada la mano izquierda de él donde llevaba el anillo—. Por todas estas consideraciones, deduzco que el grifo al que te refieres es al mítico animal con cuerpo de león, alas y cabeza de pájaro.

Risueño, mirándola a la cara, Cheik Abdelkrin se decía para sus adentros

«Además de preciosa es graciosísima, e inteligente y muy bien preparada, instruida, como me gusta, sin exagerar. Lo reúne todo, ¡es maravillosa!». Y ya de viva voz: —Exactamente, ese es el grifo que figura en nuestras tarjetas de visita, y como toda dinastía requiere un jefe, en la mía, desde que falleció mi padre, ese honor y esa carga han recaído sobre mí. El próximo primogénito será mi primer vástago. Poseo privilegios, mas también obligaciones. Por ejemplo, entre los primeros, como ya te dije, está el exclusivo de lucir en las grandes fiestas las joyas masculinas familiares, y el derecho de lucir las femeninas le corresponde a mi esposa, por tanto, tuyo es el honor.

—¿Me estás tomando el pelo?

—¿Por qué había de hacerlo?

—¡Porque tú sabes mejor que nadie que ese derecho es muy discutible!

—Ha sido una manera de hablar, no he querido ofenderte. Efectivamente, dado lo anómalo de nuestro matrimonio ese derecho es muy discutible; pero eso únicamente lo sabemos tú y yo, en consecuencia, procedo como es mi deber, y si los demás se hacen cábalas, que sí que se las estarán haciendo porque no hay ningún necio, a pesar de lo cual, como habrás observado, en mi familia impera la discreción, piensen lo que piensen, ni siquiera mi hermano y mis tíos carnales, que tienen derecho a saber, me preguntarán por qué no se han cursado ya las invitaciones para la fabulosa fiesta que debería celebrarse en el castillo para tu presentación oficial como mi esposa, la primera dama de nuestra dinastía; pero convendrás conmigo en que dadas las circunstancias tal fiesta no procede, sería un desatino, un insulto a mis ancestros y a mi familia en pleno.

—Perfectamente de acuerdo —replicó ella, cortante, altanera—, no tenías ni que decírmelo A mi vez espero de tu probada inteligencia que me hagas el honor de no pensar que estoy deseando ponerme esas joyas.

—¡Te juro que ni se me había ocurrido!

—Hombre, muchísimas gracias —se hizo sarcástica sin saber ni ella misma por qué, continuando—: Por lo demás comprendo perfectamente, sin que tengas que pedírmelo, que el aderezo de platino y brillantes que me prestaste para que lo luciera en la pantomima de nuestra boda, seguramente con miras a los reporteros y a tus importantes invitados para que todos me viesen alhajada como correspondía a la esposa del insigne, del gran sidi Cheik Abdelkrin, primogénito de la dinastía de los Grifos de Marrakech, debo devolvértelo. No te violentes, lo entiendo, puedes mandar a una criada a la alcoba a recogerlo todo, incluido, naturalmente, el cinturón que me puse anoche... ¡Ah!, y el doble hilo de perlas, que no sé si serán falsas.

—¿Te das cuenta de lo mucho que me estás ofendiendo?

—¿Porque dudo de la autenticidad de las perlas? No soy una experta.

—Si me ofendiera por eso sería un imbécil, pero te aclararé sobre el particular: esas perlas son auténticas, jamás he regalado bisutería a una mujer, no es mi estilo —y añadió, sarcástico—: A nosotros, los moros ricos, nos parecería de pésimo gusto que la esposa se adornara con joyas falsas... Está bien, Suzanne, no sé qué puedo haberte dicho para molestarte tanto.

—¡No has dicho nada que me haya molestado!

—En ese caso no me explico por qué ese cambio de humor —y continuó él, repuesto—: No deseo que se nos estropee la mañana, no obstante, antes de dar por finalizado el tema, deseo aclararte algunas cosas más: nuestra boda, se haya celebrado por los motivos que hayan sido, no fue una pantomima, sino una ceremonia auténtica, eclesiástica y civil. En cuanto al aderezo de brillantes no te lo presté, te lo regalé, y respecto a los cinturones, viajé hasta muy lejos, no sé si lo recordarás, que lo comenté en casa de tu padre, con el único propósito de comprarlos para ti, porque en mis existencias no tenía lo que deseaba: aderezo, cinturones, el doble hilo de perlas y los ocho caftanes son de tu exclusiva propiedad, si no te gustan puedes venderlos, regalarlos o echarlos al triturador de basuras. Te los he regalado porque he querido y punto.

—Caros regalos para una persona que ni siquiera es de tu aprecio.

—Eso de que no eres de mi aprecio también es muy discutible y requeriría mucha polémica —dijo él sacando a relucir por un instante la sonrisa de lobo.

CAPÍTULO XXI

Golpea el hierro ahora que está caliente
(Proverbio árabe)

****

Cuando salieron al exterior descubrieron una mañana espléndida, si bien la tierra estaba tan empapada de agua que de vez en cuando tenían que sortear algún que otro charco; menos mal que habían sido precavidos respecto el calzado.

Ninguno recordaba a las primas, a pesar de que continuaban detrás.

Otra vez la llevaba él tomada por los hombros sin que ella protestara; no se atrevió a hacerlo cuando volvió a abrazarla después de su escape por el disgusto tan tonto que le entró a causa de las joyas y de la no fiesta de su presentación, para que él no fuera a pensar lo que no era.

—Como sé que te gustan los caballos voy a conducirte a las caballerizas. Detrás están las perreras, entre otros hay cinco magníficos podencos, los cuales, excepto los días que organizo monterías, permanecen confinados en amplios reductos donde se solazan sin sentirse prisioneros. Cerca está el garaje, siempre con cuatro coches de lujo disponibles, y cuatro Land Rover todo terreno, vehículos muy prácticos y resistentes que me resultan de gran utilidad en las monterías. No te ofrezco coche...

—Porque no procede.

—Te has equivocado, no te ofrezco coche porque no quiero que vayas por ahí conduciendo sola, y ya puedes despedirte para siempre de tu Porsche rojo, cuando tengas que ir a algún sitio sin mí, lo cual veo muy improbable, irás en un coche mío, conducido por un chófer y seguido por otro vehículo con dos guardaespaldas.

Lo asombroso fue que tantas imposiciones y exigencias no le sentaron mal a ella, al contrario, le mitigaron una angustia rara que sentía, y dijo lo primero que se le vino a la boca, una tontería fuera de lugar, dada su extraña situación matrimonial:

—O sea, procediendo como un moro, moro.

—¡Soy un moro, moro, y lo tengo a gala, chiquita, lo tengo a gala! —rio él.

Seguramente habían sido avisados, porque a la puerta de la cuadra les esperaban dos hombres vistiendo batas blancas: un español veterinario y su ayudante marroquí. Dentro encontrarían a dos hombres más, ambos marroquíes con cerca de setenta años cada uno; eran un mozo de cuadra, o sea, el encargado del mantenimiento e higiene de los habitáculos y los caballos, el otro el yegüerizo, el cuidador de las yeguas.

—¿Todo controlado? —preguntó Cheik Abdelkrin, cuando estaban dentro del enorme recinto donde primero había un patio, a continuación, una gran nave alargada, en un lado compartimientos individuales para los caballos y en el otro un ancho pasillo.

Como habló en francés los empleados le contestaron lo mismo, y así sería todo el tiempo, seguramente en atención a ella, como la noche pasada.

—Sí, sidi, todo —afirmó el veterinario—: Operamos el agrión del zaino y como te comunicamos por teléfono, ya se repone satisfactoriamente en la enfermería; en cuanto a los dos que padecían adivas, también les va remitiendo progresivamente la inflamación, dentro de una semana podremos reintegrarles a todos a la cuadra.

—¿Ningún síntoma preocupante que nos haga temer la epidemia?

—Comprobado, sidi —dijo el ayudante moro, y añadió indicando a su jefe—: aquí, el albéitar, ha estado muy pendiente.

—Lástima de caballos que han tenido que sacrificar en España —habló otra vez el veterinario—, pero no podían hacer otra cosa. Cuando el animal está tocado y ya no tiene remedio lo mejor es sacrificarlo antes de que contagie a sus congéneres.

Acto seguido se les acercó el mozo de cuadra y le entregó un cartucho lleno de trozos de azúcar cortados de un pilón, y sin más, con la bolsa de azúcar en una mano y llevándola abrazada, se adentraron los dos en la cuadra.

Las cinco primas se quedaron fuera, ellos continuaban sin recordarlas.

Todo estaba limpísimo, no había malos olores.

—Además de la higiene disponemos de un sistema de ventilación muy bueno.

En habitáculos separados por bajos tabiques de mampostería encalados había unos veinte caballos purasangre. Suzanne reconoció inmediatamente a uno.

—A este ya le conoces, pero voy a hacerte la presentación oficial: se llama Emir; como ves yo no tengo título pero mi caballo sí. —Le retiró el brazo de los hombros, sacó del cartucho un terrón de azúcar y se lo ofreció al animal, quien, con prisa glotona, alargó el cuello y el belfo y atrapó la golosina.

—Aquí tienes a Mestizo, lleva el nombre del padre, que fue un alazán español al que emparejamos con una estupenda yegua marroquí, también de color canela. Ha ganado importantes trofeos en hípicas internacionales, casi todos han participado en el Derby de Epsom And Ewell y han obtenido muy buenos premios. Observa ahora esta potranca con el lunar blanco estrellado en la frente, se llama Alheirí... El cervino es Rayo. El tordo, Lucero... Aquel, Alannar... Este no podría llamarse de otro modo, Noir.

—Es un caballo precioso.

—Sí que lo es, pero no de fiar. Es un maldito resabiado.

Blancos y negros había algunos, pero ninguno tan blanco como Emir ni tan negro como Noir.

No se detenían ante todos los habitáculos, no obstante, aunque fuese de pasada, Cheik Abdelkrin les daba a cada uno su terrón de azucar.

En un corral, en unión de cinco lustrosas yeguas, tres zaínas y dos alazanas, retozaban seis graciosos animalitos con las extremidades sobre las que aún no podían mantenerse firmes exageradamente largas: dos potrancas y cuatro potrillos, y excepto uno que era castaño oscuro, los otros, todos tenían lunares.

Las yeguas no parecieron inmutarse al ver aparecer a los humanos, por el contrario, los pequeños, cándidos y curiosos se fueron acercando remoloneando a la valla donde al final se quedaron apiñados. Estaban tan graciosos que Suzanne se echó a reír, en tono bajo para no asustarles. Luego se acuclilló e introdujo una mano cautelosa por entre las tablas hasta llegar a ellos y acariciarles, hablándoles suavemente.

—¿Qué pasa, bonito? ¿Y tú, pequeñaja preciosa, qué me dices? ¡Qué bonitos sois todos, tenéis el pelo como de seda! —Levantó la cara para mirar al muy sonriente Cheik Abdelkrin—: Fíjate, no se asustan de mí.

—Si hubieras hecho un movimiento brusco se habrían sobresaltado y se habrían retirado de la valla, pero con tu dulce voz y tus tiernas caricias ya estarán todos enamorados de ti.

—¿Y estas monadas cómo se llaman? —preguntó ella, poniéndose de pie.

—Todavía no tienen nombres... Y se me acaba de ocurrir una idea, verás: dentro de unos días se los van a llevar a una finca que poseo en Marrakech, ¿qué te parece si los bautizamos ahora entre tú y yo?

—De acuerdo —rio ella—, cada uno le pone nombre a tres. Empieza tú.

—De ninguna manera, las damas primero. ¡Espera un momento! Mete una mano por el escote de mi túnica, ahonda un poco, enseguida hallarás un bolsillo superior para anotar los nombres y características de cada uno, para que luego no se produzcan confusiones... ¡Vamos, es muy sencillo!

Seguro que sí, pero no para ella. En cuanto tuviera ocasión iba a consultar a un psicoanalista, porque lo que le ocurría con Cheik Abdelkrin era demasiado, tenía que ser psicosomático. Hacía unos momentos, cuando él le dijo lo de su dulzura y sus tiernas caricias a los potrillos y que ya estarían todos enamorados, se sintió inundada de calor, y ahora, ante la perspectiva de introducirle una mano por el escote de la túnica e irle palpando el pecho, sintiendo su calor, se sintió tan turbada que hasta le costaba respirar, y le ocurrió lo de siempre, se solivianto y se le encrespó:

—¿Por qué no lo haces tú mismo que, como sabes dónde lo tienes, lo encontrarás enseguida sin necesidad de ir tanteando, buscando?

—¡Porque yo tengo las manos sucias de los belfos de aquellos golosos! —exclamó él, sin enfadarse, risueño.

—¡Yo también las tengo sucias de haber tocado a los potrillos!

—No es lo mismo.

—¡Como si lo fuera! ¡Además, tendrás una mano sucia, pero esa —señaló, acusadora, a la que llevaba el cartucho— la tienes limpia porque no has tocado con ella ningún belfo!

—¡Ah, caramba, no había caído en el detalle! —exclamó él todavía más risueño, alargándole el cartucho donde aún quedaban trozos de azúcar—. ¿Lo sostienes un momento?

Cuando Suzanne, callada, cogió la bolsa, él hizo lo que le había dicho que hiciese ella, sacando al momento lo anunciado, y siempre de lo más risueño se lo entregó todo y le retiró de las manos el cartucho.

Avergonzada de su arrebato (¡porque había que ver los sofocos que le daba aquel moro!), ella hizo un esfuerzo por serenarse.

—Ya puedes empezar —la animó él.

—Bueno..., aquel marrón con lunares, propongo que se llame Recesvinto. No sé por qué se me ha venido a la cabeza el nombre del rey visigodo...

—Vale, es un buen nombre. Yo, al zaino, lo bautizo con el nombre de Apolo.

—Espera, voy a anotarlos. Hecho. La potranca color canela con lunares, que nos está mirando con tanto candor y tanta gracia, sugiero el nombre de Candidagracia.

—¡Bravo, ese sí que es un nombre original, y bonito para una yegua tan hermosa como va a serlo ella!

—Ya lo tengo apuntado. Te toca.

—El que está al lado de Candidagracia se llamará Intrépido... Ya sé, no es muy original, pero sí sonoro.

—Vale. Mientras lo apunto ve pensando en cómo le vas a llamar al otro potrillo, porque yo me escojo a la potranca, y como mi elegida tiene los ojos del color de la miel de mil flores, no tengo que pensarlo mucho, ya lo tengo, Melflor.

—¡Bonito nombre también!

A Cheik Abdelkrin no se le borraba la sonrisa de los labios, y ahora a Suzanne tampoco.

—¿Qué te parece llamarle, al último, Nabucodonosor?

—Un poco largo, pero por sonoro que no quede.

Después de anotar el último nombre les dedicaron atención a las yeguas.

—Las madres ni se inmutan.

—¡Que te crees tú eso! Aunque me conocen no han cesado ni un segundo de vigilarnos y de vigilar a sus retoños.

—Pero no se acercan.

—Ya verás como ahora se acercan —diciendo esto, él hizo sonar los trozos de azúcar dentro del cartucho.

Fue de asombro y de risa. Inmediatamente las cinco yeguas pusieron las orejas enhiestas, y, decididamente, aunque sin perder la compostura de yeguas bien educadas y orgullosas madres, echaron a andar hacia la valla.

Rodeando el corral llegaron al término de la cuadra donde había seis habitáculos, solo tres estaban ocupados, cada uno con una yegua en avanzado estado de gestación. Dos eran color castaño, una de tono ceniza. Las zainas, desdeñando el montón de paja que había en cada habitáculo, permanecían de pie. La de tono gris estaba echada; no obstante, todas se acercaron sin remilgos al reclamo de la extendida mano de Cheik Abdelkrin con el terrón de azúcar, pero la grisácea regresó enseguida al lecho.

—Como puedes apreciar las tres están preñadas. Fíjate en esta —dijo él sin necesidad de señalar, puesto que finalmente se habían detenido frente al habitáculo ocupado por la yegua color ceniza—, me da la impresión de que ya se le está presentando el parto... A ver si tengo suerte y alguna pare un potro completamente blanco, ya que quien las ha cubierto ha sido Emir.

¿Por qué se le ocurriría a ella preguntar como a la más inocente de las criaturas «a las tres»?

—Sí, a las tres. Es un caballo muy potente sexualmente, se parece al amo —rio él entre dientes, y continuó—: Naturalmente las montó por separado, si le hubiéramos dejado solo con las tres en el acaballadero, me lo matan, ¡hasta coces y mordiscos le daban al pobre enamorado! Las tres eran primerizas y él, más bruto todavía que ellas, que a fin de cuentas solo defendían su virtud, no las trató precisamente con delicadeza, iba a lo suyo, por su placer sexual, y todo lo demás le importaba menos que una brizna de paja; pero el tío, con inteligencia y una estrategia increíble, en cuanto que se veía en el acaballadero con la yegua de turno, sin hacer caso a coces ni mordiscos, la acorralaba en un rincón, se le subía encima, la arremetía con fuerza y la penetraba...

¡Y que no se reiría él ni nada, si ella le mandara callar!

Por tanto, silenciosa como una muerta aguantaba estoicanente.

—¿Y quieres saber lo que ocurrió al final?

¡No, ella no lo quería saber! Pero como no dijera ni esta boca es mía, él continuó igual que si le hubiese contestado afirmativamente:

—Como es norma para tener más posibilidades de que las yeguas se quedan preñadas, hicimos que Emir las montara a cada una varias veces consecutivas, y cuando le veían llegar al acaballadero le recibían con relinchos; yo diría que eran relinchos de amorosa salutación, porque las había enamorado, ¿no te parece?

A ella no le parecía ni le dejaba de parecer nada. Ella se hallaba con un ofuscamiento total. A ella le zumbaba la cabeza como si el riego sanguíneo le hiciera cloc, cloc, cloc. A ella le pitaban los oídos ensordeciéndola; aunque no por ello dejaba de oírle perfectamente. Ella solo tenía capacidad para desear que se callara.

—Resulta una experiencia muy interesante presenciar la cópula de los animales de gran alzada, ver cómo llegan al perfecto acoplamiento sexual guiados por el instinto. ¿No has visto nunca copular a un caballo y una yegua...?

—No, ni me interesa en absoluto —habló al fin, seca.

—Estás pensando que soy poco delicado, lo estoy leyendo en tu cara.

—¿Poco delicado? No, estás leyendo muy mal en mi cara.

—Comprendo. Yo soy así, no me gustan los eufemismos, y me parecería una ridiculez decir que el corcel les hizo el amor a las yeguas si fue una triple violación.

—Pero podrías haberte ahorrado detalles que nadie te pidió.

—Eso sí —aceptó él sonriendo al estilo lobuno—, pero no me pude resistir a la tentación de turbarte, otra vez.

—Ya, yo te inspiro la indelicadeza, me lo dijiste en el coche.

Cheik Abdelkrin recuperó la seriedad grave, circunspecta.

—En el coche nos dijimos muchas cosas, los dos, porque tú tampoco te quedaste corta; supongo que lo sabes y que también lo recuerdas, y cuando mucho se habla, mucho se yerra. Por favor, perdóname, sonríeme como antes cuando jugabas con los potrillos. Gracias, corazón, te prometo no volver a decir burradas esta mañana.

—¡Ah, esta mañana! —rio ella.

—Es una manera de hablar. Deseo que tengas un caballo de tu exclusiva propiedad, para que lo montes siempre que quieras. Dime el que prefieres, si no te acuerdas de cómo eran regresamos por el mismo sitio y vuelves a echarles un vistazo.

—Me acuerdo muy bien, especialmente de los que me gustaron más —dijo ella, enseguida, sin hacerse de rogar, terminando con seguridad—: elijo a Noir.

—¡Vaya por Dios, has escogido el peor! Ya te dije que ese caballo no es de fiar.

—Yo sé montar muy bien —casi se ofendió ella.

—Estoy enterado de ello, pero es lo mismo.... Bueno, de todas formas cuando lo montes te acompañaré con Emir.

En la salida se lavaron las manos bajo un grifo que había a propósito sobre un aguamanil y se secaron con toallas blancas que les ofreció el veterinario español...

—Subid al sotabanco y buscad en mi guadarnés de lujo la montura carmesí y oro con los guilindujes a juego y tenedlo siempre a mano, para el instante en que mi esposa os mande recado para que ensillen a Noir, pues desde este momento ese es su caballo —tras su orden, Cheik Abdelkrin habló de otra cosa—: He visto a la yegua grís fría y remolona, si no queremos que desgracie a la cría hay que vigilarla mucho.

—Descuida, sidi, esta noche se quedarán ellos cuidándola —dijo el veterinario indicando al mozo de cuadra y al yegüerizo, que como antes permanecían retirados—. Si pasa algo me avisarán enseguida con un móvil que les hemos proporcionado.

—Me duele que mis servidores tengan que pasar por estas molestias.

—Estamos aquí para servirte, mi emir —habló por primera vez el yegüerizo.

—Sé que sois fieles servidores y, puesto que hay que vigilar a la yegua, trataré al menos de que vuestras obligadas vigilias sean lo más llevaderas posible, nada de pasar la noche allí dentro, donde por muy bien renovado que esté el aire nunca es completamente puro, os quedaréis aquí en el patio, podréis oírla si se queja, y dos o tres veces durante la noche os acercáis y le echáis un vistazo. Ahora vais al almacén y le decís a sidi Shilbi, el intendente, que os dé un par de colchonetas y mantas. Y yo mismo le diré a sidi Alí, para que lo avise en la cocina, que os preparen termos con té, o café con leche, lo que queráis, algo de bollería y bocadillos.

Suzanne estaba estupefacta, jamás hubiese imaginado aquella faceta de Cheik Abdelkrin, con sus aires de sultán y preocupándose por tales vulgaridades, por el bienestar de dos empledos, tal vez los más humildes de todos sus sirvientes, porque no pasaran mala noche, porque no respirasen el aire viciado, ni tuvieran hambre ni frío.

Ver para creer.

—Me alegro de poderte coger otra vez —dijo él rodeándola con el brazo, cuando salían de la cuadra, y añadió como si se disculpara—: Antes no podía, con una mano ocupada por el cartucho de azúcar y la otra llena de babas de caballos.

Las primas les esperaban fuera, y Suzanne, que las había olvidado por completo, al verlas de nuevo se preguntó qué placer le estarían sacando siguiéndoles, además, sin interesarse por nada, ni antes en el interior del castillo ni ahora habían entrado a ver los caballos; podría ser porque ya lo tenían todo más que visto, ¿pero entonces para qué les iban detrás, no tenían nada mejor que hacer para distraerse?

Pasaron bajo limoneros, en el suelo se veían muchas flores, claros indicios del azote de la lluvia nocturna. A pesar de ello en los árboles todavía quedaban bastantes...

—Espera, no te muevas —dijo él, y durante unos minutos estuvo insertándole florecillas en el pelo, mientras ella se sometía pacíficamente y en silencio a sus manejos. Al final se quedó mirándola, embelesado:

—¡Qué preciosa eres, si te hubieras dejado el pelo suelto ahora parecerías un ninfa de los bosques y yo me convertiría en sátiro!

Dentro de un gran macizo de claveles de todos los colores había un viejecito reseco y renegrido, y tan encorvado que parecía que tenía un cojín en la espalda, debajo de la ropa. Con increíble parsimonia se dedicaba a quitar de entre las plantas los caracoles y las malas hierbas, y como hacía un sol espléndido y aparte de tener puesta una chilaba de lana seguramente llevaría allí mucho rato, se le veían los chorros de sudor resbalando por los profundos surcos del envejecido rostro.

Se detuvieron enfrente, Cheik Abdelkrin le habló, el viejo moro respondió con humildad y respeto; luego ellos se retiraron y él se quedó con su tarea.

—El pobre anciano estaba sudando a chorros.

—Ya me di cuenta, pero le dije que se fuera un rato a descansar debajo de los limoneros y me contestó que de ninguna manera podía hacerlo, que las malas hierbas y los burgados habían proliferado mucho con las lluvias, y que la señora, acompañada como siempre por el señor, había pasado por aquí ayer tarde y le había amonestado por el descuido de sus claveles. ¿Sabes a qué señora y a qué señor se refería?

—¿A tus padres? —preguntó a su vez, impresionada.

—Sí, a mis padres —y continuó él, explicándole—: Estos claveles son importados de España, concretamente de Sevilla. Mi padre hizo traer esquejes *ex profeso* para complacer a mi madre, pues era su flor favorita, y este fue siempre el paseo preferido de ambos. Era muy frecuente, en los atardeceres, verles paseando por aquí tomados por la cintura como dos jóvenes enamorados. A los pocos meses de producirse el fatal accidente de aviación donde perecieron, un día que yo pasaba por aquí, me encontré con este anciano, ya que desde que se plantaron los claveles traídos de España se había tomado como obligación personal dedicarles todo su tiempo a las plantas de su señora, a la que adoraba, y cuando le saludé como he hecho ahora, me dijo: «El señor y la señora, tus padres, acaban de pasar por aquí, se han internado por entre los limoneros, si te das prisa podrás alcanzarles, porque van muy despacio». Me conceptúo un hombre psíquicamente fuerte, si bien es cierto que jamás me había dado la vida un golpe tan brutal como aquel de arrebatarme a mis amados padres de manera tan cruel e inesperada cuando todavía gozaban de juventud y salud; pero las expresiones del pobre viejo me conmocionaron de tal modo que, créeme, me quedé sin habla. Después me he acostumbrado, porque siempre que lo veo me hace alguna alusión a ellos, como si continuaran en vida y siguiera viéndoles paseando por aquí.

—¿Puedo hacerte una pregunta, tal vez indiscreta?

—Pregúntame lo que quieras, te contestaré con mucho gusto.

—Se trata de tus familiares franceses, los parientes de tu madre, no les nombras nunca, nadie les nombra...

—Me desgrada enormemente el tema, sin embargo me alegro de que lo hayas suscitado porque deseo que conozcas la historia: mis padres se conocieron en París donde ella vivía y donde había nacido y se enamoraron. Como sabían que las familias iban a oponerles trabas, en secreto se citaron en un juzgado y contrajeron matrimonio; así les presentaron los hechos consumados y, como eran mayores de edad, nadie pudo anular la boda. Los padres de ella no llegaron a aceptarlo nunca, los de mi padre, a la larga, sí. Según nos contaron a mi hermano y a mí, aquí en el castillo hubo larguísimos conciliábulos familiares; había quienes exigían que le fuera arrebatado de inmediato a mi padre el derecho al mayorazgo; pero en eso, mi abuelo paterno, el que vivió en El Rif, ya sabes, que era un tío con toda la barba —sonrió fugazmente—, dijo que el mayorazgo no era una camisa de quita y pon, y que si bien con las lógicas reservas estaba dispuesto a recibir en su casa al irrespetuoso hijo que se le había desmandado del redil, y a la esposa que había escogido de su libre albedrío sin consultárselo siquiera, y que más tarde ya vería si era conveniente hacer algunos ajustes. Lo de los ajustes era la idea que tenía de que mi padre se casara también con una mujer árabe, con miras a la descendencia. Pero mi padre, que además de estar locamente enamorado de mi madre, en lo de la barba no le iba al suyo a la zaga y al que, por otra parte, no le arredraba el porvenir porque desde muy joven se había dedicado a los negocios por su cuenta y poseía una muy saneada fortuna personal y ya lo había organizado todo para establecerse en Tánger con su esposa, respondió a la misiva del padre, que nada de reservas ni ajustes, que reservas él nunca las había tenido con su mujer y que el único ajuste era el de su matrimonio y ya estaba hecho y consumado a plena satisfacción; por lo tanto, o su esposa era recibida en el seno de la familia con todos los honores o él no volvía a casa nada más que de tarde en tarde y únicamente como visitante. Mi abuelo, orgulloso como un rey, le respondió a su vez diciéndole que con él no valían arrogancias y que tuviera en cuenta que no era hijo único, que tenía hermanos varones. A la velada amenaza, mi padre le contestó que no estaban en el zoco para tanto tira y afloja, que le dejara tranquilo disfrutar de su luna de miel con su mujer, que los derechos del mayorazgo se los pasaba él por los zaragüelles. En vez de encolerizarse mi abuelo por tamaña grosería y falta de respeto y desheredarle inmediatamente, creo que leyendo la carta daba unas risotadas que se oían por todo el castillo. Y le escribió de nuevo, simulando que estaba colérico, diciéndole que aquellas palabras iba a hacérselas tragar en cuanto se hallase en su presencia, pero que, como era justo, viniera con su esposa, que, por supuesto, sería bien recibida, ya que no eran unos bárbaros que no supiesen tratar a las mujeres; pero que no creyera que con aquella concesión había ganado el pleito, que a la francesa la aceptarían con reservas, y más adelante se pronunciaría definitivamente. Y mi padre vino al castillo con su esposa, y a todos, empezando por mi abuelo, les encantó desde el primer instante su serena belleza, su educación y su distinción de gran dama; pero sobre todas las cosas, lo que más pesó en el ánimo de mi abuelo fue cerciorarse del inmenso amor que se profesaba el joven matrimonio, y antes del mes, en el salón de recepciones, se celebró una gran fiesta donde Helén Courcel fue presentada como la esposa de sidi Cheik Abdelkrin, primogénito de la noble dinastía de los Grifos de Marrakech.

—¿Y la familia de ella?

—Mi abuelo materno era almirante de la marina francesa. Eran gente rica, pero no tanto como nosotros, ni de alcurnia. Se encerraron en su orgullo sin querer saber nada. Mi madre, creyendo que mi padre no se enteraba porque respecto a aquel tema tan delicado prefería hacerse el ignorante sobre todo para que ella no sufriera más, escribió varias veces a los suyos; pero la pobrecita solo recibió la callada por respuesta, ni siquiera le contestaron cuando les notificó el nacimiento de sus hijos, primero el mío y después el de mi hermano. Cuando yo tenía cinco años y mi hermano era solo un bebé de algo más de uno, sucedió algo que, a pesar de ser tan pequeño, me dejó un recuerdo imperecedero. Aprovechando una corta ausencia de mi padre, mi madre nos cogió y, sin hacerse acompañar por nadie, ni por guardaespaldas, ni siquiera por la niñera, decidida tomó el avión para París. Cuando aterrizó el avión llovía torrencialmente. Un taxi nos llevó al domicilio de mis abuelos. Mi abuela recibió a la hija como si fuera una extraña, a nosotros ni nos miró. Hablaron unos momentos, mi abuela le dijo a mi madre que esperase en el recibidor mientras ella iba al despacho a ver si el padre podía recibirla; pero mi madre, obedeciendo a un impulso, en vez de quedarse esperando, siempre con mi hermano en brazos y conmigo cogido de una mano, la siguió. Mi abuela entró en el despacho dejando la puerta entornada y mi madre pudo oír lo que hablaron. Mi abuela le notificó a mi abuelo que ella había llegado de Marruecos y que estaba esperando en el recibidor. Mi abuelo preguntó que si vino sola. Ella le respondió que el moro no había ido pero que había llevado a los moritos. Él le contestó con cruel arrogancia que si la hija quería verle que se llevara de su casa a las pequeñas pestes y que regresara sola, que quizás todavía podrían arreglar las cosas si estaba dispuesta a abandonar al marido moro y a los hijos marchándose una larga temporada al extranjero.

—¡Pero eso fue una crueldad! —exclamó Suzanne sin poderse contener.

—Tú lo has dicho. ¡Pobre madre mía, cuánto debió sufrir!

—¿Qué más pasó?

—Mi madre no quiso seguir escuchando, tragándose las lágrimas se retiró y, sin que nadie la viera, salió de la casa; corriendo bajo la lluvia con mi hermano en brazos y conmigo cogido con la otra mano, resguardándonos como podía del aguacero pegándose a las paredes de las casas y pasando bajo los balcones, al fin consiguió un taxi que nos llevó nuevamente al aeropuerto, donde después de esperar casi tres horas embarcamos en el avión de regreso a casa. Esto es lo que recuerdo y jamás olvidaré, aunque también puede ser que lo recuerde mejor por lo que nos contó nuestra tía Salma cuando ya éramos mayores. Menos mal que mi madre, además del gran amor que le profesaba su esposo y el aprecio de toda la familia de él, también contaba con el cariño, como de auténtica hermana, de mi tía Salma, que siempre fue su confidente.

—¿No volvió a tener noticias de los padres?

—Directamente, no, por los periódicos se enteró del fallecimiento del padre. Publicaron un extenso reportaje biográfico sobre él, ensalzándole como marinero de gran raigambre militar y como hombre ponderado y humanitario. Ganas me dan de reír cuando recuerdo la cantidad de mentiras que dijeron. Mi madre lloró, y sabemos que pasados unos días, otra vez aprovechando una corta ausencia de mi padre, confiándose únicamente a mi tía Salma, fue a París, a visitar la tumba del padre y rezarle una oración. Con la madre fue diferente, la esquela mortuoria la publicaron enseguida de producirse el óbito y pudo asistir al entierro acompañada por mi padre, ambos de incógnito: ella con la cabeza y la cara cubiertas por un gran manto negro y mi padre ataviado a la europea con grandes gafas oscuras. Al parecer despertaron curiosidad, pero nadie les identificó como a la hija y al yerno de la difunta. Además, permanecieron muy poco tiempo en el cementerio, se marcharon antes de finalizar la ceremonia.

—Pero quedarán más parientes.

—Supongo que sí, pues tengo entendido que no era hija única; pero cuando murieron mis padres nadie de ellos hizo acto de presencia. Para mí y para mi hermano y, por supuesto, para todos los míos, esas personas no existen, no son nada nuestro.

Hacia donde quiera que mirasen solo había claveles de todos los colores.

Él la soltó, arrancó uno blanco, y se lo ofreció:

—Mi madre decía que los blancos son los que mejor huelen.

—Gracias —le dijo ella cogiendo el clavel, lo olió y añadió—: Tu madre tenía razón, huele deliciosamente —se quedó con la flor en la mano y así la llevaría durante todo el paseo.

CAPÍTULO XXII

El camello ha pateado lo que primero había laborado
(Proverbio árabe)

A través del follaje de diferentes árboles se divisaba un remanso de aguas cristalinas; los rayos del sol impactaban en ellas, reverberando, formando irisados reflejos, como si el fondo estuviese cubierto de diamantes.

—Es la piscina, si deseas bañarte desnuda me lo avisas con antelación, retiro a todo el personal de los alrededores y me quedo vigilando para que nadie perturbe tus juegos en el agua. Parecerás una dríada con los cabellos sueltos... ¡Qué maravilla!

Ella prefirió no replicarle, a continuación se internaron por un sendero y, sorteando charcos de agua, llegaron a un gran macizo de adelfas, lo rodearon y de repente se toparon con lo que parecía un infranqueable muro de plantas enredaderas, como si hubiesen llegado al límite del hermosísimo jardín; pero por lo menos el muro no era infranqueable, pues él, tras dirigirle a ella una mirada y una sonrisa como de travesura, la soltó otra vez, se arremangó las mangas de la túnica dejando al descubierto unos brazos fabulosamente musculados, quedando de manifiesto que las mangas de la camisa que llevaba eran cortas, se inclinó y, con entusiasmo, se puso a apartar ramas con ambas manos, sin soltarlas, ingeniándoselas para retenerlas a los lados, hasta abrir una brecha lo suficientemente grande como para que pudiera entrar una persona.

—Agáchate y entra —la invitó con la cara alzada, siempre muy sonriente.

—¿Que me meta por ese boquete? —casi se asustó ella.

—Claro, con tu esbeltez no te será nada difícil, yo que soy mucho más grande pienso seguirte, no creerás que voy a dejarte sola al otro lado. Entra sin miedo; pero ponte las manos delante de la cara, por si se me escapara alguna rama, aunque no son espinosas podrían arañarte.

—¡Qué idea! ¿Para qué quieres que me meta por ahí?

—Para subir a un alto mirador que se halla en el adarve, detrás de la almena. Desde allí se divisa un panorama impresionante... ¿Qué esperas? ¡Entra sin miedo!

—¿No habrá bichos?

—No hay bichos, los jardineros se encargan de fumigar muy a menudo.

—Me refiero también a bichos grandes, no solo a insectos.

—No, tampoco hay bichos grandes... Vamos, mujer, no seas miedica.

Mientras él, sin soltar las ramas, aguardaba pacientemente a que se decidiera, ella se inclinó, pasó por debajo de uno de sus brazos y atisbó por el boquete, pero solo vio follaje; alzó la cara, y lo que vio ahora fueron los blanquísimos dientes y el brillo de las claras pupilas del hombre; esto la ofuscó y preguntó un poco a lo tonto:

—¿Dónde está la escalera para subir al mirador? No se ve nada.

—Ya verás la escalera, entra.

Sin tenerlas todas consigo, bajo los brazos y la chispeante mirada de él, Suzanne inició la entrada por el boquete, por cierto de una manera un poco rara, de lado, metiendo la cabeza y medio cuerpo con el correspondiente brazo y la pierna, y justo cuando se hallaba en tan incómoda postura se le ocurrió decir al muy malvado:

—Quizás a algún jardinero le haya pasado inadvertida alguna culebra.

Ella dio un grito, pero tal vez porque ya el resto de su cuerpo junto con la extremidad superior y la inferior que le quedaban fuera habían tomado impulso y además la cabeza que tan importante es también estaba dentro, al oír lo de la culebra, en vez de salirse de un salto, se proyectó hacia el interior.

Cheik Abdelkrin la siguió riendo, y se la encontró mirando a todos lados con los ojos desorbitados, respirando agitadamente, apretándose la boca con las manos, pero sin soltar el clavel blanco.

—¡Mira que eres crédula y tonta! ¿Cómo vamos a tener culebras aquí? ¿Crees que dispongo de un criadero para mis salas de tortura?

—¡Eres un bruto! —se le enfrentó, iracunda—. ¡Me has dado un susto de muerte! ¡Dios mío, el corazón me late como un tambor!

—A ver...

—¡Eh, tú, abajo las patas!

—¿Qué patas? ¿Quién tiene patas? —preguntó él con expresión perversamente inocente, y sin quitarle la mano que le había colocado sobre un seno.

—¡Quítame la manaza de encima!

—¡Ah, bueno, eso es otra cosa, la manaza! De acuerdo, ya la quito, solo he querido comprobar si era cierto que el corazón te late como un tambor; aunque los tambores no laten, baten, y de paso me ha servido para hacer otra comprobación que tenía muchas ganas y sobre lo cual no cesaba de hacerme cábalas y ahora ya estoy seguro: que tus senos y mis manos parecen hechos a la justa medida. ¿No llevas sujetador, verdad? O es de encaje tan finito que es como si no llevases nada... ¡Me chiflan esos sujetadores!

—¡Oye tú, como vuelvas a...!

—¡Caramba, no te enfades tanto! ¿No sabes aguantar una broma?

—¡Es que ya son demasiadas bromas, me estás resultando muy bromista, y muy sádico, gozas aterrorizándome!

—Y turbándote, porque la turbación, como el miedo al que en buena medida se parece, opino que es una manera de hacer sufrir, y tengo que confesarte que gozo lo indecible viéndote turbada. Pero me parece que te has olvidado de algo muy importante: que soy tu marido y tengo derechos.

—¡Esos derechos también son muy discutibles!

—¡*Touché*! Perdóname, reconozco que esta vez me he pasado —cambiando el tono de voz se puso a hablar, muy serio, solemne—: Escúchame con atención, Suzanne Desbois, pues deseo fervientemente que te grabes en la memoria para siempre lo que voy a decirte: jamás, óyeme bien, jamás te haré daño, ni permitiré que te lo hagan, si alguna vez te dijera «tírate de cabeza a ese pozo», aunque te asomaras y te pareciera que el fondo estaba lleno de alimañas ponzoñosas, confía en mí y lánzate, porque al llegar abajo solo hallarás pétalos de rosas que te envolverán en sus delicadas fragancias.

A continuación, se produjo un profundo silencio; un sosiego tan extraordinario que impresionaba, y ella, emocionada, lo cual era el colmo, miró a su alrededor.

Al entrar él y soltar las ramas, automáticamente habían vuelto a su estado natural y la brecha se había cerrado como si jamás se hubiera abierto. Se hallaban en una cabaña, tan pequeña que apenas hubieran podido caber otras dos personas, apretadas unas con otras. Estaba formada con vegetales, excepto una puerta. El techo era tan tupido que no lo penetraba ni un rayo de sol, por tanto, reinaba la penumbra y, seguramente por lo mismo, no había ni rastro de las torrenciales lluvias nocturnas, el suelo, de tierra apisonada y encalado, ni se veía húmedo. Parecía una cabaña encantada donde podrían aparecer de pronto: stragos, gnomos, duendes y hadas. La puerta aludida era de madera pintada de color verde, quizás para conjuntarla con el entorno y muy baja. No podía ser de otra manera ya que el techo era tan bajo que Cheik Abdelkrin tenía que estar inclinado para no rozarlo con la cabeza; aunque también es cierto que él era altísimo. La puerta tenía una argolla de hierro, como una aldaba para atar los caballos; pero allí no podría entrar ninguno, no cabría.

Él fue, cogió la argolla, tiró, la pequeña puerta se abrió y ella, que le había seguido, se inclinó, se asomó y vio que allí mismo, en el dintel, empezaban los peldaños igualmente encalados de una escalera estrecha y empinada, encuadrada por dos muros que finalizaban en un altísimo techo que se perdía en la más pavorosa oscuridad, a pesar de que por la parte de abajo había bombillas, en los muros, y estaban encendidas. Pero eran de escasa potencia; de manera que aquello parecía un oscuro túnel con escalones.

Se enderezó y miró al rostro de él, que había recuperado la sonrisa y le devolvía la mirada.

—¿Vamos a subir por ahí? —preguntó en el mismo tono de antes.

—¡Claro! ¿Por dónde si no?

—El aire ahí dentro debe estar enrarecido...

—Nada de eso, hay respiraderos.

—¿Y por dónde se sale al mirador?

—¡Por una puerta, naturalmente!

La perspectiva de subir por aquella escalera no la seducía, pero como le notó nuevamente con ganas de guasa no le opuso nuevas objeciones: Se inclinaron los dos, él mucho más que ella, adelantaron un pie, luego el otro y la cabeza, y ya se pudieron enderezar, estaban en la escalera, en el túnel escalonado.

Y empezaron a subir...

—La ascensión resulta algo complicada, sobre todo la primera vez que se acomete la empresa; pero te aseguro que vale la pena.

Suzanne no decía nada, puesta toda su atención en la complicadísima subida.

—Ningún antepasado mío quiso derribar esta escalera y los muros para edificar otra más ancha y cómoda, y yo tampoco soy partidario, si la retocáramos perdería gran parte de su encanto.

¿Habría murciélagos en la pavorosa oscuridad de arriba? ¡Qué horror!

—Por arriba está muy oscuro, no se ve nada, ni el final de la escalera...

—No te preocupes, por allí también hay bombillas, pero están apagadas; en cuanto subamos un poco más, daré con el interruptor y las encenderé.

—¡Ya lo tengo, esta oscuridad de fantasmas forma parte del encanto!

Él se echó a reír, luego continuó hablando en tono mesurado:

—Esta escalera y el mirador tienen unos antecedentes muy especiales: siempre han sido lugares obligados de visitar por los Abdelkrin enamorados; todos mis antepasados han abierto una brecha con sus manos para que sus amadas pasaran, y todos han subido esta incómoda escalera como lo estamos haciendo nosotros.

—Muy romántico —dijo ella con ironía, sin saber hacia dónde mirar, pues tanto pavor le daba mirar hacia abajo como hacia arriba.

La respuesta de él fue apretarla más contra sí.

Esa era otra, más pegados de lo que iban, imposible. No es que él la fuera sujetando para que no se cayera, es que la llevaba igual que en brazos, materialmente incrustada en su cuerpo, y ella no sabía qué hacer para retirársele un poco de la parte más íntima masculina que sentía en el trasero y evitar el contacto; que no lo evitaba, ni poco ni mucho, no había forma, pues no podía forzar el asunto, podría caerse, por tanto, lo único que hacía era encogerse sobre sí misma, y el muy zorro empezó a soltar risitas sin ton ni son, enervándola todavía más, y aún le creció la turbación cuando le sintió introducirse la mano libre por una de las aberturas laterales que tenía la túnica simulando bolsillos. Esto lo sabía porque se había fijado antes, cuando estaba agachada acariciando a los potrillos, y supuso que llegó a un bolsillo verdadero que tendría en los zaragüelles, y desde allí él sabría lo que se estaba colocando de manera que no se le hiciera demasiado evidente, porque ahora también sentía el contacto indirecto de aquella mano, ¿cómo no iba a sentirlo?; aunque él procedía con bastante discreción, hasta encogió a su vez el vientre...; bueno, tenía que encogerse, ¿cómo si no iba a poder meter la mano, dentro del bolsillo, entre los dos?

Ya estaba bien, no quería continuar imaginando, ni barruntarse siquiera qué estaba haciendo Cheik Abdelkrin; pero se lo imaginaba y se lo barruntaba, porque ya se sabe cómo es la mente, que cuando se empecina en sugerir cosas no hay quien la pare.

Y, por añadidura, la pavorosa oscuridad de arriba de la escalera, ¡menuda aventura la subida al mirador!

—Te noto mirar hacia arriba recelosa: ¿temes que haya fantasmas?

—No, murciélagos.

El soltó una estentórea carcajada que pareció rebotar de muro a muro.

—¡Corazón, eres deliciosa, deliciosa!

A los escasos segundos tanteó con la mano libre aquel lado de la pared, dio con el interruptor, lo accionó y se iluminó, más o menos, la parte de arriba.

—Supongo que te habrás quedado tranquila; como puedes apreciar no hay murciélagos, si los hubiese habrían salido revoloteando, dándose trompicones contra los muros, rozándote los cabellos con sus grandes alas membranosas... ¡Brrrrr!

—¡Calla, antipático!

—Y tú, además de preciosa, muy graciosa.... ¡Eres un encanto!

Finalmente, sin nada más digno de mención, sin caídas, descalabraduras, ni nada por el estilo, ¡loado sea Dios!, culminaron la proeza, llegaron al último peldaño que formaba un rellano bastante cómodo, si no se miraba hacia abajo.

Y allí estaba la puerta para salir al mirador, tan pequeña como la otra, cerrada con un pestillito. Sin soltarla a ella, alargó él un poco la mano derecha, descorrió el pestillo, empujó hacia fuera, la puerta se abrió, ambos se agacharon, dieron un paso adelante y ya estaban fuera, sobre suelo llano de cemento también encalado en la intensa claridad solar.

Bien, ya habían subido la terrorífica escalera, lo malo era que tendrían que bajarla, y no iba a ser más fácil, porque solo con mirar hacia abajo daban escalofríos, ya que iría viendo a sus pies el estrecho túnel escalonado igual que un hondísimo pozo. En fin, ¿para qué continuar rompiéndose la cabeza?, todos saben eso de la hora tonta, a ella la había pillado uno de aquellos momentos, el tío lo había notado y se había aprovechado, como hacía siempre, aturruyándola con sus palabras y sus risitas. Y allí estaban, en el tan ponderado mirador; aunque ella no le veía nada del otro jueves, y a ver qué hacía ahora, porque tarde o temprano tendría que bajar, aunque fuera tirándose de cabeza, no iba a quedarse allí para siempre, para hacer el resto de su vida en el mirador; si bien en tal caso sería un resto muy corto, porque con aquel sol inclemente, a lo sumo en un par de días, estaría como una hamburguesa a la barbacoa. Hombre, se le acababa de ocurrir un medio que podría facilitarle bastante el descenso, le diría que se pusiera a bajar delante, y ella detrás sentada en los escalones, dejando caer el trasero de uno en uno, y si fallara, como él estaría delante le serviría de parapeto y frenaría su caída.

Detenida en medio del mirador, se devanaba los sesos cavilando a destajo, buscando la solución genial que le permitiese descender sin excesivo miedo, mientras que Cheik Abdelkrin, que finalmente la había soltado para adelantársele, se dedicaba afanosamente en quitar el polvo de un trozo del murete del mirador con un pañuelo.

Aún tenía una idea mejor, acababa de pensar otra cosa. No recordaba si se lo había contado su padre en Rabat o se lo había oído decir anoche a Cheik Abdelkrin, que poseía un helicóptero. ¿O eran los familiares los que tenían helicópteros y él solo el avión? Bueno, era lo mismo, que se lo cogiera prestado a un tío o al que fuera. El plan era el siguiente: le diría que bajara la escalera y se fuera solo, ella le esperaría allí, en el mirador, que regresara con el helicóptero, que sobrevolara la terraza, que le echara una escala de cuerda para que ella se agarrara, la izara hasta que pudiera meterse en el aparato y la sacara de allí sin tener que bajar la escalera.

Muy decidida se le acercó:

—Oye, ¿tú tienes un helicóptero, no?

—¿Qué haces ahí parada? —se asombró él, que como había estado tan concentrado limpiando el murete no se había percatado de la rara actitud de ella—. Ven, acércate —y ya los dos junto al pretil—: Dime si no valía la pena subir la incómoda escalera... ¿Verdad que es impresionante? —Y sin obtener contestación, recordando algo—: ¿Qué decías de un helicóptero?

—Te preguntaba si tenías uno.

—Tengo dos. ¿Para qué quieres saber eso ahora? Déjate de helicópteros y dedícate a recrearte la vista. Observa, todo cuanto puedas abarcar con la mirada, y muchísimo más, me pertenece.

Lejos se veía un bosque, más cerca, palmitos con hojas como abanicos y mazorcas con flores amarillas, chumberas con profusión de flores también amarillas y chumbos, y rosales silvestres carmín. Rutilantes de blancura, clavándose en el azul del cielo como potentes flechas lanzadas por un cíclope: dos afilados alminares de dos mezquitas que tenían trapos colgados en las paredes, y en un plano bastante cercano: casitas encaladas con las puertas y ventanas pintadas color añil.

—¿Las casas y las mezquitas también son tuyas?

—No, las casas y las mezquitas no son mías.

—¡Como has dicho que todo cuanto pueda abarcar con la mirada y muchísimo más te pertenece!

—Las casas son de sirvientes nuestros —explicó él, sin inmutarse, amable—, mi padre las mandó edificar para los que se casaban, como regalos de boda, todavía queda una por ocupar, después será cosa de construir más. En cuanto a las mezquitas, como las iglesias, las sinagogas, o cualquier otro templo dedicado al culto religioso, son casas de Dios, y él, como todo buen padre, comparte sus casas con sus hijos. Esas mezquitas fueron edificadas hace muchísimo tiempo por orden de antepasados míos. La más cercana está dedicada al venerado patrón de los Hamadchas, sidi Alí Ben. Mandouche, que murió en el año mil ciento treinta y cinco de nuestra hégira, es decir, nuestra era musulmana, y su zagüía, o sea, la ermita donde está enterrado, su santuario, se halla en los montes Zerhoun. La secta de los Hamadchas es muy peculiar, el día de su celebración se congregan sus adeptos en grupos, y en una ceremonia con danzas y cánticos de ritual, además de martirizarse el cuerpo con mazas y púas, se golpean la cabeza con grandes piedras, abriéndose impresionantes brechas que pueden llegar a ser mortales.

—¡Qué salvajada!

—Quizás, pero si los Hamadchas creen que abriéndose la cabeza cumplen con sus preceptos religiosos, yo les admiro y les respeto.

—¿Sabes lo que estoy pensando? —sin esperar respuesta continuó ella—: Que tú también serías un buen Hamadcha, de los que no se andarían con tiquismiquis a la hora de abrirse la cabeza con un buen pedrusco.

—¡Que te crees tú eso! —exclamó él echándose a reír—. Tengo en demasiado aprecio mi masa encefálica como para exponerme a perderla, aunque en la historia de mi familia dos ancestros míos fueron destacados Hamadchas.

Después, tras unos segundos de silencio, preguntó ella:

—¿Son promesas esos trapos que tienen colgados las mezquitas?

—Esos trapos descoloridos y ajados fueron ricos chales, trozos de caftanes o de túnicas, y otras cosas, para agradecerle al santón alguna gracia recibida, como puede ser la curación de una grave enfermedad, o para pedirle un favor, como por ejemplo un novio rico, o una bella mujer con una buena dote; por pedir que no quede —rio.

—¿La otra mezquita es del mismo santón?

—No, esa está dedicada a sidi Musa, muy venerado por toda mi familia.

—A lo mejor por ti también.

—¿Por qué no sin fanatismo? Para mí los santos y las santas han sido hombres y mujeres muy buenos que han llevado una vida ejemplar dedicándose a hacer el bien. No creo en milagros, pero venero la memoria de esas personas por lo que han sido, respeto por igual a sidi Alí ben. Mandouche, que a sidi Musa, a San Juan, a San Pedro o a Santa Teresa de Jesús, por ponerte algunos ejemplos —continuó sin que ella dijera nada—: Te diré algo más, me emociona oír al almuecín cuando llama a los fieles musulmanes invocándoles desde la mezquita para la oración, y en el mes de Ramadán escuchar al Neffar, también desde el minarete de la mezquita, tocar por las noches la trompeta Nfir...; bueno, esto tú no sabes lo que es...

—Y ahora me dirás que haces Ramadán...

—¡Claro que te lo digo, me gusta hacerlo y a mi hermano que es cristiano como yo también, y cuando después de todo el día de ayuno llega el atardecer, nos sentimos satisfechos del deber cumplido y un buen tazón de harira nos sabe a gloria! —terminó, riendo, si bien al momento continuó, otra vez serio—: Mi madre también hacía Ramadán con mi padre. Seguramente no sabes que cuando las mujeres están con la regla o embarazadas, se hallan exentas de hacer el ayuno; pero luego deben pagar, o sea, ayunar el mismo número de días; en las fechas que les vienen bien, eso no importa. Mi madre seguía las normas a rajatabla, y cuando llegaba nuestra Semana Santa, la de los cristianos, los días de cuaresma mi padre no cataba la carne.

Era cosa de locos, más valía no hacerle caso. En vez de estar perdiendo el tiempo diciendo tantas tonterías, ¿por qué no la tomaba en sus brazos y la besaba de la manera que sabía hacerlo que la trastornaba dulcemente?

¿Qué estaba pensando, se estaba volviendo loca?

—... Ya te dije anoche que cada uno admiró y adoptó lo que le pareció bueno y justo de la religión del otro.

Durante algunos minutos quedaron silenciosos, acodados en el murete, contemplando la serena belleza circundante, hasta que él se volvió, la miró a la cara muy serio, le tomó delicadamente las manos, se las volvió con las palmas hacia arriba, siempre sin que ella soltara el clavel blanco, inclinó la cabeza y se puso a besarle las leves marcas rosadas haciéndola estremecer de pies a cabeza; pero las palabras que pronunció a continuación la hicieron salir bruscamente del ensueño:

—De esto solamente yo soy culpable, mal que me pese tengo que reconocer que me he portado como un insensato; tú tienes disculpas porque no eres más que una niña, pero yo soy un hombre hecho y derecho, y jugar con una cosa tan sagrada como es el matrimonio ha sido el mayor desatino que he cometido en mi vida. En fin, a lo hecho, pecho; es tarde para el arrepentimiento, pero sí podemos enmendar el error cometido...

¿Qué estaba diciendo? No le entendía.

—... La solución es el divorcio, y pronto, antes de que nos ofusquemos y cometamos un disparate aún mayor que dificulte la separación por parte de la Iglesia.

¡No podía ser verdad lo que escuchaba, algo les pasaba a sus oídos!

—... Hasta llegaríamos a odiarnos, y eso yo no lo deseo.

¡No era cierto lo que oía, no podía ser cierto, no era cierto! ¡No, no, no!

—... Desde que te dejé sola en la sala de baños y después mientras te esperaba en la terraza para desayunar, no he dejado de pensar en nuestro absurdo matrimonio. Puede que te pareciese tranquilo, pero no lo estaba, no hacía más que darle vueltas en la cabeza al asunto y, finalmente, me he trazado unos planes que espero merezcan tu beneplácito; si no fuese así, si en algo estuvieras en desacuerdo, tienes todo el derecho del mundo para opinar —dijo sacando a relucir la sonrisa lobuna—. Escucha lo que he pensado: podrás continuar aquí durante una semana, o dos, todo el tiempo que quieras, ya que abrigo la esperanza de que no me veas tan desagradable como pensabas y me gustaría mucho cultivar tu amistad.

Los oídos los tenía perfectos, como siempre habían sido fieles conductores de los sonidos que habían recogido sus tímpanos. Estaba oyendo y entendiendo bien, ¿y para qué negárselo a sí misma? Estaba desesperada de angustia, de pena, de frustración, de despecho, de rabia, de impotencia, también enfurecida, exasperada, y no sabía cuántas cosas más... Y él, más falso que Judas, mientras le decía todo aquello tan espantoso le tenía cogiditas las manos amorosamente... ¡Trae acá mis manos, animal!

De un brusco tirón se soltó, y el clavel blanco cayó al suelo sin que ninguno de los dos se percatara.

Pero, bueno: ¿quién se creía que era aquel imbécil, un sultán de verdad? Y aunque lo fuese, ¿es que ella no era nadie, no era una mujer bellísima? ¿Qué quería aquel fachendoso, que le implorase amor? ¿Quién se había creído que era el orgulloso, el prepotente, el arrogante, el fatuo, el petulante, el endiosado? ¡Claro, como decía que no le gustaba porque no era femenina! ¿Por qué entonces aquel comportamiento, diciéndole que era muy improbable que fuese a ningún sitio sin él? ¡Si sería cínico! ¡Y vengan besitos, y vengan besazos, y vengan abrazos, y vengan frases rimbombantes! ¿Qué pitorreo se traía con ella aquel moro? Por lo visto era de los que son capaces de estarla estrangulando a una y al mismo tiempo sonriéndole y diciéndole que estaba bellísima y que había que ver lo deliciosamente que se estaba muriendo. ¡Y regalándole un montón de joyas fabulosas y caftanes, y un caballo, advirtiendo a los empleados que buscaran en su guadarnés de lujo la montura oro y carmesí con los guilindujes a juego para enjaezar a Noir en el momento en que la esposa lo ordenase porque desde aquel día aquel era su caballo! ¡Era un comportamiento increíble, a aquel tío no había quien lo entendiera! ¡Que se metiera sus fabulosas joyas, sus caftanes, y su caballo con arreos, guilindujes incluidos, por donde le cupieran! ¡Imbécil, cínico, falso, fatuo, salvaje! ¡Moro! ¡Moro! ¡¡Moro!! ¡¡¡Moro!!!

Tenía que hacer un esfuerzo, por nada del mundo quería llorar en su presencia.

Él, ahora callado, la miraba fijamente a la cara, escrutador; pero nunca antes le habían parecido las exquisitas facciones de Suzanne Desbois tan herméticas. A su vez ella le devolvía la mirada, consiguiendo dominarse a costa de enorme esfuerzo, exteriormente estaba impasible, en su interior librando una auténtica batalla de sentimientos encontrados, hasta pudo hablar sin que le flaquease la voz:

—Eres todo un caballero, como siempre decía mi padre. Supongo que debo darte las gracias por no hacer uso de mí para cobrarte todo el dinero que te debe.

—Me gustaría sobremanera que olvidaras ciertas cosas, pero comprendo que eso requiere más tiempo, y a fin de cuentas yo soy el mayor culpable de esta situación.

—Efectivamente, eres el mayor culpable y nada puede borrar el daño que me has causado desde aquella noche en que te conocí.

—¿Mucho daño, Suzanne?

—Bah, incordios, perturbaciones —se hizo displicente, ganando terreno—, en cuanto se pronuncie nuestro divorcio me iré para siempre de Marruecos, y a lo sumo en un par de meses lo habré olvidado todo; soy muy joven, y muy hermosa aunque esté mal que yo lo diga; tengo por delante toda la vida para ser feliz al lado de otro hombre, así pues, cuanto antes empieces los trámites del divorcio mejor para mí.

—Harás mal en marcharte de Marruecos —dijo él, que ahora estaba intensamente pálido—, pues a partir de ahora tu padre podrá contar con toda mi ayuda y mi apoyo.

—Que se quede él si quiere; ya es hora de que yo me emancipe. Seré una mujer divorciada y libre.

—Tus deseos son órdenes. Mañana mismo mi secretario se pondrá en contacto con mi abogado, verás que fácilmente se soluciona todo, pues contamos con la ventaja de que el matrimonio no ha sido consumado, ni siquiera la Iglesia pondrá impedimentos.

Y sin añadir ni una palabra más, iniciado el primer paso por ella, que de tan ofuscada como estaba de lo que menos se acordaba era de su miedo a bajar por la escalera, salieron del mirador, dejando como muestras de sus pasos la puerta abierta y en el suelo el pañuelo sucio de haber limpiado el murete y el clavel blanco que dentro de muy poco, con tanto sol, estaría completamente marchito.

—No es necesario que te molestes, puedo bajar sola.

—Por favor, Suzanne, este no es el momento ni el lugar indicado para discutir. Si quieres, cuando bajemos, vamos a otro sitio del jardín, o a una estancia o terraza del castillo, donde tú digas, y continuamos hablando del asunto con más calma.

—¡Tú y yo ya hemos hablado todo lo que teníamos que hablar en la vida! ¡Ah!, quiero irme de aquí, de tu casa, lo antes posible.

—¡Te irás cuando yo lo decida! No forcejees, no seas loca; la escalera no es fácil, lo sabes, podrías caerte y no eres tan tonta como para no darte cuenta de lo peligroso que sería una caída desde esta altura, ¡no quiero ni pensarlo!

—¡Te he dicho que no te nece...!

—¡Basta de tonterías de niña histérica, bajarás igual que has subido, sujeta por mí! Vamos, con cuidado, no mires hacia abajo, no vaya a darte vértigo...

Descendían muy despacio, no podían hacerlo de otra forma. En completo mutismo, ahora la llevaba él solo cogida con firmeza por un brazo, sin necesidad de que fuera ella encima de él, lo cual era extraordinario, ya que ni ellos habían adelgazado en aquel rato ni la escalera había ensanchado prodigiosamente.

Cuando todavía faltaban varios escalones, ella se desprendió de un tirón, terminaron de bajar y salieron a la cabaña; esta puerta también se quedó abierta. ¿Quién tenía capacidad para pensar en las puertas? ¡Qué estupidez! Él se adelantó un par de pasos, abrió la brecha, ella se agachó, se metió por el boquete seguida por él y, al momento, estaban al otro lado del muro vegetal, fuera de la cabaña encantada.

Sin decir nada, uno al lado del otro, pero sueltos, echaron a andar de regreso al castillo, y como iban tan silenciosos al rodear el macizo de adelfas casi se toparon con las cinco primas que estaban agrupadas, hablando.

Al verles se pusieron muy nerviosas, todas excepto Tima, que enseguida captó algo que la colmó de felicidad: el estado psíquico de los recién casados, lo que además corroboraba lo que momentos antes había contado a las otras. Y al darse cuenta de que ni el adorado primo ni la odiada franchuta reaccionarían por mucho que ella dijera, y porque le encantaba apabullar a las primas, se permitió una insolencia como jamás lo hizo nadie en los anales de la historia de los Grifos de Marrakech: burlarse de la esposa del primogénito, y con unas palabras y de una manera que era un insulto a su virtud:

—Qué guapa vienes, adornada con flores de azahar, que para ti y los tuyos significa pureza... ¡Qué sarcasmo!

Las otras miraron al rostro del primo asustadas; pero no había cuidado, Cheik Abdelkrin y Suzanne Desbois se hallaban tan inmersos en ellos mismos que oyeron hablar a Tima, pero no la entendieron.

A la entrada del castillo les aguardaban dos criados provistos cada uno con una caja de madera con útiles y todo lo necesario para limpiarles el calzado que, por cierto, todos lo llevaban bastante embarrado. Naturalmente los primeros en ser atendidos fueron ellos, mientras las primas permanecían algo retiradas esperando turno.

Enseguida de terminar, fue Tima corriendo, para ser la primera y para estar más cerca del matrimonio, vigilándoles, observando sus expresiones faciales y ver si conseguía escuchar algo de lo que hablasen, y mientras las otras permanecían con las cabezas gachas, ella la mantenía alzada, y hasta un poco ladeada como hacen las aves; pero no pudo escuchar gran cosa, solamente la primera pregunta que él le hizo a la esposa, ya que al momento se adentraron los dos por un corredor:

—¿A dónde quieres ir ahora?

—Voy a sentarme un rato en una terraza.

—Me parece un excelente lugar para que continuemos conversando.

—Te he dicho que tú y yo no tenemos nada que hablar en lo que nos reste de vida.

—No seas obstinada, podemos relajarnos un rato en un lugar agradable hasta la hora de comer, y continuar hablando, sin sulfuramientos.

—Te agradecería que no insistieras sobre el particular y me dejaras sola; es tu deber de anfitrión, ser complaciente con tu invitada.

—Si de verdad es eso lo que deseas, tú mandas.

Y tras dedicarle una ceremoniosa inclinación, la dejó marchar y él se fue por otro lado; no obstante, cuando llegó la hora de ir al comedor, como se había interesado por la terraza donde se hallaba ella, fue en su busca.

CAPÍTULO XXIII

A causa de las gotas de agua de lluvia acumuladas, la rivera desborda
(Proverbio árabe)

****

La tensión se palpaba en el ambiente, aunque nadie habría podido decir con certeza qué pasaba, cuál el origen del creciente malestar que parecía haber atacado por igual a todos los habitantes de la regia morada, señores y sirvientes. Nadie sabía nada, pero el rumor estaba allí: cábalas, conjeturas, interrogantes sin respuestas.

La tía Salma no parecía la misma de la noche pasada, risueña y entrometida. Hoy estaba seria, observando preocupada a los recién casados. Nada parecía escapar a la fiscalizadora mirada de los bellísimos ojos empañados por un velo de tristeza, igual que las esposas de los tíos carnales.

Sidi Idris, sidi Mojtar, sidi Hassan y sidi Moulay hablaban entre ellos:

—No me gusta nada esto.

—Son infundios.

—Lo mismo digo, todo es un fementido.

—Bah, la primera riña de enamorados, a la noche se arreglarán.

—No lo creo, no me parece que se trate de un enfurruñamiento por el placer de hacerse de rogar y la dulzura de la reconciliación. Nuestro sobrino no es un jovenzuelo imberbe para montar esta pantomima si no hubiera de por medio algo más serio; observadle, parece que no está en este mundo, y ella igual. Hay algo que me despista, miradla bien, tiene flores azahar en el pelo, y ya sabéis eso que dicen, que son signos de pureza. Esta mañana estuvieron paseando por el jardín, se las pondría él.

—Yo también me he percatado del detalle, y digo que en este asunto hay mucho bulo y que ha intervenido una mano negra.

—No, estimado cuñado, una mano negra no, una lengua viperina esparciendo veneno a diestro y siniestro.

El hermano Omar estaba contrariado; pero no creía que la cosa fuese importante.

Los ancianos no parecían influenciados por el ambiente, y ellos, los propios protagonistas, tampoco parecían darse cuenta de nada, del interés que les mostraba toda la familia ante tan extraño comportamiento en unos recién casados.

En la comida del mediodía que hicieron todos reunidos en el mismo comedor de por la noche (otra vez con dos criados pegados a la pared), previo lavado de manos, si bien hoy Suzanne apenas se percató de ello, casi no habló nadie, y cuando alguien lo hacía era únicamente para comentar algo referente a la próxima marcha de los familiares que habían venido de fuera y que empezarían a irse al día siguiente.

Después fueron al *living room*, donde también había dos criados junto al muro, e igual que por la noche hicieron té; pero, como los ancianos se habían retirado enseguida a descansar, la tarea le tocó a la tía Salma.

Cheik Abdelkrin, con el semblante hosco, estaba sentado como la noche pasada algo retirado de Suzanne, quien, a su vez, igual que por la noche, se hallaba en solitario, hasta podría ser el mismo sillón, puesto que se hallaba más o menos en el mismo lugar. Él no parecía reparar en ella, pero en cuanto la aromática infusión estuvo lista y los vasitos llenos dispuestos en una gran bandeja de plata para que alguna de las jóvenes se los ofrecieran a los presentes, se levantó, fue a la bandeja, cogió un vasito, y con él en la mano se le acercó muy serio:

—¿Quieres...? —le preguntó, alargándoselo.

—Sí, gracias —dijo ella cogiendo el vasito aunque no le apetecía.

Ninguno de los dos sonrió. Sin más, él dio media vuelta, fue otra vez a la bandeja, que ya la tenía Khadija en las manos, cogió otro vasito, se fue a su sillón, volvió a sentarse y, parsimoniosamente, se puso a tomar la infusión.

«¡Qué diferencia de anoche!», se dijo Suzanne sintiéndose la más desdichada de las criaturas.

No sabía por qué había cogido el vaso, si estaba segura de que no iba a poder tragar ni un solo sorbo de té; bueno, sí que lo sabía, por no rechazárselo, para que él no creyese que se lo despreciaba, ¡qué bobada!

Tima, la feísima, que no les quitaba ojo, soltó una risita que sonó nítidamente, puesto que no había música, ni comentarios jocosos en voz alta, ni risas...Y todos y todas, empezando por los tíos carnales, la miraron con reproche instándola con los ojos a la discreción, pero ella ni caso, se hallaba a sus anchas, feliz.

Varios hombres jóvenes, entre los que se encontraba Omar, cogieron sus sillones, los acercaron a donde estaba Cheik Abdelkrin, se sentaron allí y, al momento, estaban enfrascados en una conversación sobre carreras de coches. Como Suzanne estaba bastante cerca, les oía bien, y como se expresaban en francés, les entendía. Que Cheik Abdelkrin hablase hoy también con los suyos en el idioma de ella cuando lo normal hubiera sido que hablasen en árabe, sobre todo siendo el tema de conversación el deporte, la reconfortaba, como si aunque él no le estuviese hablando directamente intentara demostrarle que la tenía presente y le enviase mensajes: «No creas que te he olvidado, Suzanne Desbois, estoy cerca de ti...».

Parecía relajado, como si nada turbase su espíritu, como si para él en aquellos momentos no existiera más universo que aquel ni más satisfacciones e inquietudes de las que exteriorizaba de palabra cuando nombraba a tal o cual corredor de Fórmula uno: Michael Schumacher, Hamilton, Raikkonen, Fisichella, Massa, Alonso... Y esto era extraordinario porque su mente estaba ocupada al mismo tiempo por otras ideas completamente diferentes, como si su personalidad se desdoblase, él mismo se recriminaba y se justificaba mentalmente:

«Has tratado de forzar la situación porque ya no puedes resistir más. ¡Y te habías puesto de plazo un mes para conquistar la fortaleza, qué poco aguante!

»¿Poco aguante? ¡*Mon Dieu,* poco aguante! ¡Habiendo pasado la noche en la habitación de al lado y toda la mañana con ella, viéndola tan bella, oyéndola hablar y reír con tanta gracia, llevándola abrazada, y después con su delicioso cuerpo pegado al mío subiendo la escalera! ¿Es eso tener poco aguante?

»Calma, no te sulfures, que vas a perder la compostura y se van a preguntar todos qué te está pasando de repente. De acuerdo, no es poco aguante; tampoco mucho que digamos; pero vamos a ver, ¿qué has conseguido con forzar la situación?

»Como le diría Mohamed, el jefe de mi escolta, a su compañero Saíd, meter la pata hasta el cuello, estropear todo lo que había logrado, eso he conseguido.

»Respuesta válida. No obstante, puntualicemos: ¿qué esperabas cuando le endosaste el discursito del divorcio, que se te echara en los brazos suplicándote amor? Vamos, Cheik Abdelkrin, macho, que continúas pasándote de rosca, y lo sabes, por eso estás que te darías tú mismo de puñetazos; ya anoche cometiste el mayor dislate de tu vida al dejarla sola en la alcoba matrimonial en vez de quedarte con ella y disfrutar de tu noche de bodas, que para eso te has casado con todas las de la ley...

»No, no es solo para eso por lo que me he casado con Suzanne Desbois.

»Ya, lo que te pasa es que estás tan coladito por esa maravilla de mujer que te has agenciado a tu manera, una manera no muy loable que digamos, y deseas conseguir tanto de ella que a veces pierdes las proporciones de la realidad y te excedes; mira tú, la bromita con la criada y los verdugos se la tuvo bien merecida, aunque te remuerda la conciencia, y después lo del beso no estuvo nada mal...

»¿Cómo que no estuvo nada mal? ¡*Mon Dieu,* cómo estuvo!

»¿Y no te diste cuenta, so pedazo de alcornoque, como también le diría Mohamed a su compañero Saíd, que casi se te desmayó de gusto en los brazos...?

»¡Por supuesto que me di cuenta! ¿Cómo no iba a dármela? Sobre todo por el dulcísimo gemidito que tanto anoche como esta mañana exhaló cuando mi boca entró en contacto con la suya, y todo lo demás, y que aparte del grandioso placer que experimenté al besarla los gemiditos me encendieron y, consecuentemente, tuve tremendas erecciones, y estoy seguro de que con mis besos, incluido el de anoche en el cuello, y con otros atrevimientos de mi parte, de hecho y de palabra, he despertado sus deseos sexuales femeninos, posiblemente hasta ahora en suave letargo...

»Y solo con imaginarlo estás otra vez que ardes...

»¿Otra vez? Desde que la conocí siempre estoy igual; además me desconozco, ninguna otra mujer me atrae ni para desahogarme.

»Resumiendo: estás sufriendo el suplicio de Tántalo, como si te gozaras en ello puesto que te bastaría con alargar las manos para coger el fruto y el agua que calmarían tu hambre y tu sed y no lo haces...».

Por su parte, Suzanne seguía idéntico proceso mental:

«Así pues, el maravilloso Cheik Abdelkrin, al día siguiente de nuestra boda, me dice que debemos divorciarnos antes de que nos dejemos llevar y cometamos una estupidez que dificulte la separación por la Iglesia. Mando y ordeno: ¿la quiero? Alargo las manos y la cojo. ¿No la quiero? Sin problema, la tiro como a un trapo viejo y me busco a otra que me guste más que para eso soy multimillonario. Y el muy cínico pensando en el divorcio y al mismo tiempo engañándome con caricias solapadas, besitos gatunos y besazos mortales, y palabras rimbombantes llamándome: hurí, rosa, joya, sultana... ¡Vaya sultanato efímero! ¡Ni efímero ni nada, vaya sultanato de pacotilla!

»Porque quieres, con tu belleza y un poco de picardía podrías volverle loco por tus encantos.

»¿Pero cómo provocarle sin que se dé cuenta? Yo soy muy mala fingiendo y, en cuestión sexual, estoy pez, soy más inocente que un búcaro...

»Sin exagerar, eres inocente hasta cierto punto... ¡No te fastidia la cándida paloma! Y por otra parte, nadie nace enseñado...

»No tengo tiempo para aprendizajes, mañana ya será demasiado tarde.

»Mañana será mañana, pero hoy todavía es hoy y, aunque no tengas experiencia, siempre has sido muy desenvuelta y picarona, acuérdate lo que te gustaba coquetear, y buenos éxitos que conseguías, solo que aquellos éxitos no te daban frío ni calor, te divertía, eso era todo. ¿Te acuerdas del imbécil de Frederic, las rabietas que cogía porque no lograba nada de ti? Pero el caso que te ocupa ahora es diferente, cuando tienes en frente a Cheik Abdelkrin pierdes el control de tus emociones; lo has comprobado a tu costa. Este moro te embrolla, te aturrulla, te ataranta, te azora, te cohíbe, te apabulla, te abruma con su extraordinaria virilidad, hasta te da miedo...

»Dejemos las divagaciones que a nada conducen, estoy tan desesperada que intentaría seducirle; pero si no lo hago muy bien me descubrirá y se burlará de mí con sus enervantes risitas, si no se lo toma por la tremenda, además, ¿qué puedo hacer si me ha besado dos veces sin contar el besito gatuno del cuello, que también tuvo lo suyo, y se quedó tan fresco, sin inmutarse...?

»¿Sin inmutarse? ¡Anda ya, no seas mentirosa, bien que lo notaste!

»No lo resisto, no puedo continuar viéndole y oyéndole, ya ni siquiera está hablando francés; como he estado abstraída no sé quién del grupo ha empezado a hablar en árabe; seguramente ha sido él porque es quien marca siempre la pauta, mientras yo estoy aquí, como si fuese un mueble más... ¡No lo soporto, me voy! ¿Dónde podré dejar el vaso, tendré que llevarlo a la bandeja?».

Como respondiendo a su pregunta mental, uno de los criados de la pared se despegó, fue a ella y, tras profunda genuflexión, se hizo cargo del recipiente casi lleno, el cual llevó a la bandeja ahora vacía.

—¿Te retiras, hija?

Era lala Salma, que al verla ponerse de pie desde el lugar donde se hallaba con las otras mujeres casadas, le preguntó añadiendo aquel "hija", de manera que a ella todavía le pareció más humillante, por cuanto implicaba de compasión. Todas las mujeres casadas la miraban con pena, y seguramente los hombres también, puesto que resultaba obvio el distanciamiento del esposo...

Tenía que salir rápidamente de la estancia o iba a echarse a llorar allí mismo.

—Voy a acostarme un rato. Me duele la cabeza.

—Habrás cogido frío esta mañana, con este tiempo tan cambiante una se confía y se acatarra.

—¿Quieres algún medicamento para contrarrestar los síntomas del resfriado?

—Y una tisana caliente.

—Gracias, solo quiero descansar.

Khadija y Malika se le acercaron rápidamente:

—¿Podemos hacer algo por ti?

—¿Quieres que le pidamos permiso a nuestro primo, tu marido para que nos permita ir contigo y hacerte compañía?

¿Por qué tenía que ofrecerse nadie para acompañarla estando él allí?

Iba a responder a las hermanas declinando el amable ofrecimiento, cuando Cheik Abdelkrin, ya de pie entre el grupo de hombres, le dijo en voz alta:

—Espera, voy contigo.

Seguramente se había acordado de su existencia al oírla hablar.

—No es necesario que se moleste nadie —replicó ella, también en un tono de voz suficientemente alto—, tú menos todavía, conozco el camino de la alcoba y me parecería una imperdonable falta de consideración por tu parte si por acompañarme dejaras a tus familiares.

Nadie replicó, ni las hermanas Khadija y Malika, quienes, obedeciendo a las señales que les enviaron con los ojos la madre y las esposas de los tíos carnales, volvieron a sentarse, ni él, que se quedó quieto, de pie junto a su sillón.

Lo que sí alcanzó a oír Suzanne cuando ya salía de la estancia fue la desagradable voz de Tima Ziat diciendo en tono bien alto y en francés:

—Déjala, querido primo, no la importunes con tu presencia, todos sabemos que el remedio más eficaz para combatir el dolor de cabeza es la soledad.

¡Aquella antipática horrorosa!

De buena gana se hubiera vuelto y, a pesar de lo tirantes que estaban las cosas con él, le habría dicho que había cambiado de opinión y que quería que la acompañase, pero logró contenerse a tiempo, porque supuso que si volvía a entrar en el *living room* y le decía aquello, era muy probable que le contestara que su graciosa primita huérfana tenía razón, que se fuese sola, porque el remedio más eficaz para combatir el dolor de cabeza era la soledad.

Y prefirió no exponerse a tamaña humillación, porque entonces sí que se habría echado a llorar delante de todos.

Las familias marroquíes suelen estar muy unidas, en el escasísimo tiempo que llevaba conviviendo con aquella, se había cerciorado de todo cuanto quería Cheik Abdelkrin a los suyos y de todo cuanto ellos le querían a él, empezando por el hermano Omar, que le miraba como si fuese un dios, y los otros hombres, jóvenes, maduros y ancianos, todos le miraban como a un ser superior. Todos callaban para escucharle con avidez cuando hablaba; en cuanto a las mujeres, casadas o no, incluidas las viejecitas y, por supuesto, las jóvenes, todas le miraban con embeleso, enamoradas, le sonreían, le seguían con los ojos, y él les pagaba con la misma moneda, también parecía enamorado de todas, especialmente de las primas, sin excluir a la espantosa Tima Ziat, su graciosa primita huérfana. ¿Y quién era entre todos aquellos seres tan queridos Suzanne Desbois? Nadie.

Mas aun pensando de tal guisa suponía que, aunque solamente fuese por cortesía, él no iba a dejarla marchar sola, a pesar de lo que le había dicho ella de que no le necesitaba de manera tan desabrida.

Daba la impresión de que después de hablar Tima todos se habían callado en el *living room,* pues, hasta el corredor, solitario y silencioso, no llegaba rumor de voces. Desde el principio se puso a andar despacio, cada vez más, sin llegar a detenerse no fuera a ser cosa que, como se figuraba él, la alcanzara, la encontrase parada como una tonta en mitad del corredor esperándole; pues no era posible que la dejara marcharse sola, estaba tardando un poco porque estaría despidiéndose de la familia, él era muy correcto y no podía salir de estampida sin más; pero enseguida la alcanzaría, con aquellas piernas tan largas que tenía con unas cuantas zancadas estaría a su lado.

Cuando fue a doblar el leve recodo que hacía el corredor, no pudo resistirse y miró fugazmente hacia atrás: nadie siguiéndola, además no hubiera tenido necesidad de mirar puesto que en el silencioso corredor no se oían más pisadas que las suyas.

¡Pero no podía ser que él la dejara sola, y más habiendo dicho ella que no se encontraba bien, tenía que ir para interesarse por su estado y acompañarla!

No, no fue para interesarse por su estado y acompañarla, la dejó ir sola. Llegó frente a la puerta de la alcoba sin que él hubiese hecho acto de presencia; seguramente, en cuanto ella salió de la estancia, siguiendo con gusto la sugerencia de su graciosa primita huérfana, había vuelto a sentarse, había reanudado la conversación con sus familiares y ya ni se acordaría de la existencia de Suzanne Desbois.

Despacio, con unas ganas de llorar que ya era demasiado, abrió la puerta que, igual que por la noche, únicamente se hallaba entornada con la llave en la cerradura, y entró en la alcoba. Al momento, se le presentó un dilema: ¿sacaba la llave de la cerradura y se encerraba por dentro, o dejaba la puerta como estaba? De todas formas, como nadie podía ir por allí sin permiso del mandamás y nadie podía entrar en la alcoba matrimonial si ella no quería y cuando él fuese, si es que iba, lo cual aún estaba por ver, aunque ella tratara de impedirle la entrada si quería entrar entraría, no valía la pena que se molestase, dejó la puerta como la había encontrado.

Suponía que mucho más tarde, a la noche, después de cenar y hacer un buen rato de tertulia con su familia, cuando al fin decidiera dejarles para retirarse cada cual a su habitación, él haría lo mismo que la noche pasada, pasaría por esta alcoba para irse a la otra; siempre con miras a la amantísima familia; aunque esto parecía un contrasentido, ya que existían algunos cabos sueltos, por ejemplo, alguna criada le habría hecho la cama donde él había pasado la noche, y no sería de extrañar que hubiese corrido la voz de que los recién casados no habían dormido juntos.

¡Bah!, divagar, divagar... Todo lo que estaba sucediendo era ilógico, absurdo.

No pensaba salir de la alcoba ni cuando llegara la noche para ir a cenar, o para hacer el simulacro de que cenaba igual que había hecho con la comida, simular que comía cuando no pudo ni pasar bocado.

«Pobre Suzanne, qué cansada estás.

»Es cierto, estoy muy cansada, quisiera poder dormir un mes seguido, acostarme esta noche y despertarme dentro de treinta días en casa de mi padre, en mi alcoba de soltera, que lo primero que viera al abrir los ojos fuese la sonrisa maliciosa de Connie, que todo lo vivido desde la noche de L'Etoile fuese una pesadilla, y que no me acordase de que existe en el mundo un hombre llamado Cheik Abdelkrin».

Anonadada, se dejó caer sentada sobre el lecho y, a partir de este momento, dejó transcurrir el tiempo; primero los minutos, después las horas, sumida en una abstracción amarga. El silencio pesaba sobre ella como una losa; hasta que en un momento dado la extraordinaria quietud se rompió con las lejanas voces de dos almuédanos convocando a los fieles musulmanes para la oración del crepúsculo, indudablemente desde los alminares de las mezquitas que había visto por la mañana desde el mirador.

No había encendido ninguna luz, porque cuando llegó la noche sustituyendo al crepúsculo no se percató de la oscuridad reinante. Los ojos de su imaginación eran como una diapositiva que le revelaba fielmente todo cuanto pensaba sin necesidad de luces.

De repente, el corazón pareció darle un vuelco dentro del pecho, y el sobresalto la sacó de la extraordinaria postración: se acercaban pasos por el corredor, pero enseguida se calmó, no eran pasos de hombre, sino de mujer, y no iba una sola, pues las escuchaba hablar y, a los pocos momentos, oyó unos golpecitos en la puerta, y a continuación la voz de Khadija:

—Suzanne, venimos mi hermana y yo de parte de nuestro primo, tu marido, para avisarte que te vayas preparando para la cena... ¿Me oyes?

—Contesta si estás despierta —sin duda ahora era la voz de Malika.

Continuó sin moverse y en silencio.

Ni siquiera había ido él personalmente para acompañarla al comedor. Sentíase desdeñada, postergada, dejada de lado como algo sin valor. Esta noche no había brazo que le rodease los hombros para entrar en el comedor, ni galanterías, ni achuchones, ni besitos gatunos en el cuello, ni caricias enervantes en el pelo, ni atrevidas insinuaciones; esta noche no había hacia su persona nada más que desdén.

Las jóvenes aún repitieron varias veces las llamadas, hasta que se callaron y empezaron a oírse los pasos alejándose por el corredor. Cuando se extinguió también el sonido de las pisadas, regresó la quietud, el pesado silencio.

«¡Qué bien te estás vengando de mí, Cheik Abdelkrin, qué buena revancha te estás tomando de lo que pasó en L'Etoile aquella noche! ¡Aquella maldita noche! ¡Aquella mil veces maldita noche! ¡Ojalá no hubiera ido yo a la gala, ojalá!».

Le costó un ímprobo esfuerzo dominarse; pero al menos había salido de la postración que la había estado dominando toda la tarde.

Nuevamente salió sobresaltada del laberinto de sus ideas, al pensar que, quizás, en vista del poco éxito obtenido por sus enviadas, en estos momentos ya fuese Cheik Abdekrin por el corredor camino de la alcoba a buscarla, y si llegaba de pronto y se la encontraba despeinada y vestida con las mismas ropas de por la mañana (como quedó tan deprimida después de lo del mirador ni se había cambiado a medio día) iba a figurarse lo ocurrido: que ella se había pasado la tarde allí sentada, abatida.

Se levantó, encendió la lámpara central y fue al gran armario...

«¡Hombre, este conjunto de camisoncito, braguita y *déshabillé*, de gasa color lila con encajes negros es una auténtica monada, y más sexy, imposible!».

Dejó el salto de cama sobre el lecho y con las otras dos pequeñas prendas en las manos pasó al cuarto de baño anexo, se duchó deprisa, con la ducha de mano para no mojarse los cabellos, y se puso el camisón y la braguita. Ni una cosa ni la otra la tapaba mucho, la verdad: el camisón, aparte de ser transparente y tan corto que ni le rebasaba la braguita, tenía tirantitos muy finos y estaba abierto a los lados hasta la cintura. En cuanto a la braguita era un casi diminuto trocito de gasa color lila rodeado de encaje negro. En fin, después se pondría encima el salto de cama que, aunque era del mismo género y con tirantitos e igual de corto, al ser dos prendas superpuestas...

Regresó a la alcoba, se sentó ante el tocador, y se puso a deshacerse la trenza que le había hecho Khadija por la mañana.

¿Qué eran aquellas cositas blancas que le estaban cayendo sobre los muslos?

Cuando descubrió que se trataba de las flores de azahar, ya marchitas, que Cheik Abdelkrin le había insertado en los cabellos, sintió una tristeza tan honda que, por unos momentos, fue incapaz de continuar: se quedó quieta, con las manos fláccidas encima de los muslos con flores y con los ojos llenos de lágrimas. Hasta que otra vez consiguió rehacerse, se secó los ojos, recogió las flores dejándolas en un montoncito sobre el tocador; se cepilló con cuidado el pelo, se puso el salto de cama, sacó de su bolso un esenciero con su perfume favorito, *Glamour*, se puso una gotita en el lóbulo de cada oreja, y listo... ¿Y ahora qué?

CAPÍTULO XXIV

Él se ha levantado una sola vez, pero con
tanta fuerza que ha deshecho la jaima
(Proverbio árabe)

«—Ahora te reclinas en ese sofá en una postura sexy, procurando que no se te vea todo descaradamente, solo que se te vislumbre.

»—Pues con este conjunto de mis pecados, aunque me haya puesto el *déshabillé*, me coloque como me coloque no sé cómo voy a poder evitar que no se me vea todo a la primera ojeada... Y respecto a la pose, ¿cómo es una postura sexy?

»—¡Mujer, eso es cuestión de echarle imaginación a la cosa!

»—Echémosle entonces imaginación: acostada del todo o sentada no tiene atractivo, mejor reclinada... Así, sobre estos almohadones, en actitud un poco lánguida, que pueda achacar a lo que dije del dolor de cabeza. ¿Cómo coloco ahora los brazos? No sé qué hacer con ellos, ni con las manos; si fumara sería ideal, porque cuanto menos una la tendría ocupada; además, fumar da mucho juego; lo malo es que no fumo, ni siquiera sé, una vez que probé me puse a toser como una desesperada, ahogándome con el humo, con el rostro congestionado, los ojos llenos de lágrimas...

»—Basta, lo del cigarrillo queda excluido. Coge un libro de esa librería...

»—¡Qué buena idea, un libro puede dar mucho juego, hasta podría fingir que no le oigo entrar y continuar en la postura sexy! Así, como si hubiera estado leyendo y me hubiese dormido sin darme cuenta; ahora poner el cuerpo y los brazos en una postura atractiva no es tan complicado, bastará con adoptar una pose como de inocente abandono, dejando el brazo fuera del sofá, caído, el libro rozándolo con los dedos...

»—Lo estás haciendo muy bien, y estoy pensando otra cosa: ¿y si cuando llegue y te vea en el sofá dormida, te toma en brazos para llevarte a la cama?

»—Es posible, porque como es buenísimo seguro que se compadece y me levanta en sus fuertes brazos como si yo pesara menos que una pluma, igual que cuando me subió y me bajó del caballo...

»—¡Eh, eh, para el proyector y déjalo fijo en esa imagen! ¿No te sugiere nada? ¡Anda ya! Se te está ocurriendo que en el momento en que te coja en brazos, como sin darte cuenta, podrías rodearle el cuello con los tuyos...

»—¿Para qué, para que me los aparte y vuelva a llamarme gatita en celo? ¡Dios mío! ¿Qué me está pasando? ¿Qué hago aquí, medio desnuda, en esta ridícula postura preparando una escena para seducir a un moro? ¿Qué has hecho de mi orgullo, Cheik Abdelkrin? ¿Qué has hecho de mí, de mi manera de pensar, de todo?».

Y justo en el momento en que estaba reaccionando comenzó a oír, acallando de repente la barahúnda de sus pensamientos, el rítmico sonido de unos pasos que se acercaban por el corredor, en esta ocasión indudablemente masculinos, y como por allí no podía ir ningún hombre que no fuese él, brincó del sofá, el corazón, los pulsos, las arterias, toda ella latiendo desacompasadamente.

¿Y ahora qué hacía, se metía en la cama y se tapaba hasta la cabeza o se quedaba allí de pie como una pasmada enseñándolo todo?

«—¡No seas cobarde, improvisa, mujer, improvisa, pórtate como él dice, como una tigresa!

»—Ya no puedo portarme como una tigresa, ha cumplido su palabra, no me ha cortado las garras, me las ha extirpado de raíz para que no me vuelvan a crecer...

»—¡Pues como no te decidas pronto te va a pillar ahí en medio casi desnuda, como si le estuvieras esperando para entregarte a él!».

Temblando toda como si fuese de gelatina, casi sin pensar en lo que hacía, fue corriendo hasta el tocador y se sentó otra vez en la butaquita. Así, sentada, pensó y, teniendo delante el mueble, mientras no se levantase no se le vería nada, o casi nada y, por supuesto, no pensaba moverse de allí hasta que él se fuera a la otra habitación. De todas formas tampoco estaba segura de que fuese a entrar en esta, lo mismo pasaba de largo.

A pesar del torbellino de ideas que tenía dentro de la cabeza estaba pendiente de los pasos que a cada instante sonaban más cerca, hasta que se detuvieron al otro lado de la puerta. Después durante algunos segundos no oyó nada, le dio la impresión de que él dudaba: ¿entraba o no entraba?

¡Qué suspense más angustioso!

Hasta que al fin sonaron los golpecitos seguidos de la voz:

—Soy yo, Suzanne, ¿puedo entrar?

—Sí, puedes entrar.

¡Vaya, no le había flaqueado la voz, qué bien!

En cuestión de interpretación la improvisación suele dar óptimos resultados, se ve más natural. Sentada ante el tocador, la mirada fija en la imagen que le devolvía el espejo y pasándose despacio un algodoncito empapado en leche desmaquilladora por los labios, la actitud de Suzanne resultaba de lo más convincente.

Él entró en la habitación e hizo lo mismo que la noche pasada, sacó la llave de la cerradura por la parte exterior de la puerta, la introdujo por la interior y cerró con dos vueltas. Luego se acercó a donde estaba ella, parándose detrás de la butaquita en cuyo respaldo apoyó las manos:

—¿Te encuentras mejor?

—Poco te has preocupado, ni por cortesía, de saber qué me pasaba...

—Lo dijiste en el *living*, que te habías resfriado esta mañana.

—¡Yo no dije que me había resfriado, dije que me dolía la cabeza, fueron tus tías las que dijeron que seguramente me había resfriado porque el tiempo está muy variable y nos confiamos!

—Por favor, no te me pongas belicosa que yo no he venido a pelear.

—¿Insinúas que estoy belicosa?

—No lo insinúo, lo afirmo: estás belicosa, con ganas de pelea, pero dejemos eso. Quiero que sepas que cuando te marchaste del *living*, a pesar de tu exabrupto, fui a salir detrás de ti para acompañarte; pero dio la fastidiosa casualidad de que en aquel preciso instante entró mi secretario anunciándome la llegada de unas personas procedentes del extranjero *ex profeso* para entrevistarse conmigo. Dichas personas me dijeron que en el mismo avión se habían enterado de mi boda, pero como ya tenían concertada nuestra entrevista desde hacía bastantes meses y no habían recibido de mi parte ninguna noticia en contra, continuaron el viaje siguiendo adelante con el plan trazado, pensando que lo más probable sería que no me hallasen en casa. Ha sido culpa mía, un lapsus de mi parte, me olvidé de advertir a mi secretario para que postergase la entrevista. Resumiendo: he permanecido con esos señores y con mi secretario en mi despacho hasta hace aproximadamente media hora, y aun así me ha sido imposible evadirme del compromiso de dedicarles un rato mañana a primera hora; desde que les dejé lo único que he hecho ha sido ducharme y cambiarme de ropas.

—Eres muy amable al darme tantas explicaciones, sobre todo porque nada te obliga. Comprendo perfectamente que la cuestión no te habrá ofrecido dudas, si tenías que desatender a alguien me escogiste a mí.

—No tergiverses, no digas que te desatendí porque eso no es cierto; mandé a mis primas para que te dijeran que te preparases, que enseguida vendría yo para ir los dos al comedor; pero ellas me mandaron aviso diciéndome que estabas dormida.

Continuaba quieto detrás de la butaca, con las manos apoyadas en el respaldo, Suzanne se las veía en el espejo, ni siquiera le rozaba los hombros: ¿cómo podía ser entonces que ella las sintiera allí, en los hombros, como dos brasas?

—La familia está cenando sin nosotros, les mandé aviso de que no nos esperasen. Vístete y vamos al comedor, o llamo para que nos sirvan aquí mismo... ¿Qué te parece la idea...? —le preguntó, risueño—. Nos lo traerían todo en una mesita rodante.

—No es que tenga mucho apetito, pero se me está ocurriendo...; aunque probablemente aquí no tendréis champán, además creo que tú no tomas alcohol, pues no te he visto beber en la cena de anoche ni hoy en la comida.

Cheik Abdelkrin tardó casi dos segundos en responder, lo cual en un diálogo que llevaba un ritmo fluido, es mucho tiempo, como si la charla se cortara. Mientras, analizaba las palabras de Suzanne Desbois igual que si cribara con un cedazo arena de un río buscando una pepita de oro, al cabo, dijo:

—En casa tenemos de todo, y lo que no haya, si es algo que tú deseas, lo tendrás a la mayor brevedad. En un sótano tenemos una bodega muy bien surtida, montada por mi abuelo, el de El Rif, ya sabes, para agasajar a sus importantes amigos no musulmanes, que es lo mismo que hago yo, y naturalmente en una buena bodega no puede faltar el champán. Lo hay a tu elección: dulce, semidulce, seco o brut. Te aclararé otra cosa: yo sí tomo alcohol, pero nunca en las comidas con mis familiares, por miramientos hacia ellos que pensarían que contaminaba el aire —y añadió tras soltar una risita—: Bebo con moderación, como fumar, todos mis vicios los practico con morigeración, excepto uno: el sexo, al que no pongo límites, porque además, afortunadamente, no perjudica a la salud. He deducido por tus palabras que aceptas mi proposición de cenar los dos solos aquí y que deseas hacerlo con champán; o el vino espumoso lo quieres para la sobremesa y la cena regada con excelente cava español...

El fuego que despedían aquellas manos le estaba abrasando a ella los hombros, tanto que el ardor se le estaba extendiendo por todo el cuerpo.

Seguía en la misma postura, sentada frente al tocador, y como no sabía qué hacer fingiendo que se limpiaba los labios con el algodón.

«Vamos, aprovecha la ocasión que él mismo te brinda, no seas mojigata».

—Me parece bien. Una cena de negocios para celebrar nuestro acuerdo.

—¿Qué acuerdo?

—¿Cómo que qué acuerdo? ¡El de nuestro divorcio! No puedes haber olvidado que mañana tienes que ordenar a tu secretario que se ponga en contacto con tu abogado para iniciar los trámites.

—Por supuesto que lo recuerdo, pero no acordamos nada; porque para llegar a un acuerdo entre dos partes, o las partes que sean, todos deben tener voz y voto. Obligado por las circunstancias expuse un punto de vista y tú lo aceptaste sin la menor objeción, y a mí las abstenciones se me figuran un avestruz escondiendo la cabeza en la arena.

—Yo no tenía nada que objetar.

¿Por qué tendría él las manos tan calientes? ¡Quemaban!

—No estoy yo tan seguro de eso... Ponte de pie y date la vuelta.

—¡Ni lo sueñes! —respingó ella.

—Me gusta hablar con la gente mirándola a los ojos. Ponte de pie, date la vuelta y mírame, quiero preguntarte algo y necesito ver tu preciosa carita cuando me contestes con la verdad, sin circunloquios.

—Así te oigo perfectamente, pregúntame lo que sea.

—Deja de pasarte el algodoncito por los labios que ya tienen suficiente brillo con el suyo natural... Vamos, levántate o te levanto yo, no pienso repetírtelo.

—¿Volvemos a las exigencias? El sultán manda y ordena.

—El sultán no manda y ordena, el sultán ruega a su sultana que se ponga de pie y se dé la vuelta para poderle ver la carita sin tener que estar doblado por el espinazo para conseguir vérsela reflejada en el espejo.

—La sultana se siente halagadísima de que el sultán desee verle bien la cara, pero con toda la humildad del mundo le ruega a su vez la disculpe, ya que no puede ponerse de pie ni darse la vuelta porque no está presentable.

—Al contrario, el sultán opina, a juzgar por lo que consigue ver, que su sultana está maravillosamente presentable para él y le ruega nuevamente disculpas por osar ponerle las manazas encima para levantarla.

—¡Eh! ¿Qué haces...? ¡No! No, por favor... Por favor...

Sincronizadamente, Cheik Abdelkrin la levantó, le dio la vuelta y propionó un puntapié a la butaca, retirándola, enviándola lejos.

—Así me gusta, cara a cara, frente a frente y sin obstáculos, los odio, cuando los hallo en mi camino los aparto, sobre todo si se me interponen entre algo que deseo con ansias de muerte... Pero no inclines la cabeza, mujer, si no vamos a estar en las mismas... Eso es, mírame, ¿no decías que querías que cenáramos aquí, solos, íntimamente, con champán...? ¿Tal vez pensabas ponerte un abrigo sobre eso? Te advierto que si son esas tus intenciones yo no voy a permitírtelo...

Cheik Abdelkrin reía tan bajito que apenas resultaba audible, pero ella le oía.

«Como empiece con sus espeluznantes risitas, mal asunto, Suzanne».

—Déjate de risitas y de cuentos, que tú eres muy cuentista, y di lo que sea.

—De acuerdo. Vamos a ver, claramente, ¿me estás provocando?

Casi se desmayó al oírle, como ya no se estaba mirando en el espejo no vio que se había puesto muy roja; pero lo suponía a juzgar por la tremebunda ola de calor que le subió a la cara.

—¿Que... que yo... que yo he... que yo... que he... que quiero...? —articuló, con tanto esfuerzo que él, compadecido, la ayudó a terminar la frase:

—... provocarme —y continuó, sonriendo—: Te has puesto ese pícaro conjunto a sabiendas de que yo iba a venir, luego no me cabe duda de que ha sido para provocarme, porque tal y como estás no se te resistiría ni el más casto de los hombres, y yo de casto no tengo ni un pelo; pero como he de reconocer que eres una chiquita sin experiencia y asombrosamente vergonzosa, cuando me has oído llegar te ha dado corte, te ha faltado valor para continuar con la *mise en scene* que seguramente me tenías preparada, y para disimular, te has sentado ante el tocador y te has puesto a fingir que te quitabas el carmín de los labios, cuando en todo el día no te los has pintado.

¿Pero aquel tío era brujo o qué?

Ya no podía estar más roja, ni sentir más calor ni más ahogo. Aun así consiguió replicar, en principio, con bastante empuje:

—¡Yo no he tratado de provocarte, cuando llegué me preparé para descansar, para ver si se me pasaba el dolor de cabeza, tomé una ducha y me puse este conjunto, igual que me hubiese puesto otro cualquiera, todos son por el mismo estilo, y eso lo sabes tú muy bien puesto que los compraste a tu gusto y capricho!

—Sí, soy un sibarita para todo. Perdona la interrupción, mi niña, sigue por favor.

—No hay gran cosa que decir, como no iba a acostarme vestida me puse el camisón; y para que te enteres, me he pasado la tarde durmiendo. —Y al captar la burlona mirada de él fija en el lecho donde se veía la cortina de gasa echada a un lado y en la cama la huella de haber estado sentada, más nerviosa aún, se apresuró a añadir—: No me he acostado debajo de la sábana, solo echada encima, sin deshacer la cama. —Se estaba dando cuenta de que a más explicaciones, menos convincentes sonaban, y continuó cogiendo de nuevo carrerilla—: Hace un momento he despertado y, como me molestaba la trenza que me hizo Khadija esta mañana, me levanté para deshacérmela, y cuando has llegado, no es que me estuviese limpiando los labios, me estaba limpiando toda la cara, pero dio la casualidad de que iba por la boca...

No estaba nada segura de haberle convencido, era muy difícil mentir e irse inventando cosas sobre la marcha con la mirada de él fija en su boca, en sus labios, sin apartársela ni una milésima de segundo, con los claros ojos allí clavados, el tío sin parpadear siquiera para no perderse ripio.

—Eres una mentirosilla, no te he creído ni una palabra, ¡pero por supuesto estoy encantado con tu mentira, más que encantado: estoy loco de felicidad, ebrio de dicha ante lo que intuyo, algo tan maravilloso que casi no me lo puedo creer!

—¿Pero quién eres tú para que yo me rebaje provocándote? Dime, so petulante engreído, ¿quién eres tú?—demandó ella a punto de echarse a llorar.

Él se puso serio:

—Soy tu esposo, Suzanne Desbois. —Con una mano le alzó el rostro—. No bajes la cabeza, quiero verte los ojos en todo momento. Ahora dime, ¿quieres que hagamos el amor, vida mía? ¿Deseas que nuestro matrimonio se consolide con la consumación carnal? No te dé vergüenza, mi niña, estamos casados y hasta Dios está de acuerdo en que seamos el uno del otro, y yo me estoy muriendo de ganas de ti, cielo mío, y, viéndote con esas ropitas que apenas consiguen velarme todas esas cositas tan preciosas que tienes, estoy ardiendo, enfermo de pasión, no puedo resistir más. —Apasionado la tomó en sus brazos.

«¿Cómo vas a decirle que sí? ¡No seas tonta, acuérdate de los malos ratos que te ha hecho pasar, de lo que te dijo en el coche, y lo de anoche cuando te despreció y te dijo aquello tan espantoso de la gatita en celo y, si claudicas ahora, menudo galardón se echaría; porque si no le hubieses provocado mañana se pondría en contacto con su abogado para lo del divorcio, o continúa con ello pase lo que pase esta noche; ya le conoces, lo mismo te dice una cosa que otra, con él nunca sabes a qué atenerte...».

—Suéltame —consiguió decir al fin en tono apagado, débil.

—¿Por qué me pides que te suelte? —le preguntó, tierno, mimoso, mirándola embelesado a la cara que le mantenía alzada con la mano.

—Porque no quiero nada contigo..., porque..., porque eres un moro...

—¿Y seguro que no quieres nada con este moro? Porque yo creo que sí que quieres, bien mío, yo creo que sí...

—¡Vete a tu harén, a tu serrallo!

—Esta noche mi harén es esta alcoba y tú mi favorita —dijo él buscándole los labios con su boca, sin hallarlos porque ella le retiró la cara como pudo, furiosa.

—¡Conque tu favorita, eh, tu favorita! ¡Pues por muy amo que seas ya estás saliendo de esta habitación o formo tal escándalo que aunque tengas prohibido que venga nadie por aquí van a acudir hasta los criados! ¡Yo no soy la favorita de nadie, y menos tuya, salvaje, animal! ¡Suéltame, bruto, suéltame!

Los ojos de Cheik Abdelkrin parecían de repente inyectados en sangre, el enérgico rostro una máscara de fiereza.

—¡Basta de insultos, ahora aunque me lo pidieras de rodillas no te dejaría! ¿Qué crees que soy, una marioneta a la que puedes mover a tu antojo solo con tirar de los hilitos? Seguramente estás acostumbrada a que todos te bailen el agua, y como conmigo no lo has conseguido, estás negra de despecho, y esta noche, para satisfacer tu amor propio herido, te has vestido con esas gasas transparentes, pensando que cuando me vieses encendido podrías hacer marcha atrás, insultándome como es tu costumbre, pero te ha salido el tiro por la culata; aunque de satisfacer tu ego femenino sí puedes vanagloriarte porque me tienes loco de pasión, desflorarte y hollarte hasta el agotamiento va a ser un placer sin parangón con ningún otro goce de este mundo, me gustas con locura, con delirio, ¿por qué no voy a disfrutar de ti si me perteneces?

Suzanne Desbois sentía como latigazos en propia carne las insultantes expresiones, y forcejeaba, rabiosa:

—¡Suéltame, moro, suéltame!

—¡Moro, sí, y a mucha honra, francesita boba! —tronó la voz masculina; mas de repente, en un cambio radical, asombroso e inesperado, dejó de estrujarla con fiereza para hacer su abrazo tierno y habló sin gritos, cariñoso—: Contrólate, por favor, yo me he dominado, hazlo tú también. Eres mi esposa y voy a tomarte con todo derecho; te lo ruego, no continúes hostigándome, no provoques mis malos instintos, no hagas que me porte mal contigo porque no es lo que deseo, al contrario, quiero que goces del amor conmigo para mi mayor placer y mi satisfacción de hombre.

—Me has dicho que soy tu favorita... —musitó ella, sin fuerzas.

—¿Es eso lo que te ha molestado, bien mío...? Era solo una manera de hablar. ¿No creerás de verdad que tengo un serrallo? ¡Si serás boba! Pero dejemos la cuestión por ahora, ya hablaremos de ello en otro momento.

Se sintió transportada en brazos y depositada suavemente en el lecho; y, a partir de ahí, todo discurrió como en un vertiginoso sueño. A los pocos momentos estaba tan aturdida que deformaba la realidad, hasta tuvo la impresión de que Cheik Abdelkrin no tenía solo una boca y dos manos, sino más bocas y más manos. Sobre su cuerpo tendido en la cama no había nada, excepto las bocas y las manos de él. Las bocas, que empezando por sus labios descendieron hasta su cuello, luego hasta sus hombros, después al pecho, y continuaban bajando dejándole por todo el cuerpo un reguero de besos turbadores hasta la locura, al mismo tiempo que la enormidad de manos la acariciban sin darle ni un solo segundo de tregua a sus estremecidas carnes: estaban en sus pechos, en su vientre, en sus muslos; hasta que sintió una de ellas posársele delicadamente en la parte más íntima de su anatomía femenina, entonces se sobresaltó, se encogió sobre sí misma y apretó los muslos uno contra el otro, cerrándolos a toda intrusión; pero la mano no insistió, aunque tampoco se le retiró, continuó allí, posada, esperando pacientemente, rozándole apenas el vello del pubis, y, no obstante, el ligero contacto le transmitía un calor que la penetraba dulcemente, íntimamente y, poco a poco, la crispación de su cuerpo fue cediendo, asentándose, preparándose, presintiendo todo lo que sabía que iba a suceder; y no solamente aceptándolo, sino deseándolo con todas sus zonas sensoriales en alerta, expectantes, ansiosas: el leve contacto de aquella mano tan grande, pero tiernísima, le resultaba lo más excitante que nunca pudo imaginar, y respiraba agitadamente y sus labios, que ahora él no cesaba de besar, temblaban y deseó con auténtica ansiedad que la mano prosiguiera, que reanudase lo que en principio intentó hacer y, casi sin pensar, se estiró, se acomodó mejor en el lecho y abrió los muslos; y al instante, pero sin brusquedad, muy despacio, la mano de él recobró el movimiento, llegó de plano a su objetivo y se puso a acariciarla, tan delicadamente, tan tiernamente, tan dulcemente y tan deliciosamente (¿cómo podían acariciarla con tanta delicadeza, tanta ternura y tanta dulzura las grandes manazas?), que al percibir los tenues y sabios contactos en lo más íntimo de su cuerpo de mujer, se sintió atrapada en una vorágine de sensaciones, para ella inéditas, de un placer tan extraordinario, que de su boca surgieron gemidos incontrolados, y al oírla, verla y sentirla, Cheik Abdelkrin se desbordó en apasionadas frases que ella percibía desvaídas, por momentos ininteligibles para su aturdido cerebro, si bien es cierto que con la intensa emoción que le embargaba él mezclaba varios idiomas: francés, árabe y español. No obstante, algo sí que le entendió ella, entre otras cosas: que iba a acostumbrarla de tal forma a sus besos y a sus caricias que terminaran por ser para ella como una droga de la cual no pudiera prescindir y le necesitase como él la necesitaba, que llevaba todo el mes enfermo de pasión, soñando noche y día con aquel momento, y que era preciosa por todo...

—... ¡Más bella que la más bella hurí del Edén, bella entre las bellas! ¡Qué rostro, qué senos, qué vientre, qué muslos! ¡Toda eres preciosa! Y esto, sultana mía, ¡esto, qué bonito es, y cómo yo me lo imaginaba para mi gozo! ¡Y yo quiero ser el tuyo, mi niña, yo también quiero ser tu gozo, ansío serlo, tesoro mío!

De pronto, más que sentir, Suzanne presintió un cambio, una pausa en los besos y en las caricias, una diferencia en la actitud de él; inquieta, porque además se figuró de qué se trataba, abrió los ojos que casi todo el tiempo había mantenido cerrados, y le vio en plena erección sexual, tomando posición sobre su cuerpo...

—No me hagas daño...

—No temas, mi blanca paloma, confía en mí...

—Me estás lastimando...

—Tienes que confiar en mí... No, no te crispes ahora, mi cielo...

—Es que me estás haciendo daño... —insistió ella.

—Escúchame, préstame atención, vida mía: no tengas miedo, no voy a hacerte daño; pero para ello tienes que confiar en mí —le sonrió, amoroso—. Eso es, déjame hacer sin temor, mi blanca paloma...

Al instante, Suzanne lanzó un tremolante grito: Cheik Abdelkrin acababa de hacerla mujer, su mujer.

—¿Cenamos como querías, llamo para que nos sirvan?

—Yo no tengo gana, cena tú si quieres.

Estaba enfurruñada, como una niña que busca mimos.

Ningún problema: ella buscaba mimos y él la mimaba; le encantaba prodigarle ternezas y toda clase de detalles cariñosos. Verla tan entregada, no solamente a su pasión, sino también a sus halagos, a su ternura, le tenía ebrio de felicidad...

—Yo de lo único que tengo tantas ganas que no me sacio es de ti. Continuemos pues, amándonos, esta noche nuestro placer no tendrá fin.

¡Cuanto más la hubiese complacido si en vez de inquietarse él por las necesidades de su estómago, se hubiese preocupado en saciar el hambre de su corazón!

La colmó de mimos, de expresiones cariñosas, detalles delicados y, por supuesto, de sexo; pero en ningún momento, ni en los más álgidos le dijo que la amaba.

Asombrándola con el tremendo empuje viril, estuvo haciéndole el amor hasta muy avanzada la madrugada y, a pesar de que solo le demostró pasión, no fue brutal, al contrario, se portó con extremada paciencia y delicadeza, pendiente en todo momento de las reacciones de ella, llevándola con destreza suma hasta la culminación del placer sexual: al orgasmo al unísono con él; mejor expresado: los orgasmos. Y ella, aunque inexperta, a la fuerza se dio cuenta de los esfuerzos que estuvo haciendo él toda la noche para conseguir controlar su exacerbada sexualidad y no lastimarla. Aun así, terminó agotada y dolorida; pero no le decía nada, lo guardaba como su carta de la revancha, esperando su ocasión. Y esta llegó, cuando tras observar él que cada vez que iniciaba una nueva penetración ella se encogía, le preguntó, mimoso:

—¿*Bobó*...? (¿Pupa?).

—¡Por supuesto que me duele! —exclamó ella, triunfante.

—¿Mucho, mi vida...?

—¡Sí, mucho! —exageró, adrede, porque si no decía que le dolía mucho su carta de la revancha no valdría gran cosa.

—¿Por qué no me lo has dicho antes? —demandó él, visiblemente pesaroso.

—¿Hubiera servido de algo? —se hizo ella cruel. No sabía por qué tenía ganas de molestarle, de hacerle sentirse culpable.

—¡Por Dios, Suzanne, naturalmente que hubiera servido de algo!

—No tenía por qué decírtelo, puesto que me consta que lo sabías...

—Sí, lo sabía, pero la primera vez fue inevitable, te juro que puse todo mi empeño en no lastimarte... Lo siento mucho, me he dejado dominar por el intenso deseo que sentía y he procedido como un rematado egoísta; siendo la noche de tu estreno tendría que haber sido más comedido; aunque mira tú —continuó, sacando a relucir por un instante la sonrisa lobuna—, yo creía que aun doliéndote un poco pensarías que el fuego bien valía la candela...

Su ternura al hablarle, al acariciarle la cara, al besarla en los cabellos, al tratarla con tanta solicitud que hasta a ella misma le parecía exagerada, la dejaron inerme; y no le dio más quejas, ¿qué otras quejas podría haberle dado aparte de lo que le había dicho, que la verdad, sus propias palabras le sonaron a ella como quejas pueriles de niña mimada? Hasta vergüenza le daba recordarlas.

—Pobrecita, mi niña, que está maltrecha... Ven a mis brazos, te llevaré al baño.

Y se dejó transportar entre los fortísimos brazos de su marido, sin darle vergüenza ni importarle parecer una niña mimada, sintiéndose como dentro de una tierna burbuja. Él esperó fuera hasta que ella se aseó, y luego la regresó a la cama donde la depositó, blandamente, recreándose en ello y, cuando finalmente tras asearse a su vez él volvió, durante algunos segundos, se quedó de pie al lado del lecho, contemplándola extasiado, con una sonrisa que no tenía nada de lobuna sino que era una mezcla de amor e incredulidad. Se acostó a su lado, la atrajo hacia su cuerpo y la abrazó:

—Otro de mis sueños a punto de realizarse: dormir contigo en mis brazos, digno broche de tan maravillosa noche... ¿Qué me dices tú? Al menos dime si estás cómoda.

—Sí.

Muy escueta fue la respuesta, pero a él le bastó con el gesto de ella de apoyarle la cabeza en el pecho, y sonrió feliz.

Estaba muy cansada, por ello solo tardó breves minutos en quedarse dormida, y fue una pena, porque no oyó lo que él le estuvo diciendo y repitiendo al tiempo que la besaba en los cabellos hasta que también le rindió el sueño: que durmiera que él la amaba; aunque de todas formas no le hubiese entendido porque se lo dijo en árabe:

—*Nami, nami, latechqueli... Balek yahayati bahebek*[1].

[1] Duerme, duerme, vida mía... Te amo, te amo.

CAPÍTULO XXV

He querido hacer de ti mi cintura pero me he dado
cuenta de que no eres más que una trenza de palmera enana
(Proverbio árabe)

Llevaba un rato despierta, dejando transcurrir el tiempo en una dulce lasitud. Rememorando lo sucedido entre Cheik Abdelkrin y ella, allí, en el lecho, se conmovía de felicidad, si bien paradójicamente sentía el corazón transido de amargura.

Le hubiese gustado verle al despertar, sentirse prisionera entre los fuertes brazos que sabían ser tiernos y mimosos para ella. Necesitaba sus besos y sus caricias, necesitaba imperiosamente oír sus ternezas, le necesitaba todo, siempre, noche y día, a cada minuto, a cada segundo...

«¡Qué guapo es y qué cuerpo, todo él es fabuloso, hermoso como un Apolo!».

Debía ser bastante tarde, le hubiese bastado con abrir los ojos y mirar hacia un bello reloj que había colgado en la pared frente al lecho para saber la hora, pero no tenía ganas de abrir los ojos ni de mirar al reloj. Era una magnífica costumbre la de que nadie pudiese subir la escalinata sin autorización, porque no le haría ni pizca de gracia que se le presentasen las primas, y menos la feísima Tima. ¡Dios quisiera que no se le ocurriese a él mandarlas para que le hicieran compañía hasta su regreso! De todas formas era lo mismo, si las mandaba, ¡con hacerse ella la dormida!

Era muy agradable recrear con la imaginación las maravillosas horas vividas, solo le faltó que él le dijese que la amaba.

Estaba hambrienta, nada extraño, ya que el día anterior apenas había comido por la noche, por tozudez, no había querido cena. Desde el mediodía de ayer en su estómago no había entrado nada, en otro sitio sí, ¡y menudo lo que había entrado!

Había escuchado a las amigas, especialmente a Antoinette, que siempre estaba con sus historias de orgasmos, que muchos hombres no eran lo que parecían, que mucha fachada y mucho presumir de machos y a la hora de la verdad, ¡plaf!, se desinflaban como un globito, y que los había muy egoístas que solo iban a lo suyo y los muy imbéciles se creían que, con metérsela a una mujer, por su parte ya estaba todo hecho, y claro, la infeliz que daba con un tipo así no se comía una rosca; y otros que lo intentaban, pero que carecían de preparación y de mañas, era unos torpones que no conseguían, no que la *partenaire* llegase al clímax, que esto era de todo punto imposible, ni siquiera a excitarla sexualmente, y cuando la que fuera se daba cuenta de que con aquel zoquete no había nada que hacer, fingía que se corría para que la dejase tranquila, pues ni la tocaba en los lugares idóneos, ni con la suavidad y destreza que tan sensibles zonas de la anatomía femenina requieren.

Pues ella no podía decir tales cosas de su noche de boda. Para empezar, Cheik Abdelkrin, su marido, quizás presumiera de macho, que tampoco era eso, pero bien que se lo demostró en el campo del honor, él no hizo: ¡plaf!, y se desinfló como un globito (¡menudo par de globitos y menudo aparato tenía!), ni había ido solamente a lo suyo y se la había metido sin más, ni había sido un zoquete ignorante sin mañas e indelicado; por tanto, como su marido procedió como debía ser, ella descubrió lo que era el orgasmo y no quedó desfraudada, ¡qué cosa más deliciosa, qué placer inigualable!, tanto que aún esta mañana, después de haber dormido bastantes horas, tenía la sensación de no haber salido por completo del inefable aturdimiento, del maravilloso éxtasis, y rememorando las vivencias tan cercanas, se sentía excitada, ansiosa otra vez de besos y caricias, ansiosa de la pasión de Cheik Abdelkrin, su marido. ¿Y cuando la halagaba con aquellos ditirambos tan poéticos que la hacían sentirse, como decía él, cual bellísima hurí o como una no menos bella sultana? Y anoche ella se alegró de no haber sucumbido a las pretensiones de Frederic, porque así su marido la encontró como la deseaba: virgen, y la llamó blanca paloma, expresión que posiblemente en boca de otro hombre le hubiese parecido una cursilada pero que en boca de su marido la emocionó; porque él, Cheik Abdelkrin, era diferente, y a ella le gustó mucho que le dijese lo de blanca paloma, se sintió inundada por la ternura con que él impregnó sus palabras, y se alegró como nunca de merecer el calificativo, ¡qué bella conjunción formaban los dos vocablos: blanca paloma!

Y, finalmente, se durmió entre sus brazos... ¡Qué deliciosa placidez, qué felicidad, quería dormir toda la vida entre los brazos de Cheik Abdelkrin!

¡Qué noche había pasado, qué noche, por muchas cosas malas que le ocurrieran a partir de ahora jamás olvidaría su noche de bodas, jamás!

«¿Por qué piensas que van a sucederte cosas malas, porque se ha levantado y se ha marchado de la habitación dejándote sola? No seas suspicaz, te lo dijo ayer, que esta mañana tenía un compromiso con unos extranjeros; deja pues de holgazanear, levántate, dúchate y y arréglate; ponte bien guapa con un caftán, le gustará mucho. Venga, muévete, es muy tarde y seguro que no va a tardar en llegar...».

¿Entraría sin avisar, puesto que ya era su verdadero marido, pensando que ella estaba todavía dormida, o llamaría primero suavemente con los nudillos?

Como respuesta a sus pensamientos, unos golpecitos en la puerta del corredor hicieron que los latidos de su corazón acelerasen desacompasadamente el ritmo.

—¿Quién es? —preguntó con voz nada firme.

—Una servidora, señora.

La desilusión fue tremenda.

Era una criadita aproximadamente de la misma edad de la del día anterior e igualmente hablaba bastante bien el francés, y se presentó con las mismas palabras, o muy semejantes a como lo hizo la otra, no obstante, a ella le gustó más, la encontró más natural, la otra le pareció una falsa; o tal vez fuera su actual estado de ánimo...

—Soy Amina, señora, y me envía la gobernanta por orden de mi señor, el emir, para que me ponga a tu servicio. Dime pues qué debo hacer.

—¿Sabes dónde está mi esposo?

—Mi señor, el emir, se halla reunido en su despacho con los extranjeros venidos ayer desde el otro lado del mar.

—¿Ha desayunado él?

—Puede que sí o puede que no, si lo ha hecho habrá sido en el mismo despacho con sus visitantes y atendidos por sidi Harrak, el mayordomo mayor. La gobernanta me dijo hace mucho rato que mi señor, el emir, había ordenado que yo esperase en la sala circular cerca de la tabla de timbres por si tú llamabas que acudiera inmediatamente aquí, y si no que cuando el reloj de música diera las doce campanadas y sonara la melodía, que viniera y llamase despacito a la puerta, y que si tú tardabas en responder que no insistiera, que regresara junto a la tabla de timbres y siguiera esperando. También le dijo a la gobernanta, para que me lo dijese a mí y yo a ti, que no le esperases, que no estaba seguro de cuándo podría despachar a los extranjeros, pero que estará contigo lo antes posible. Ahora yo, tu humilde servidora, espero tus órdenes.

¿Por qué no le dejó una nota?Aquellos recados por terceras personas, que si la gobernanta, que si mi señor, el emir..., toda aquella retahíla era muy impersonal, en un escrito podría haberle puesto cosas de las que tanto le gustaban a ella.

—Lo primero, vas a traerme el desayuno.

—Sí, mi señora, ¿pero no prefieres que antes te prepare el baño en tu sala especial? Me han dicho cómo tengo que hacerlo y ya sé muy bien.

—No, ahora tengo mucha hambre y no puedo entretenerme en un baño prolongado, me ducharé ahí al lado mientras me traes el desayuno. Lo quiero abundante y variado: zumo de naranja, café con leche, tostadas con mantequilla y mermelada de arándanos, un cruasán y un yogur de fresa.

—¿Quieres que te traiga también *alfahúa*...? Es pan de miel, muy bueno.

—Si dices que está tan bueno, lo probaré; tráeme un poco, —sonrió y la morita la miró embelesada—. ¿Podrías ir también al vestuario blanco y traerme un caftán?

—Sí, mi señora, mientras preparan en la cocina la mesita rodante con el desayuno, voy al vestuario blanco, cojo el caftán y lo traigo todo al mismo tiempo.

—Muy bien. Tráeme uno que hay compuesto de pantalón y túnica corta con un fino adorno en dorado... ¿Sabrás a cuál me refiero?

—Si no están repetidos, seguro que sabré.

—No, no están repetidos... —volvió a sonreírle a la criadita—. Anda, vete y ven pronto..., ¡me muero de hambre!

Cuando se quedó sola fue al cuarto de baño anexo y se duchó en pocos minutos. Mirándose desnuda en un gran espejo, pensó que así la había visto anoche su marido; y la repasó con sus manos y sus besos de arriba abajo, y se estremeció de retardada voluptuosidad. Finalmente, cubierta por un albornoz blanco con pequeñas flores estampadas, regresó a la alcoba, y se le escapó un grito al ver abrirse sigilosamente la puerta que daba al corredor y entrar en la habitación a Tima Ziat...

—¿Quién te ha autorizado a entrar en mi alcoba? —consiguió, no obstante, reaccionar, e increpó a la fea prima del marido al tiempo que daba varios pasos dentro de la habitación, pero al mismo tiempo asustada, con un temor que sin saber por qué hizo presa inmediatamente en ella.

—Tu alcoba por muy poco tiempo —replicó la horrible prima del marido con malévola seguridad—, yo no necesito autorización, y menos la tuya, para deambular por donde me dé la gana dentro de esta morada y entrar en las habitaciones que quiera, o en cualquier otra casa de Cheik Abdelkrin, porque todo lo que él tiene también es mío, soy mucho más dueña que tú de este castillo. No tengo mucho tiempo, he venido a decirte unas cuantas cosas; la primera es una noticia que aún ignoras: Cheik Abdelkrin te va a repudiar, porque lo que jamás ha tolerado es la falsedad, el engaño falaz, y tú le has engañado en lo que más aprecian los hombres de mi raza...

—¿De qué engaño hablas? —tuvo aún fuerzas para replicar.

—Yo lo sé todo, no estabas intacta cuando te casaste con él, en las sábanas no había huellas de la desfloración. Todas las francesas sois unas daifas que vais de cafetería en cafetería buscando a los hombres para fornicar con ellos; por eso en cuanto que os baja la sangre empezáis a tomar la píldora para no quedaros preñadas.

Suzanne estaba ya tan acobardada que no acertaba a decir palabra, cuando le hubiera bastado con invitar a la feísima a que pasara al cuarto de baño anexo donde hubiese hallado pruebas fehacientes de la desfloración, como había dicho la impúdica. Bien pudiera ser que la tremenda abulia, aquel desolador marasmo que rápidamente había hecho presa en su ser, se debiera a la desconfianza que continuaba inspirándole Cheik Abdelkrin, a no tener seguridad en su apoyo moral, ni en su apoyo amoroso a pesar de lo ocurrido aquella noche; a no confiar en su protección si se la pedía en contra de uno de sus familiares, y era tanto su amilanamiento que se dejaba avasallar sin defenderse, porque no veía a su alcance ningún asidero donde agarrarse.

—... y cuando fue a copular contigo y lo comprobó, se encolerizó y se fue a la otra habitación dejándote aquí sola, tirada como lo que eres, un trapo sucio, y no vayas a decirme que se fue porque estás con la regla, porque no te creeré; ninguna mujer se casa con la regla o esperándola. Todo me lo contó la criada Hlala, que es mi confidente, desde ayer muy temprano no la he visto, pero no necesito preguntarle nada para saber que anoche hizo lo mismo; aunque no sé si lo de que ya estabas usada lo descubrió aquí o por el camino donde ya te dio lo tuyo. Eso ya no me importa porque al final conseguiré lo que más quiero en el mundo: casarme con mi adorado Cheik, que será en cuanto abra los ojos y se dé cuenta de que soy la esposa perfecta para él, dispuesta a darle muchos hijos y con su honor siempre a salvo, conmigo no tendrá que preocuparse por si le ponen los cuernos...

«Claro que contigo su honor estaría a salvo, ¿quién iba a ser tu cómplice, so adefesio?».

Solo fue un pensamiento, la voz no le salió a Suzanne, que, finalmente, sin darse ni cuenta, se había sentado en el descalzador y allí estaba, quieta y callada.

—Las carantoñas que te hacía anteanoche no eran más que comedia, las caricias verdaderas no se hacen en público, se hacen en la intimidad de la alcoba matrimonial. Todo aquello no era más que comedia, para guardar las apariencias frente a la familia, especialmente por los mayores, no iba a decirles qué sospechaba, o qué había descubierto, que la mujer con la que se había casado aquella mañana era una redomada putona y que la iba a repudiar enseguida, por no infligirles preocupaciones y por dignidad propia; pero solo consiguió engañar a los idiotas de los carcamales y a los cursis de los tíos carnales que observé que te comían con los ojos, extasiados, como si te estuvieran fornicando con la mirada, y seguro que lo estaban haciendo mentalmente, porque vi que meneaban las cabezas, y para mí que se estaban corriendo...

Jamás había pasado Suzanne Desbois por un trance semejante, se sentía rebajada hasta los topes en su condición femenina, y se decía que la pérdida de la fuerza motora, no poder hablar ni alzarse del descalzador para pulsar un timbre de los varios que había en la habitación y no quitar el dedo hasta que se llenase la habitación de gente que la librase de la odiosa presencia de Tima Ziat; todo aquello no podía tener más que una explicación: algo en su organismo se le había trastocado y le había sobrevenido un ataque catatónico.

—... Ningún hombre de mi raza continuaría casado con una putona como tú, y menos uno con tanta categoría y dignidad como sidi Cheik Abdelkrin, y enseguida me elegirá como su nueva esposa...

Pero al parecer el estado de Suzanne solo era semicatatónico, puesto que logró reunir fuerzas para hablar, aunque solo fue un escape, enseguida volvería al marasmo:

—Te elegirá por guapa...

—¡Sí, redomada putona, perdida, zorra, me elegirá y se casará conmigo! ¿Qué crees, que porque poseas la belleza de una diabla las demás no podemos hacer feliz a un hombre? ¡Yo puedo mucho mejor que tú, sucia perendeca, porque soy sumisa y no tengo orgullo ni ridículos celos, una vez esté casado conmigo no me importará que se acueste con otras, puesto que yo seré la legítima, la que tendrá todos los derechos, y cuando me entregue a mi amo y señor, le daré todo lo que me exija, porque desde pequeñas nos han inculcado cuál es nuestro deber: que respetemos siempre la voluntad del esposo, que no le neguemos nada, que ya estamos bastante recompensadas con haber merecido sus favores, no como vosotras que os creéis sus iguales y hasta con derecho a disfrutar del sexo cuando eso solo lo hacen las viciosas, lo único que les importa a los hombres es disponer de una mujer complaciente en la cama, el físico es secundario, mi sexo es como pueda serlo el tuyo y lo tengo como tú, entre la piernas, todas lo tenemos en el mismo sitio, todos son iguales y todos sirven para las mismas funciones: menstruar, copular y parir, eso es solamente el sexo femenino, una parte de nuestra anatomía, la más fea y repugnante, pero que Alá, con su infinita sabiduría, lo concibió para darles placer a los hombres, por eso ellos se vuelven locos de deseo y mi adorado, como muy hombre que es, no se diferencia de los otros, él solo quiere un sexo femenino para disfrutar, sea de la mujer que sea, únicamente con la condición de que sea joven para que le dé descendencia. Aquí no eres más que una intrusa, tú misma te has dado cuenta al no ocuparte del menú de la familia, mira si estoy bien enterada de todo lo que ocurre en el castillo. Aunque todos te hayan puesto buena cara, porque es nuestra educación y porque te han conceptuado como lo que eres, una veleidad temporal del gran sidi Cheik Abdelkrin, nadie te quiere, eres como la madre de él, una franchuta advenediza que le envenenó la sangre al tontaina del padre que era un noblote sin malicia, a saber con qué viciosas puterías! ¡Y ya he hablado bastante, se acabó, vete con los de tu maldita calaña, vete de esta santa casa que no es la tuya y que jamás lo será y no esperes a que mi amado ordene a sus servidores que te echen al campo a patadas en el culo, pide un taxi por teléfono para que te lleve al aeropuerto y coge un avión que te devuelva a tu tierra, porque si no haces lo que te digo ahora mismo, si no te vas inmediatamente de aquí, ¿ves estas manos? —dijo volteándolas ante la cara de la inmóvil y silenciosa Suzanne—, solo con mis manos, sin armas de ninguna clase, juro por Alá y por todos mis muertos que te mataré, yo seré tu verdugo; y no esperes que él, mi amado, mueva un dedo para apoyarte o salvarte, porque no lo hará, yo soy de su sangre y tú le importas menos que un comino!

CAPÍTULO XXVI

Ella solo tiene sus uñas para rascarse y sus ojos para llorar
(Proverbio árabe)

Echando chorros de sudor por todo, cara y cuerpo, en la puerta que daba al corredor, Tima, que de tan furiosa como estaba casi no veía ni por dónde iba, estuvo a punto de caer al suelo al tropezar con el carrito del desayuno que portaba la criada.

Los ojos de la horrorosa prima de Cheik Abdelkrin despedían llamaradas de un odio cerval, un odio que a partir de Suzanne Desbois alcanzaba a todos los seres vivientes de la creación, a todos, excepto a uno: el amadísimo primo.

—¿Qué haces aquí? —chilló, iracunda, descompuesta, si bien al instante se percató de su imprudencia y bajó el tono de voz—: ¡Inútil, vaga, cerda desgraciada! ¿Estabas escuchando detrás de la puerta?

—¡No, lala, yo no hago eso, te lo juro! —se apresuró a defenderse la infeliz criada, aterrorizada ante los exabruptos de lala Tima, con lo mala que sabían todos que era—. Acabo de llegar con el carrito del desayuno para mi señora.

—¡Esa putona no merece el honroso título de señora Abdelkrin! —E iba a retirarse rápidamente del lugar, temerosa a su vez de que llegara el idolatrado primo y la sorprendiese, cuando reparó en unas ropas que llevaba la criada colgadas en un brazo—: ¿Es eso lo que supongo, un caftán de los del vestuario blanco?

—Sí, lala.

—¿Y quién te ha autorizado a ti, cerda inmunda, a coger un caftán de allí?

—Mi señora me lo ordenó.

—¡Tráelo!

—¡No, lala, yo tengo que entregárselo, lo está esperando para vestirse!

—¿Te atreves a enfrentarte a mí, puerca miserable? ¡Trae! —Y le arrebató a la asustada chiquilla las delicadas prendas, hizo un rebujo con ello, se lo metió debajo de un brazo, y antes de irse casi corriendo, aún dijo, muy deprisa—: Esa putona no volverá a ponerse un caftán de Cheik Abdelkrin, te lo dice Tima Ziat, y mucho cuidado con lo que hablas con las otras de tu calaña, porque como me entere de que has contado algo de esto o que le has ido con el soplo al emir, aunque él no te creería ya que sería tu palabra contra la mía, te juro que te hago picadillo la lengua; ándate, pues, con tiento; además, te aviso: te conviene mucho estar de buenas conmigo porque yo voy a tener pronto todo el poder en esta casa, ¡te lo juro por mis muertos!

Y sin más, llevándose el precioso conjunto hecho un apretado rebujo bajo una de aquellas axilas empapadas de sudor, Tima Ziat se fue muy deprisa; pero sin confiarse, acercándose furtivamente y mirando por los calados de la bella baranda para cerciorarse antes de decidirse a bajar de que no había nadie en la escalinata ni en la sala circular.

La criada Amina, junto a la puerta de la alcoba con el carrito, no sabía qué hacer. La fea lala era temible, ningún sirviente del castillo se atrevía a contradecirla, menos aún a delatarla; la demonia les tenía aterrorizados a todos. ¿Sería cierto que iba a tener el poder en el castillo? Si el emir repudiaba a la bella señora y se casaba con ella sí que lo tendría. Por tanto, lo que más le convenía a ella era proceder como si no hubiera visto ni oído nada; a fin de cuentas el asunto incumbía a los señores, ya que se trataba de la prima y la esposa del emir, lo malo era que le había quitado el caftán.

Inquieta, tocó con lo nudillos en la puerta. Tuvo que repetir la acción tres veces antes de oír la voz autorizándola a entrar.

Suzanne continuaba sentada en el descalzador de cara a la puerta, parecía que no veía y que ni respiraba.

La sirvienta entró empujando el carrito, lo aparcó y quitó un paño que lo cubría todo dejando a la vista la mesita con el desayuno ya dispuesto: un primoroso mantelito blanco como dos servilletas, todo bordado con hilo de oro, en una esquina el anagrama del grifo y las iniciales S. A. Encima, dos pequeños recipientes tapados, una cafeterita, una lecherita y cubiertos, todo de oro, más platitos y taza de fina porcelana, un vaso y una jarrita de cristal, la última conteniendo zumo de naranja, yogur, cruasán y demás.

La criada, interesada y compadecida al mismo tiempo, temiendo que le pidiese el caftán para vestirse, miró a su señora:

—El desayuno está dispuesto —dijo con timidez.

«Papá, ven en mi ayuda, estoy sola e indefensa, ven en busca de tu Suzy».

—Señora...

«¡Qué sola me encuentro en este páramo! Ven a sacarme de aquí y llévame contigo otra vez, este no es lugar para mí, tú estabas equivocado; vámonos los dos muy lejos, al fin del mundo, papá, donde yo no vuelva a ver a Cheik Abdelkrin».

La criada empezaba a sentirse verdaderamente inquieta, veía muy bien el desesperado estado de su señora, ¿pero qué podía hacer ella, una pobre criada, mediando las amenazas de la temible lala Tima? Además, si hablara nadie la creería y quedaría a merced de la mala, sobre todo si tomaba el poder del castillo.

Con creciente nerviosismo se atrevió a algo inaudito: alzó la voz:

—Señora, ya está todo dispuesto para el desayuno.

Suzanne movió la cabeza como si saliera de un mal sueño:

—Sí, claro, el desayuno... ¿Puedes hacerme un favor?

—Claro que sí, mi señora, estoy aquí para servirte —contestó la chiquilla al momento, asombrada de que la bella señora le pidiera las cosas por favor, y contenta al figurarse que iba a mandarla de inmediato al despacho en busca del emir para contárselo todo y de aquella manera ella se vería libre de responsabilidad.

— Sácame un pantalón y un niqui, no importa cuáles sean... Esos mismos están bien. Ahora ve a las caballerizas y les dices a los empleados que me ensillen a Noir.

No era esto lo que esperaba la morita, y se preocupó todavía más:

—Perdón, mi señora, pero yo creo...

—Anda, ve... Por favor...

—Claro que sí, mi señora, como tú digas.

Jinete sobre el caballo negro, Suzanne partió de las caballerizas y a los escasos minutos enfilaba el sendero principal, aquel por donde hacía apenas día y medio había hecho su entrada triunfal a lomos del corcel blanco y entre los brazos de su marido. Marido, el vocablo, el concepto, pensarlo le aumentó las ganas de llorar.

Nada más que aquel escaso periodo de tiempo hacía desde que entró en aquella morada guardadora de incalculables riquezas y habitada por seres intrigantes, de reacciones imprevisibles: unos rayando el primitivismo, otros caballerescos, mujeres encantadoras y de una bondad extrema, mas también había una grosera, impúdica y malvada. Todos fuego, todos pasión, todos desaforada sensualidad; y a aquel mundo desconocido, por una inverosímil pirueta del destino, había ido a parar ella, y anoche, Cheik Abdelkrin, valiéndose del derecho que le había proporcionado su dinero la poseyó como un energúmeno; unicamente deseo carnal, denigrante para cualquier mujer que se precie; eso fue lo que él sintió y le demostró.

«¿No te sentías menospreciada en tu condición de mujer joven y bella? Pues ya has tenido lo que querías, respecto a fuego y pasión no puedes quejarte.

»Y esta mañana, la feísima, que estaría al acecho, cuando se cercioró de que su amadísimo primo no podía sorprenderla, entró en la alcoba como una horrenda aparición y se despachó a gusto conmigo; impunemente, porque aunque él la hubiera sorprendido no habría ocurrido ninguna tragedia, a lo mejor hasta le hacía gracia su graciosa primita huérfana...».

Junto a la salida, por la parte interior, había dos enchilabados armados con metralletas, ni siquiera tuvo que decirles nada, en cuanto la vieron llegar montando al caballo negro, tras dedicarle sendas reverencias, le abrieron la portalada.

Poco a poco fue retirándose del muro que rodeaba al imponente edificio.

Al principio no hacía nada, se dejaba llevar, no le importaba a dónde con tal de que fuese lejos, cuanto más lejos, mejor. A Cheik Abdelkrin le resultaría facilísimo divorciarse de ella, porque, aunque la Iglesia tardase un poco en darle la nulidad, no le importaría gran cosa, podría casarse con otra por el rito árabe; y tal vez hasta resultaba cierto y se casaba con la feísima, porque como todas las mujeres tienen el sexo en el mismo sitio, todos son iguales y todos cumplen las mismas funciones.

Se resistía a creer que su sexo fuera igual que el de Tima Ziat; pero tampoco creía que las diferencias fuesen muy notorias, y si Cheik Abdelkrin lo notaba no le daría importancia, si conseguía su placer, ¿qué importaba un sexo u otro?

Sintió tanta repugnancia de él, y de sí misma, tanto asco de los dos, que la desgana que la había mantenido sobre el caballo como a una muñeca inanimada dio paso a un nerviosismo extremo y taloneó con fuerza los ijares del animal. Nunca había maltratado a los caballos, jamás anteriormente había hecho uso duro de la fusta, pero ahora, en una reacción eco de su amargura, fustigó al animal con rabia, y el noble bruto, con las fauces chorreando salivas espumosas, lanzó a los cuatro puntos cardinales un fortísimo relincho de furiosa protesta, y dando rienda suelta a su instinto emprendió incontrolable galope tendido. Por la reseca llanura donde únicamente se veían duros matojos que apenas llegaban a crecer varios centímetros a causa del implacable sol que los quemaba casi en el mismo momento de brotar de la tierra, el negro corcel montado por la bella amazona, más que correr, parecía volar. Suzanne no tenía capacidad para pensar en lo peligroso de una carrera que se había convertido en suicida, ni en que a cada momento que pasaba se adentraba más y más en la desolación que imperaba por doquier.

De pronto su desesperación llegó al clímax, y como un escape de su pecho repleto de congojas, de entre sus resecos labios surgió una dolorosa llamada que se propagó hasta el infinito:

—¡Papá, ayúdame, por Dios, ayúdameeee...!

Y fuera por simple casualidad, o porque el animal se sobresaltase al oírla, o porque tropezara con un desnivel del suelo, al mismo tiempo sin saber cómo ni de dónde, ante los desorbitados ojos de la mujer y del animal surgió, igual que llovido del cielo, un enorme peñasco.

Suzanne dio un terrible grito al sentirse lanzada por los aires, pasando por encima de la cabeza del corcel y de la enorme piedra y yendo a aterrizar a tres o cuatro metros de distancia, dándose un tremendo batacazo contra el suelo, quedando tendida, magullada y aturdida, no obstante, sin llegar a perder la consciencia; mientras, el caballo, tranquilizado como por ensalmo, se le acercó mirándola con sus grandes y expresivos ojos, moviendo la cabeza de un lado al otro, alzando el befo y bajando el belfo enseñando los enormes y blancos dientes de animal joven y sano, emitiendo unos sonidos como si se riera, como si se burlase del jinete que tan mal le había tratado y que ahora estaba tirado en el suelo. Bufó, luego, irritado y, tras lanzar otro potentísimo relincho, partió como una centella y en escasos segundos desapareció de la vista.

Suzanne se puso en pie y miró a su alrededor. Por doquier, en muchos metros a la redonda, una soledad tan extraordinaria que hasta parecía tener sonido, como un eco infinito, como si jamás hubiese hollado el hombre con sus pasos aquellos parajes.

¿Echar a andar? ¿Por dónde y hacia dónde? No había veredas ni señales de animales o personas, ni plantas, apenas algunos matojos resecos, renegridos, como carbonizados en el arenoso suelo. Debía hallarse muy lejos del castillo, por el cambio tan radical en el paisaje y por la sequedad del suelo, por allí no parecía haber llovido en mucho tiempo. No se veía cerca o lejos ni una mísera choza. Todo era igual, uniforme, solitario como un mundo deshabitado; aunque caminase horas bajo el tórrido sol no iba a encontrar nada, si acaso, andando, no horas sino días, podría llegar a las montañas que veía muy lejos, como impresionantes sombras oscuras perfiladas en el horizonte. Por lo tanto, daba lo mismo que se quedase parada;

sabía que estaba perdida, y que si no la buscaban y la encontraban pronto, perecería allí, desaparecería para siempre en aquel desierto. Sin volver a ver a Cheik Abdelkrin, sin volver a estar entre sus brazos, sin volver a sentir sus besos ni oír su voz diciéndole bellos ditirambos, también sin ver nunca más a su padre, ni a Connie...

Fatalista, llorando, fue hasta la piedra y se sentó en el suelo, en el lado donde proyectaba algo de sombra; escasa sombra puesto que el sol se hallaba en su cénit.

CAPÍTULO XXVII

El hombre tiene un alma, el tamiz está lleno de agujeros
(Proverbio árabe)

En el magnífico despacho con las paredes recubiertas de finas maderas y con sólidos a la par que esbeltos muebles Chipendale, Cheik Abdelkrin no vivía de pura ansiedad que sentía por regresar junto a ella, junto a su amada. Algunas veces ocurre que las cosas más simples se complican, verbigracia lo sucedido la tarde anterior a consecuencia de la inoportuna visita de los extranjeros, que le fastidiaron, ya que justamente cuando su secretario le anunció la cosa fue cuando él había decidido lanzarse, como quien dice, a la conquista de la fortaleza. Si se hubiese tratado de visitantes corrientes, su secretario, como otras veces, se hubiese encargado de atenderles; pero en esta ocasión, no pudo en modo alguno eludir el compromiso, y ya fue el colmo aceptar recibir a dichos personajes también esta mañana; en fin, podría calificarse de poca previsión; si bien como justificación se decía que si lo había hecho así había sido precisamente para terminar de una vez con el engorroso asunto, ya que aquellos dos hombres eran los comisionados para ultimar lo del arrendamiento de sus cuadros; pero, además, había aceptado verles esta mañana por dos razones: porque ayer tarde no estaba seguro de nada respecto a su esposa; aunque sí muy esperanzado a causa de algunas reacciones de ella, y la segunda razón fue justamente a causa de la prisa que tenía por reunírsele, ya que desde que la vio salir del *living room* tan disgustada se había quedado amargo. Y esta mañana, por culpa de la maldita cita, se había visto obligado, con todo el dolor de su corazón y con toda la contrariedad del mundo, a levantarse temprano, soltar a su mujer a quien había tenido abrazada desde que dejaron de hacer el amor, y abandonarla como estaba, profundamente dormida en la cama.

«¡Qué dulce dormir tiene, como una niña que cae rendida de jugar; porque me consta que estaba cansada y maltrecha, mas también ahíta, satisfecha de amor...».

Aún dormido, en todos los momentos fue consciente del contacto de aquel cuerpo tan maravilloso, del dulce calor que emanaba, de la suavidad de seda de su piel, que, o bien él continuaba ofuscado, o era cierto que olía a rosas, lo mismo que su aliento. De buenísima gana antes de salir de la cama la hubiese despertado con sus caricias y sus besos para volverle a hacer el amor, dulcemente para no lastimarla otra vez, y lo intentó besándola suavemente en los labios; pero ella ni se enteró y le dio pena sacarla del plácido sueño. Desistió, diciéndose que regresaría pronto y se resarciría, tal vez antes de que ella se despertara, habida cuenta de lo tarde que se había dormido y lo cansada, pero sus íntimos planes se habían ido al garete, el tiempo pasaba y él continuaba allí, en el despacho, dilucidando aburridos asuntos de dinero con aquel par de tíos feos en vez de estar en su alcoba matrimonial con su bellísima mujercita tratando un asunto nada de aburrido sino, por el contrario, el más placentero del mundo.

A partir de este punto, los pensamientos de Cheik Abdelkrin iniciaron de firme un derrotero sin ninguna conexión con el tema de los extranjeros; poco a poco su mente se fue desligando de la cuestión hasta sumergirse por completo en sus agradabilísimas divagaciones. Con los ojos de la imaginación, que no existen mejores aliados para divagar a gusto sobre el tema amoroso, la veía a ella, a su esposa, tan bella que le tenía loco de amor; tan tierna, tan abandonada a sus besos y a sus caricias; tan medrosa cual blanca paloma acosada por un azor y no obstante sus recelos de hurí no tocada antes por hombre, entregándosele entre gemidos de dolor y de placer.

«¡Mi blanca paloma!».

¡Qué belleza la de sus senos, qué exquisitez sin parangón con nada de lo anteriormente visto por él! Con unos pezoncitos rosados, tan sumamente delicados...

«Como botoncitos de rosas».

Ella no decía nada, estaba muy calladita, excepto cuando gemía dulcemente y, cuando él bajó la mano y con extremada delicadeza se la puso sobre su nidito, sobre el pequeñito montículo de vello negro...

«Casi tan negro como el azabache, tal y como me había imaginado en mis delirantes sueños eróticos, y suave como el plumón de un polluelo».

Entonces se sobresaltó y se cerró cual ostra que teme que le roben su preciada perla; pero tal actitud no entrañó un rechazo tajante, fue la reacción normal en una mujercita que siente por primera vez que va a ser invadida su esotérica intimidad por la mano intrusa de un hombre.

«Con los pechos me hizo algo parecido, al principio cruzó los brazos sobre ellos impidiéndome llegar; cosa que yo hubiera podido hacer simplemente cogiéndoselos y retirándoselos, ya que estoy seguro de que no me hubiera opuesto resistencia...; pero no quise, preferí, como después con los muslos, dejarla que me diera su permiso sin palabras, y así fue, apartó los brazos y me dejó hacer...».

No es que le pareciese una inocentona de las que creen que los niños los traen la cigüeña de París, lo que ocurrió, aparte de su pudor, es que ellos no habían sido novios, casi no se conocían; ni un beso, ni cogerse una mano, nada, por eso se sobresaltó...

«O porque al percatarse de que la mano de un moro buscaba en su cuerpo una zona tan íntima le dio repugnancia...».

«¡Vade retro, Satanás, no irrumpas en mi nube de felicidad!».

En modo alguno la forzó, porque precisamente lo que él deseaba con toda su alma era que todo discurriese dulcemente, sin brusquedades.

«¡Y loado sea Dios, mil veces loado! Ella respondió como yo deseaba desde lo más profundo de mi corazón: azorada, con una timidez enternecedora, respirando agitadamente, hasta temblándole los labios, que esto lo noté besándoselos, primero se estiró bien en el lecho, y luego, poquito a poquito fue abriendo los preciosos muslos, igual que con los pechos, como si me invitara sin palabras a continuar y, por supuesto, la obedecí. Continué, mi mano recobró el movimiento y se apoderó de su objetivo, adueñándose, y para dicha de mi corazón, no solo aceptó ella mis íntimas caricias, sino que vi, sentí y escuché cuánto las gozaba. Y me sentí el *alfaquí* de amor más insigne, el más sabio entre todos los sabios del amor, porque había conseguido lo que, aun teniéndolo ante mis propios ojos y tocándolo con mis manos, me parecía un milagro: Suzanne Desbois conmigo en mi cama, desnuda, espléndida de hermosura, embebida, gozando con mis besos y mis caricias, y sabiendo que lo que estaba sucediendo era la preparación para algo más concreto: su desfloración por mí, que soy su esposo; pero también un moro, pues de ninguna manera podían pasarme desapercibidas sus clarísimas muestras de entrega absoluta, total.

»Ojos míos, mi sol, mi luna, mi estrella!».

Era de naturaleza muy ardiente y, aparte de que llevaba un mes deseándola con frenesí, cuando entró en la alcoba y la vio tan bella, tan deliciosa, tan deseable...

«Inmediatamente mi gavilán se puso farruco, en pie de guerra, fiero, exigiendo sin más demoras la conquista y rendición del último y más preciado reducto: el delicado arcano donde ella guardaba su himen...».

Sumergido en sus divagaciones, Cheik Abdelkrin, para asombro e incomprensión de los tres hombres que le acompañaban en el despacho, esbozó una sonrisa, entre mefistofélica y tierna, y todos quedaron desconcertados.

«... y cuando mi preciosa niña vio mi gavilán, se asustó; pero tampoco me rechazó, al contrario, su reacción fue una clara señal de que lo estaba deseando como yo, no se me retiró, por ejemplo, diciéndome con acritud algo que en aquellos cruciales momentos me hubiese dolido más que si me hubiera arrancado el corazón a túrdigas con sus delicadas manitas; no, no me rechazó, al contrario, cuando me pidió con un hilo de voz que no le hiciera daño, en aquellas palabras vi implícito su deseo de que siguiera, de que continuara hasta su desfloración, ¡y, oh, dicha suprema, así fue!, mi gavilán la penetró, pero no como un energúmeno ávido únicamente de su propio placer sin importarle los destrozos que ocasionara a su paso, imperioso sí, mas también con toda la delicadeza y toda la ternura que fui capaz de imprimir al acto, la entré, suavemente, como cuchillo en la manteca... ¡Amadísima de mi corazón, cuán grandiosa fue mi emoción al oír su tremolante grito al tiempo que percibía el espasmo muscular de su bellísimo cuerpo que tenía bajo el mío, manifestaciones de la primera penetración, la *apareunia primaria*! ¡Dulce amor mío, mis ojos, mi blanca paloma, mi hurí!».

¡Noche sublime! ¡Noche gloriosa! ¡Noche mágica! ¡Noche inefable!

Fue una victoria en toda regla, pero sin vencedores ni vencidos...

«Porque si yo fui su dueño, ella fue mi dueña, y si yo tomé su cuerpo, a mi vez me entregué a ella en cuerpo y alma. Como debe ser en las lides del amor, un justo toma y daca: tú para mí, yo para ti, la simbiosis perfecta: una sola carne.

»Pero te remuerde la conciencia...

»¡Sí, me remuerde la conciencia, sé que no hice bien callando mis sentimientos, no decirle que necesito su cuerpo como el aire para respirar pero que también la amo con todo mi corazón! ¿Por qué, por un resentimiento mezquino, porque todavía en los momentos más inoportunos me asalta al cerebro el recuerdo de lo que me dijo en el coche? ¡Pero desde anoche cambió todo, ella me demostró con creces que aquellas palabras, como otras cosas que me haya dicho, solo eran bravatas de chiquilla inconsciente; yo también le he dicho a ella cosas muy desagradables! ¿Y es que yo las sentía? ¡No, no las sentía! Bueno, en realidad sí le dije que la amo...

»Claro, le dijiste que la amabas cuando se había dormido, y en árabe, por si acaso... ¡No te fastidia, el moro este!, como te hubiese dicho ella si te hubiera oído.

»De acuerdo, hice mal, y me pesa enormemente. Voy a ir enseguida a buscarla, la abrazaré, la besaré y le diré que la amo con locura».

Tras un rato en silencio y tan inmerso en lo suyo que no había llegado a entender ni la mitad de lo que habían hablado sus visitantes, menos mal que el secretario había ido tomando notas taquigráficas de todo, Cheik Abdelkrin, poniéndose ya de pie, dijo en inglés, que era el idioma que estaban usando:

—Ruego me disculpen, pero no puedo dedicarles más tiempo. Mi secretario se queda con ustedes para todo cuanto gusten mandar. Espero me honren luego compartiendo mi mesa, así tendré el grato honor de presentarles a mi esposa.

Subía de dos en dos los anchos peldaños de la regia escalinata, iba contento, ebrio de felicidad, con ganas de ponerse a cantar a voz en cuello alguna bella canción de amor, no lo hacía, pero sí tarareaba. Primero, iría a la alcoba, por si tenía suerte y ella continuaba dormida, y si no se hallaba allí, ni tampoco la doncella para que le diera razón, iría a la sala de baños; porque seguro que estaría bañándose, y si fuera así, la vería salir de la bañera de nácar con la piel chorreando agua, bellísima, semejante a una Venus romana, o a una Antarté fenicia, o a una Afrodita griega.

«O como las tres diosas simbióticamente reencarnadas en una mujer mortal; porque la belleza y el amor de Suzanne Abdelkrin ya han sido míos, y su fecundidad, estoy seguro de que su delicado vientre va a ser, para mi orgullo de hombre, el claustro donde se formarán mis hijos, los que perpetuarán mi nombre y mi noble dinastía».

Cuando subió la escalinata y dejó atrás la galería, al doblar el recodo del corredor, sus dulces pensamientos sufrieron un rudo encontronazo con la realidad: algo había sucedido, o estaba sucediendo, e indudablemte lo que quiera que fuese atañía a su esposa. Inmediatamente olvidó la sala de baños, no, ella estaba allí, en la alcoba; pero en ese caso no era concebible que hubiese en frente y junto a la misma puerta tal reunión de criadas armando jaleo sin que hubieran tocado un timbre para que acudiese la gobernanta a poner orden y a dispersar a aquellas escandalosas que, además, no tenían por qué estar allí paradas sin hacer nada.

Hizo las zancadas todavía más largas, acercándose rápidamente, con los ojos clavados en la escena. Al lado de la cerrada puerta, sentada en el suelo, estaba la criada Amina llorando a lágrima viva; se había quitado el pañuelo blanco (igual al que llevaban las otras criadas en la cabeza) y soltado el pelo en señal de desesperación, y tenía la cara llena de la sangre que le manaba de los arañazos que sin duda ella misma se había hecho. Cerca, sin cesar de hablar y hacer aspavientos, posiblemente más morbosas que compadecidas, había cuatro sirvientas más, provistas de paños, plumeros, cubos y otros artilugios de limpieza y algo retirado un carrito con productos igualmente para limpiar, y aún había otra criada más, la cual se mantenía apartada; aunque mirando no menos interesada a la que se martirizaba y ahora se daba cabezazos contra la cerrada puerta sin cesar de lamentarse:

—¿Qué va a ser de mí? ¡Alá se compadezca de mí y me ayude!

—Sidi —dijo la que estaba apartada acudiendo a su encuentro—, hace más de una hora que llegó la peluquera de Oujda y la señora no aparece por ningún sitio.

—¿Cómo que la señora no aparece por ningún sitio, no está en la alcoba?

—En la alcoba no está y tampoco en otro sitio.

Respiró aliviado, pues durante algunos segundos había imaginado algo terrible, ¡eran tan exageradas las sirvientas!

—Estará en la sala de baños —dijo, llegando ya a donde todas, seguido, casi corriendo, por la criada que no cesaba de hablar...

—Tampoco está allí. Nadie sabe nada.

—Ella lo sabrá —dijo él sin hacerle más caso, acercándose a la que se martirizaba.

—¡Ay de mí, qué desgracia más grande! ¡Todas las culpas recaerán sobre mí, sobre la pobre criada! ¡Alá se compadezca de mí, Alá me proteja!

—Déjate de animaladas, levántate y dime inmediatamente qué ha pasado. —Y ya, con la chica de pie—: ¿Dónde está mi esposa? ¡Habla!

—¡No puedo hablar delante de estas, mi emir, es muy arriesgado, mi lengua peligra! ¡Oh, sí, sí, mi lengua peligra, y tanto que peligra!

—¿Qué imbecilidades son esas? ¡Y vosotras, largo de aquí, a vuestras obligaciones!

—Tenemos que limpiar por el corredor, nos ha mandado la gobernanta...

—¡Lo hacéis luego, ahora, largo, fuera!

—¿Y yo qué le digo a la peluquera?

—Dile que si quiere y puede esperar, que lo haga, que tanto si cumple con su trabajo como si no, no perderá su tiempo, se le pagará igual —y ya, desentendiéndose también de aquella criada, inquieto e impaciente, regresó su atención a la joven Amina—: Ahora tú, sin más lamentaciones, vas a decirme qué ha sucedido.

—Sidi, por caridad, antes de que yo diga nada prométeme que me protegerás de las iras de tu prima lala Tima, le tengo muchísimo miedo, y más todavía si toma el poder del castillo, pero tu esposa, mi emir, con esa cara que tiene y esa sonrisa no puede ser mala. Además, mi obligación es contártelo todo y que Alá se apiade de mí si tú me abandonas luego a mi triste destino...

—¿Qué significa ese galimatías? ¿Y cómo te atreves a poner en tela de juicio la bondad de mi esposa, cómo osas tamaño desacato?

—¡No, no, mi emir, yo no quise ofenderla, al contrario! ¡Por Alá no tomes en cuenta las burdas expresiones de una infeliz criada ignara!

—Está bien. Dímelo todo y qué tiene que ver mi prima lala Tima con la desaparición de mi esposa, suponiendo que haya tal desaparición, lo mismo está tranquilamente paseando por el jardín...

—¡Yo sé muy bien que no está en ningún sitio del castillo porque se ha escapado montada en el caballo más negro que la noche, huyendo aterrorizada antes de que la maten! —exclamó la morita volviendo a llorar.

Cheik Abdelkrin estaba ya extremadamente inquieto, pero todavía no acababa de encajar que en su propia casa le hubiese sucedido algo malo a ella, a su mujer.

—Estás diciendo tonterías, ¿quién va a quererle hacer daño a mi esposa, aquí, en mi casa?

—Emir, tú eres un hombre muy bueno, eres el mejor amo del mundo, para ti los criados somos hijos de Alá como los señores, por caridad, prométeme que me protegerás y te contaré todo lo que ha pasado en tu alcoba mientras que estabas en el despacho departiendo con los extranjeros venidos del otro lado del mar.

—Cuenta con mi protección y con una buena recompensa en metálico. Quiero una explicación concisa, pero completa. Vamos, habla de una vez.

Pero aún tuvo que tascar el freno de su impaciencia para no interrumpir a la sirvienta, lo cual hubiera hecho más lento el relato, la dejó pues hablar a su aire:

Para empezar su emir tenía que perdonarla por haber escuchado detrás de la puerta, cosa que juraba por todos sus muertos habidos y por haber que jamás antes había hecho y jamás volvería a hacer; aunque de haberlo hecho aquella mañana no estaba arrepentida porque quizás todavía pudiera ayudar a la bella señora. Sucedió que cuando venía con el carrito portando el desayuno y llevando colgado en un brazo con mucho cuidado para que no se estropease el caftán que la bella señora le había pedido que le trajera del vestuario blanco, vio andando por la galería a lala Tima. Iba muy deprisa y retirada de la baranda para que no pudieran verla desde la sala circular y de vez en cuando se acercaba y vichaba por los agujeros; todo esto le hizo suponer que lala Tima estaba por allí sin permiso del emir, y sin cesar de observarla retrasó el paso para que la otra no la viera ni oyese el ruido del carrito, y cuando la vio entrar en la alcoba de sus señores, sin tocar con los nudillos en la puerta ni pedir permiso de viva voz, colándose deprisa, se preocupó mucho, pues, aunque su emir no quisiera perdonarla y ordenara que la tirasen al campo como a una rata muerta, ella tenía que decir toda la verdad: que lala Tima era una mujer malvada que azotaba personalmente a sus criadas con un duro rebenque y que por eso no tenía nunca una servidumbre adicta, solo cuatro desgraciadas a quienes los padres obligaban a permanecer en sus puestos por los dineros que cobraban. Por eso, tuvo miedo por la bella señora que estaba en el baño de al lado, porque había dicho que tenía mucha hambre y no podía entretenerse en un baño prolongado en su sala de baños, y ella creía muy capaz a lala Tima de ahogarla en la bañera y que quedara como un accidente; por celos y envidia, porque la señora era tan bella como describían los libros de los señores a las huríes del paraíso y lala Tima era fea como un demonio del averno, y que su emir la perdonara por hablar así de su prima pero que ella ya estaba más que harta de aguantarla cada vez que venía de visita al castillo, y que nunca tenía ganas de irse, allí se quedaba meses y meses procediendo como si fuese el ama y tratando a las criadas y a los criados con la punta del pie, insultándoles y amenazándoles con horrendos castigos por lo más mínimo, y cuando ordenaba algo, que no paraba de mandar, había que obedecerla de inmediato, y si el que fuera o la que fuese estaba ocupado tenía que dejarlo todo para servirla a ella, y como todos y todas le tenían un miedo cerval no se atrevía nadie a quejarse a lala Sohora o a sidi Alí, porque además aquellos dos no admitían chismes, y menos si se trataba de acusar a una lala; que su emir indagara entre los otros sirvientes y vería como ella no mentía, desgraciadas todas y todos si era cierto que pronto iba a tomar el poder en el castillo. Entonces, como la manera de comportarse lala Tima no le gustó nada, empujando despacito el carrito se acercó a la puerta y pegó el oído, al principio solo por si escuchaba a la bella señora chillar pidiendo socorro acudir en su ayuda, pero a la bella señora no se la oía ni respirar, como si se hubiera muerto del susto, y si no muerta, medio muerta sí que estaba, lo vio ella luego, a la que escuchó porque esa sí que estaba bien viva y hablaba sin parar, fue a lala Tima, que como estaba muy sulfurada y se figuraría que nadie excepto la bella señora la escuchaba, hablaba fuerte, sin pararse ni para cobrar aliento, que así salió luego, como una ciega y sudando a chorros. Lo primero que le oyó decir fue que su emir iba a repudiar a la bella señora, que iba a ordenarles a sus criados que la echaran al campo a patadas en el..., bueno, en la parte de atrás, y que luego iba a casarse con ella...

A partir de ahí, seguramente porque en su escaso intelecto la criada no les halló la traducción al árabe a ciertos vocablos de los que dijo Tima en francés y en español, como los recordaba textualmente no se debanó los sesos, y así se lo dijo a su emir: como los había oído, aunque la pronunciación no fuese perfecta, con la certeza de que él, con lo sabio que era, sabría entenderla:

—... *desvergondée... sale prostituée... les mestrues... forniquer, accucher... sexe pure...* entre las piernas... mala ralea...zorra... intrusa... advenediza... tontaina, noblote sin malicia... viciosas puterías... diabla putona... sucia perendeca... daifa...

CAPÍTULO XXVIII

Como echar agua en la arena del desierto
(Proverbio árabe)

El rostro de Cheik Abdelkrin ya no podía estar más pálido, semejaba el de un cadáver al cual prestase vida el extraordinario fulgor de las ahora no tan claras pupilas.

—Tu lealtad para con tu señora será bien recompensada.

Entró rápidamente en la alcoba. Tenía la esperanza de que ella hubiera dejado una nota escrita, diciendo que regresaba a Rabat con su padre porque no podía soportar tantas salvajadas. Entre todos los males hubiera sido el menor, pues lo que en verdad le preocupaba era que se hubiese ido montada en el caballo negro, porque el caballo negro no era de fiar, menos aún si no se le conocía, y aún podía agravarse la situación si el jinete estaba nervioso, ya que su estado de ánimo podía contagiar a la montura.

No había ninguna nota. De una rápida ojeada abarcó la alcoba, destacando el carrito con el desayuno, los recipientes tapados, la jarrita con zumo de naranja, la otra con leche, un yogur sin abrir... Todo estaba intacto, ella se había ido sin tomar nada, y ayer a medio día apenas comió y por la noche tampoco cenó; debía estar desfallecida.

Sentía auténtica furia, la genética herencia del padre estaba en plena crisis, e iba a ser terrible para quien había osado maltratar a la mujer que amaba.

Salió, cerró la puerta con llave, la sacó de la cerradura y se la entregó a la criada, que desde la entrada había estado observándole, ahora muy callada:

—Guárdala y no te muevas de aquí. Nadie debe entrar en esta alcoba; ni para limpiar, salvo lala Salma y las sirvientas que vengan con ella... ¿Has entendido?

—Sí, mi emir, entiendo y obedezco; pero por Alá, que vengan dos o tres criadas a acompañarme, porque seguro que tu prima lala Tima ya se ha enterado de que he hablado y en cuanto que tú te vayas vendrá a por mí y me hará trizas.

—¡Lala Tima no es nadie en esta morada y no va a tardar ni cinco minutos en salir de ella para siempre! —tronó la voz y la morita no osó volver a abrir la boca.

Con una expresión en el rostro que impresionaba, a largas zancadas por el corredor llegó al recodo, lo dobló, cruzó la galería como una exhalación y se puso a bajar de dos en dos los peldaños de la escalinata; pero ahora no exultante como antes, sino colérico hasta el paroxismo. Iba ciego de ira y dolor; sería por ello que no pareció ver a lala Sohora, la gobernanta, quien perdida por aquella vez su habitual compostura, se acercaba deprisa a la escalinata para enterarse de primera mano de lo ocurrido.

—¿Qué ha pasado, sidi?

Si ahora, ya abajo, vio y oyó a su estimada sirvienta, tampoco lo demostró, y la vieja mujer siguiendo las normas de todo buen criado: ver, oír y callar, no insistió; pero se quedó allí por si podía ser útil, de pie junto a la escalinata, mientras él se adentraba en la sala circular hasta llegar a un lugar de la pared donde había un determinado tapiz, alzó una esquina dejando al descubierto una tabla de timbres, puso en ella las manos abiertas, abarcando todos los botones, apretándolos durante varios segundos, luego las retiró y la esquina del tapiz cayó automáticamente volviendo a tapar la tabla. Regresó sobre sus pasos hasta el jardincillo, se detuvo al lado, se plantó bien afianzado sobre los grandes pies con las largas piernas ligeramente abiertas, y clamó a voz en cuello:

—¡¡A mí, mi familia amante!! ¡¡A mí, mis leales servidores!! ¡¡A mí, todos los míos!! ¡¡A mí!!¡¡A mí!! ¡¡A mí!! ¡¡A mí!! ¡¡A mí!!

Era una voz viril, voz de mando, con una semejante debieron arengar sus ancestros a sus huestes guerreras hasta conducirlas a la victoria.

—¡¡A mí, todos los míos!! ¡¡A mí!! ¡¡A mí!! ¡¡A mí!! ¡¡A mí!!

La potente voz rebotaba en las paredes, por la planta baja y por la planta alta, introduciéndose por los vericuetos, descendiendo hasta los vetustos sótanos, subiendo hasta las almenas, y más allá, como si intentara llegar a la puerta del cielo para exponer su pleito, clamando justicia ante la corte divina.

La gobernanta, sin moverse del lugar que ella misma se había asignado, estaba impresionada, y transida de inquietud, ya que, al parecer, era cierto lo que le contaron las chicas y que ella no había creído, que algo grave le había ocurrido a la joven señora.

Antes de irrumpir en la sala familiares y sirvientes se oyeron voces de alarma, invocaciones a Alá, pasos apresurados de fuertes zapatones y de suaves babuchas.

Los primeros en hacer acto de presencia fueron un grupo de jóvenes entre los que se encontraba Omar Abdelkrin, que fue rápidamente y se puso al lado del hermano, y los ocho hombres de la escolta encabezados por Mohamed y Saíd, que llegaron con gestos fieros empuñando sendas pistolas; y casi enseguida la sala circular estaba llena de gente, señores y sirvientes. Entre las señoras se hallaba Tima Ziat, pues en cuanto empezó a oír el estridente sonido de los timbres, el de su habitación y algunos otros en tonos desvaídos seguidos de gritos y carreras, supo que la huida de la franchuta había sido descubierta, y al momento empezó a ponerle al asunto unos añadidos muy de su gusto: sabía que la odiada rival no se había ido en un taxi al aeropuerto, lo había hecho montada a caballo, lo había visto con sus propios ojos, ya que no pudo contar para eso con la ayuda de la criada Hlala porque la gobernanta la tenía ocupada; le dio igual, que la maldita franchuta se fuera como le diera la gana, pero que se fuera, que desapareciera para siempre de la vida de Cheik Abdelkrin; por tanto, sabiendo con antelación que en cuanto se descubriese la huida de aquella maldita se daría la alarma, ante el enorme jaleo que se había producido no le cupieron dudas al respecto; pero sabedora también de que cuando el jefe de la familia les reunía a todos en la sala circular era para notificarles un hecho trascendental, una grata nueva o una desgracia, como ocurrió cuando lo del accidente de aviación donde perecieron sus padres juntos con los de su adorado, de pronto la invadió una gran alegría, pues pensó que era demasiado jaleo si se trataba de anunciar el jefe de familia que la esposa se le había escapado a los dos días de casados; no podía ser, era cuestión de dignidad, con lo gran señor y el enorme orgullo de casta que tenía Cheik Abdelkrin no iba a reunir a toda la familia, hasta a la servidumbre, clamando "a mí, a mí", para notificarles que la reciente esposa le había abandonado... No, allí había ocurrido algo mucho más grave.

También sabía que el caballo negro con el que se había ido la intrusa era un mal bicho, un animal temible, capaz de desmontar al más avezado de los caballistas.

¡A la maldita la había tirado el caballo y se había desnucado, seguro! Para dar una noticia así sí era lógico tanto revuelo. Ji, ji, ji, ji... Pobrecita Suzanne Desbois, en plena juventud y belleza la había matado un caballo malo; el desesperado viudo necesitaría consuelo, ¿y para qué estaba ella si no era para consolarle amorosamente?

Tan obsesionada estaba con la idea de que la aborrecida rival se había matado que se sorprendió desagradablemente al no ver tendido en el suelo entre los divanes y el jardincillo, a los pies de su amado, el ensangrentado cadáver. No se le ocurrió pensar que la criada la hubiese delatado porque estaba segura del gran efecto que surtían sus amenazas, ya que ella no amenazaba en vano y aquellas zafias y zafios lo sabían.

—¡¡Tima —bramó la voz de Cheik Abdelkrin—, hija de satanás, ¿cómo te atreves a ponerte ante mi vista?!!

Nadie se esperaba esto y todos, familiares y sirvientes, miraron al rostro de Tima Ziat, que de súbito se puso verdoso y, aunque naturalmente ella se dio cuenta de que se había equivocado y que la muy cerda Amina se había atrevido a delatarla, se dijo que no todo estaba perdido, únicamente tendría que echar el resto fingiendo, y siempre con todas las de ganar puesto que sería su palabra contra la de una miserable sirvienta. En tono dulce, como dolido, inquirió:

—¿Por qué me hablas con tanta dureza, amado primo, qué falta he cometido para incurrir en tu enojo, yo, que sería capaz de dar mi vida por evitarte un simple contratiempo?

—¿Que por qué te hablo con tanta dureza me preguntas, so cínica? ¿Qué falta has cometido para incurrir en mi enojo, añades, mala res? Pues voy a decírtelo porque quiero que se enteren todos de la clase de alimaña ponzoñosa que eres y lo irreverente, que no respetas a nada ni a nadie.

—¡A ti te respeto y te adoro como a mi rey, más todavía, como a mi Dios!

—Mala forma de respetarme si no respetas a mi esposa. ¡A callar, Tima, que estoy hablando yo! —A continuación, sin que la prima osara protestar, Cheik Abdelkrin se dirigió a todos en general—: Escuchen, familiares y servidores: ayer mismo juré a mi esposa que si alguien la ofendía, aunque solamente fuese en la dimensión de un cabello, y fuera quien fuere, sirviente o familiar, despertaría mis justas iras y recibiría un castigo ejemplar; pues bien, escuchen lo que ha hecho esta horrenda demonia: esta mañana, aprovechándose de que yo estaba en mi despacho ocupado con los extranjeros llegados ayer y que mi esposa se hallaba sola e indefensa en nuestra alcoba matrimonial, ha subido la escalinata sin mi autorización, ha entrado subrepticiamente en mi alcoba y se ha ensañado con ella, insultándola soezmente, utilizando un vocabulario como no se oye ni en los más bajunos de los burdeles, tanto que si yo os repitiera textualmente todos los sapos y culebras que ha echado esa indigna persona por su feísima bocaza, en francés, y hasta en español, escogiendo las expresiones más obscenas, aún los más curtidos de los hombres enrojeceríais de vergüenza y las mujeres correrían a encerrarse en sus habitaciones, y amenazándola de muerte, diciéndole que si no se iba inmediatamente de esta casa ella la mataría con sus propias manos... ¿Quién eres tú —bramó de nuevo, ahora sí dirigiéndose a la prima que parecía haberse convertido en una fea estatua—, y con qué motivos de causa cuentas, para decirle a mi amada esposa que yo la iba a repudiar, que iba a ordenar a mis criados que la echaran al campo a patadas y que luego iba a casarme contigo, feo demonio? ¿Y con qué derecho te encuentras para impedir que se ponga un caftán cuyo género y hechura he pagado de mi bolsillo y he diseñado exclusivamente para ella? ¿Quién eres tú para permitirte tamañas atribuciones? ¡Y no contenta con todo esto también te atreviste a poner en tu puerca boca, manchándolos con tu pestilente aliento, los santos nombres de mis padres, tachándole a él de poco hombre, de tontaina noblote sin malicia, dijiste, y a ella de advenediza e intrusa que le envenenó la sangre con viciosas puterías, eso dijiste también, puerca indecente, cuando mi padre fue el hombre más cabal del mundo y mi madre una señora sin tacha que le amó tanto que por él renunció a toda su familia! ¿Y quién te crees que eres en mi casa, para tratar desconsideradamente a mis leales servidores y esta mañana amenazar a una fiel criada mía con cortarle la lengua si me contaba tu felonía añadiendo que le convenía estar a bien contigo porque pronto ibas a tener todo el poder del castillo? ¿Qué poder, feo aborto del infierno, quién va a darte ese poder? ¿Quién te crees que eres en mi casa? Yo te lo diré: eres una basura, una inmundicia, un nauseabundo excremento, un trapo sucio, tan sucio como tu lengua y como tu alma, que aún es más fea que tu cara y que tu cuerpo, lo que ya es ser fea...

La cólera de Cheik Abdelkrin, que pese a ser hombre de genio muy vivo era la primera vez que se manifestaba en toda su preponderancia frente a los suyos, familiares y sirvientes, les tenía sobrecogidos a todos y, por supuesto, a ella, que estaba más fea que nunca: verdosa, echando chorros de sudor por la cara, los ojillos sanguinolentos, y las aletas de la nariz abiertas al máximo mostrando unas fosas nasales increíblemente grandes; no obstante, aún se atrevió a replicar con fiereza:

—¡Esa mujer no es digna de ti, no es pura, vi las sábanas y no estaban manchadas, no había huellas de la desfloración, tus otras primas también las vieron!

Los tíos carnales estaban juntos con sidi Moulay, y hablaron entre ellos en este orden: sidi Mojtar, sidi Idris, sidi Hassan y sidi Moulay:

—No tiene vergüenza, carece hasta del más elemental pudor femenino.

—Si lo tuviera, se hubiese tapado la fea cara con varios velos.

—No me pilla de sorpresa, siempre supe que es una impúdica intrigante, una camandulera, y sus desgraciados padres también lo sabían, pero no pudieron hacer carrera de ella, es una precita.

—Pero nadie queda sin castigo. Alá es el árbitro supremo, el único juez y, como dice la aleya del Corán, quien quiera que haya hecho mal, será retribuido con el mal.

Los ancianos se hallaban como siempre todos en un grupo: ellos consternados, ellas llorando e invocando a Alá.

Sidi Harrak, el mayordomo mayor, se dijo para su capote:

«¡Qué comportamiento tan indigno en una dama de alcurnia!».

Sidi Alí, que se hallaba con el personal masculino, se dijo a su vez:

«Esta lala Tima, además de horrenda, es el acabose. Alá hizo bien llevándose a los padres antes de que presenciaran esto».

Y lala Sohora, que estaba con todas las criadas, igualmente se dijo para sí:

«Tima Ziat Abdelkrin no tiene nada de lala, es el borrón de la familia, en todo y por todo; de ella sí que se puede decir que el rostro es el espejo del alma».

—Puerca asquerosa —dijo Cheik Abdelkrin mirándola con desprecio—. ¿Quién eres tú para inmiscuirte en las intimidades de mi matrimonio? Sin embargo, voy a decirte algo que no te incumbe en absoluto, además voy a hacerlo alto y claro, porque como todo hombre enamorado estoy feliz y orgulloso, de paso limpiaré el nombre de mi esposa de la mala baba con que has tratado de mancharlo: me casé con Suzanne Desbois porque me enamoré perdidamente de ella, y si no hubiera sido virgen, porque los tiempos han cambiado y actualmente muchas jóvenes caen en ello, por inconsciencia o por seguir la corriente, continuaría igual de enamorado, pues el amor de un hombre por una mujer no depende de un himen, y de ninguna manera la hubiese repudiado por esa razón; pero para mi mayor felicidad no ha sido el caso, hasta la noche pasada mi mujer ha sido virgen y pura, y ha dejado de serlo, no pura, ya que eso lo será siempre, pero sí virgen, porque yo, con todo mi derecho y todo mi amor, la he desflorado; y nunca mejor aplicado el vocablo, pues yo he sido el único dueño de esa rosa, de esa hermosa flor, tanto de cara y cuerpo como de alma y corazón; su virginidad ha sido el más bello regalo que ella me ha hecho...Y se acabó la cuestión, lárgate de mi vista, Tima Ziat, y que yo no vuelva a verte nunca jamás, fuera de mi presencia antes de que me olvide de quién eres hija. Voy a salir inmediatamente en busca de mi esposa, y a mi vuelta no quiero saber que continúas bajo este techo, porque a ti sí que ordenaré a mis criados que te echen a patadas, y ya daré órdenes a mis guardias para que tampoco te permitan la entrada en ninguna de mis otras casas.

—¡Tú no puedes hacerme eso, soy tu prima, soy de tu misma sangre y de tu raza, no puedes echarme por una intrusa extranjera!

—¡Mi esposa no es intrusa ni extranjera en mi casa, ella es, por mi gran deseo y por la ley de Dios y la de los hombres, lala Suzanne Abdelkrin, marroquí adoptiva y primera dama de nuestra dinastía, dueña y señora de todo cuanto poseo! ¡Mi benevolencia para contigo porque te creía acreedora de mi aprecio como miembro de mi familia te ha permitido llegar tan lejos, y es lo que me pesa, que yo mismo, con mi consideración hacia ti he dejado a mi esposa indefensa ante tu maldad, pero eso se acabó! ¿Qué esperas? ¡Largo, fuera de mi vista y de mi casa para siempre! —Y desentendiéndose de la fea prima se dirigió a la gobernanta—: Encárgate de la cómplice, de esa enclenca que parece una niña pero que no lo es tanto porque es la maldad que lleva adentro lo que no la deja desarrollarse, no la veo ahí contigo, habrá oído el jaleo y estará escondida; búscala, y cuando la encuentres, échala sin contemplaciones.

—Descuida, mi emir, tus órdenes se cumplirán al pie de la letra.

Entonces se produjo un hecho tan denigrante que les dejó a todos de muestra: Tima Ziat, a quien por unos instantes habían olvidado, se había soltado el pelo, desabrochado el delantero del caftán, arañado con auténtica saña el rostro, el cuello y buena parte del pecho y, por último, se tiró al suelo, a los pies del primo, aferrándosele con ambas manos a las piernas, y gritando como una posesa:

—¡No la busques, no te rebajes, ella ha abandonado el domicilio conyugal, pórtate como un hombre de nuestra raza y repúdiala!

—¡Aparta de mí!

—¡Di las palabras de ritual, di tres veces que la repudias, dilo bien fuerte!

Sidi Idris dijo entre dientes:

—No tiene remedio, es una inmoral.

Sidi Hassan le secundó:

—Qué comportamiento tan denigrante para una mujer de nuestra estirpe.

—Es la hez de la familia —dijo sidi Mojtar apesadumbrado.

Y sidi Moulay moviendo la cabeza en señal reprobatoria:

—Es lo peor de lo peor; gracias a Alá mis hijas no se han contaminado.

Mientras, Cheik Abdelkrin vociferaba:

—¡Aparta tus puercas manos de mí!

—¡Repúdiala y cásate conmigo, seré buena esposa, te daré muchos hijos, y podrás tener todas las concubinas que quieras, yo no me opondré!

—¡Tú sí que eres indigna de pertenecer a la noble familia Abdelkrin, y como jefe, a ti sí que te expulso: te repudio, te repudio, te repudio!

—¡Y nosotros, tus tíos carnales, te apoyamos por unanimidad!

—¡Y yo, tu hermano!

—¡Y yo, tu tío político, aunque mi voto no valga gran cosa, pues esa mujer en la familia significaría un gran peligro para mi hijas!

—¡No, a mí no puedes repudiarme, a mí no!

—¡Aparta, te digo, y vete de mi vista, mira, que no respondo de mí!

Algunas mujeres, entre las que se encontraban lala Salma y las esposas de los tíos carnales, dieron un paso hacia Tima, para sacarla de allí a como diese lugar; pero no fue necesario, porque ella, que estaba horrorosa como nunca, con el pelo hecho una gran bola negruzca y la cara, el pecho, y hasta el caftán, por todo llena de sangre y sudor, se levantó de un salto, plantándose delante del primo, gritándole que ella no se había caído de una higuera como todas y todos los sandíos que tenía delante, que ella sabía muy bien que en aquel matrimonio tan inesperado existían muchos puntos oscuros, que a ver si él se creía que ella se había tragado la patraña de que la franchuta se había caído del coche, que él y sus hombres sabrían lo que le había hecho por el camino cuando la llevaba en el caballo resucitando la pantomima idiota de los antepasados para que llegara con la facha que llegó, y que ya vería el muy imbécil las consecuencias que iba a traerle haberse casado con una putona franchuta de tales características físicas, iba a ponerle una cornamenta más larga y retorcida que la de un ciervo adulto, el gran sidi Cheik Abdelkrin dejaría de inspirar respeto para convertirse en un burlesco cornudo.

Y se fue corriendo hacia la salida de la sala, la franqueó y desapareció de la vista de todos, pero durante algunos segundos continuaron oyéndola gritar, lanzando horrendas maldiciones para todos, empezando por la diablesa rubia a quien le deseaba mil muertes, y a él, por haberse dejado engatusar como un idiota, junto con el hermano, le gustaría verlos con los cuerpos llenos de llagas purulentas y comidos por los piojos mendigando por las calles de Oujda; y a los todavía más idiotas de los tíos carnales que por ser viejos deberían haber tenido más sentido común y, por el contrario, no habían hecho más que mirar embobados a la franchuta como si la estuvieran fornicando con los ojos, a los tres imbéciles les deseaba que el cáncer se cebase en ellos, y a la gorda tía Salma que se le cayeran las blancas carnes roídas por la lepra, y a las hijas que se les corroyesen los rostros de exulceraciones y las repudiaran los esposos por estériles, y a todos los Abdelkrin de la dinastía de los Grifos de Marrakech, a todos los componentes de aquella familia de retrasados mentales de los cuales no quería formar parte porque habían vuelto a admitir en su seno a una mujer de otra raza para que degenerase la especie, a todos aquellos arrogantes orgullosos, les deseaba, aparte de las más crueles enfermedades que se quedaran en la más completa ruina, porque ella, Tima Ziat, no quería saber nada de tal familia, no porque la hubiesen repudiado, sino porque se desligaba voluntariamente del parentesco, no quería ser una Abdelkrin, solo Tima Ziat... Tima Ziat... Tima Ziat... Timaaaa Ziaaaaat... Ziaaaaat...

La chirriante voz se fue perdiendo en la distancia, propagándose, repitiéndose el eco por los largos corredores, cada vez más debilitado hasta extinguirse.

Todo ello antes de que las numerosas personas que habían quedado en la sala hubieran logrado salir del estado de incredulidad, casi de petrificación, que les provocó, a señores y a sirvientes, hombres, mujeres, viejos y jóvenes, un comportamiento tan indigno, bajuno y vituperable, en una mujer miembro de la noble familia.

CAPÍTULO XXIX

Solamente se siente triste quien calibra sus propias faltas
(Proverbio árabe)

—Confío en que no habréis prestado crédito a la pérfida insinuación de que yo pueda haber maltratado a mi esposa...

Le interrumpió, no una voz, sino un auténtico clamor de voces.

—Gracias, querida familia y mis leales servidores. Sé que al menos a vosotros, mis respetados tíos carnales, y a ti, mi querido hermano, os debo una explicación más detallada, pero como comprenderéis eso tendrá que esperar.

—No nos debes ninguna explicación —se apresuró a decir sidi Idris—, como siempre, con la facilidad de palabra que te caracteriza has hablado con meridiana claridad. Mis hermanos y yo, tus tíos carnales, somos hombres de experiencia, hemos corrido mucho mundo, conocemos bien la vida y a las mujeres, y tu esposa tiene los ojos límpidos y puros, no será la viperina lengua de nuestra sobrina Tima la que nos haga cambiar de criterio.

—Esas mismas palabras bullen en mi mente —dijo sidi Mojtar.

—Y yo lo ratifico —les siguió sidi Hassan—. Y añado por mi cuenta que anteanoche tu esposa me pareció una niña todavía con leche en los labios, y seguiré pensándolo; aunque no hubieras dicho lo que has dicho.

—Yo lo que vi fue una gacela asustada —dijo sidi Moulay, añadiendo—: ¿Y es que cabe malicia o mistificación en una gacela asustada?

—Y ahora, querido sobrino —dijo entonces sidi Idris retomando la palabra, en tono grave—, voy a hacerte una pregunta que me tiene atenazado el corazón y estoy seguro de que a tus tíos, Idris y Mojtar, les sucede igual; pero como es tan doloroso, les falta valor para plantearte el asunto. He aquí mi pregunta, clara y precisa: ¿tú has creído la infamia de que hemos mirado a tu esposa con procacidad?

—¡Por Dios, tío, qué dices! Oídme bien todos, mis respetados tíos y los presentes en general: jamás, aunque viviera mil años, daría pábulo a tamaña calumnia. Sabía que mi prima Tima es una mujer insensible, envidiosa y celosa, pero nunca llegué a imaginar que tuviese el alma tan podrida. Bien, alguna otra cosa que falte por aclarar queda aplazada. Estoy muy inquieto, voy a salir enseguida a buscar a mi esposa; aceptaré cualquier ayuda, sin miramiento de jerarquía o parentesco, pues si como pienso se halla perdida, cuantos más seamos para buscarla antes la hallaremos, y todos sabéis que en casos así el tiempo juega un papel primordial. Mi plan es el siguiente: primero daremos una buena batida por los alrededores.

—Perdona, hermano —habló Omar—, creo que la preocupación te ha nublado el cerebro, lo más probable es que haya ido a Rabat con el padre.

—Me has quitado las palabras de la boca —dijo sidi Idris, y añadió, intentando bromear—: Cuando las mujeres se enfadan con el marido siempre se van al hogar paterno. Lo primero que deberías hacer es telefonear a tu suegro.

—Sabéis que ni aun espoleando brutalmente a ese diablo negro habría podido llegar todavía ni a medio camino, a no ser que, influenciada por las palabras de esa arpía de Tima, haya ido al aeropuerto y tomado un avión, aunque yo creo que no se ha llevado dinero en efectivo, ni tarjetas, ni móvil, ni nada..., en fin, en avión sí habría llegado, y en ese caso estoy seguro de que mi suegro me habría llamado inmediatamente para recriminarme y pedirme explicaciones por el mal trato dispensado a su hija en mi casa, y para tranquilizarme porque supondría mi inquietud, pero como no ha sido así no voy a telefonearle para darle al pobre hombre un gran disgusto antes de tiempo. Yo creo que ella, nerviosa, sin recapacitar, ha montado en el caballo y ha emprendido una loca carrera, y sin ver por dónde iba, sin darse cuenta de nada, se ha internado por la zona desértica. No conoce nada de estos entornos, no sabrá cómo regresar. Por tanto, tenemos que encontrarla lo antes posible. Empezaremos inmediatamente la búsqueda por allí, que es por donde entraña más peligro, la angustiosa incertidumbre que yo siento no tendrá la menor importancia si al final se descubre que estoy equivocado y que efectivamente se ha ido a Rabat. —Nadie replicó, a continuación habló su secretario, que estaba en unión de los extranjeros, quienes no entendían nada pero que se figuraban que había ocurrido algo desagradable—: No obstante, no voy a dejar ningún cabo suelto, telefonea a la policía de Oujda, para que indaguen si ha sido vista mi esposa jinete en un caballo negro, también por el camino del aeropuerto y en el mismo aeropuerto, por si ha tomado un avión, y por Taza y la ruta de Rabat. Que desplieguen todos sus efectivos disponibles y todos los medios que sean necesarios. Comunícate también con el médico, explícale lo ocurrido, dile que venga y que aguarde mi regreso con mi esposa por si ella necesitara cuidados. —Acto seguido se desentendió del secretario que se marchó seguido por los extranjeros, los cuales le hacían preguntas, y se dirigió a Abdallah, su chófer—: Yo voy a ir a caballo, me seguirás con un Land Rover. Tú, Omar, pilotarás uno de mis helicópteros, el verde.

—El amarillo lo pilotaré yo, si te parece bien —le interrumpió Ahmed, el hijo varón de la tía Salma y el tío Moulay.

—Perfecto. Nunca os retiraréis de una zona sin estar completamente seguros de que no está por allí. Llevaréis agua...

—¡Y yogures! —exclamó el anciano tío abuelo.

—¡Y miel! —exclamó a su vez otro anciano, sidi Yilaly, alzando uno de sus torcidos dedos.

—Perfecto. Llevad yogures y miel. Y, por supuesto, botiquines de urgencia.

Los dos jóvenes, acompañados de dos más que les acompañarían en los aparatos, se fueron rápidamente a proveerse de lo dicho y seguidamente al hangar.

—¡Ay, qué pena ser tan viejos y no poder participar en la búsqueda de la joven y bella sultana!

—¡Ay, con lo que hemos sido, tan fabulosos caballistas y arriesgados caballeros siempre dispuestos para acudir en ayuda de una fémina en apuros, ay!

—¡Ay, qué tristeza no servir ya para nada!

—Ahora lo único que podemos hacer es rogar a Alá, el todopoderoso, el piadoso, el magnánimo, el omnisciente que todo lo sabe, todo lo ve, todo lo oye y todo lo puede, para pedirle por ella, por la joven y amada esposa, que la proteja de todo mal poniéndole la mano sobre la cabeza y guiándola por una senda segura.

Los empleados de la cuadra habían sido advertidos: en cuanto regresara el caballo negro, con la señora o solo, debían avisar inmediatamente, y personalmente, a sidi Cheik Abdelkrin, y si él no se hallase presente comunicárselo con el móvil.

La respuesta de la policía fue negativa; pero naturalmente ya se había iniciado la búsqueda.

Ya estaban los caballos y los hombres montados, frente a la entrada principal del castillo, en el ancho paseo con baldosas vidriadas de colores. Entre los caballistas, donde se hallaban los tíos carnales y sidi Moulay, además de sidi Harrak, sidi Alí y otros sirvientes, se repartieron fusiles, cantimploras con agua y cuernas de caza.

«¡Ojalá estuviera yo equivocado y te hubieras ido con tu padre, así estarías a salvo e iría rápidamente en tu busca y te traería otra vez conmigo en mi caballo, aquí, delante de mí, amorosamente entre mis brazos; y te colmaría de tantos halagos, tantas atenciones, tantos regalos y, sobre todo, de tanto amor, bien de mi vida, que a la fuerza tendría que conmoverse tu corazón y latir al unísono con el mío!».

En el preciso instante en que Cheik Abdelkrin se disponía a dar la orden de partida, se oyeron voces lejanas y llegó corriendo y gritando el yegüerizo:

—¡Sidi! ¡Sidi! ¡El caballo negro ha vuelto a la cuadra! —Y ya junto a todos—: Viene solo, seguro que desde muy lejos porque trae gran sudadera y mucho polvo, y tiembla. El albéitar y su ayudante lo están atendiendo limpiándole bien con la almohaza para luego abrigarle con una manta.

Las mujeres, señoras y criadas, jóvenes y viejas, sollozaban alzando las manos al cielo en un clamor de invocaciones a Alá.

Cheik Abdlkrin dijo:

—El caballo nos ha traído la respuesta a nuestras dudas —dijo entonces Cheik Abdelkrin, en tono sombrío—. Mi esposa está perdida en cualquier lugar: en la zona desértica, en campo cultivado, en alguna cuneta de la carretera... Donde sea, seguramente conmocionada por la caída, pues indudablemente el caballo la ha tirado, y puede que también esté herida, quizás de gravedad..., o peor aún. Vamos a buscarla, tenemos que encontrarla, pronto. ¡En marcha!

Podría haber pilotado uno de sus helicópteros, o ir de copiloto para dedicarse exclusivamente a buscar con los potentes prismáticos, pero prefirió el caballo, tal vez por atavismo supersticioso, pues tenía la esperanza de que su caballo preferido, el corcel blanco como la espuma del mar, le traería suerte y encontraría a su amada sana y salva y podría traerla a su casa igual que la había llevado dos noches atrás; por otra parte, no perdía de vista al helicóptero verde pilotado por el hermano, siguiéndole por tierra, pues desde las alturas él y el copiloto con los prismáticos disponían de mucho más campo de visión.

«¡Corre, vuela tú también, mi noble bruto, conviértete para mí en un Pegaso e intuye con tu instinto animal dónde desmontó tu maldito congénere a mi amada y llévame raudo junto a ella!».

¿Y si tampoco estuviera por allí, y finalmente tuviesen que dejar aquellos parajes para emprender otro derrotero? El tiempo que llevaban buscándola sería tiempo perdido, tendrían que empezar de nuevo a partir de cero, y cuando llegaran a su lado podría ser demasiado tarde, porque lo que no podían permitirse era retirarse sin haber recorrido íntegro el inmenso erial achicharrado de sol; de ninguna manera podían correr el albur dejándola abandonada en aquel lugar, sería casi como condenarla a muerte, una débil mujer no podría, ni sabría salir de allí por sus solos medios, y quizás se hallaba oculta en alguna hondonada, y ni siquiera esto, simplemente podría estar tendida en el suelo, y si las ropas que llevaba puestas no eran de un color vivo, aplastada contra la tierra se confundiría, no se la vería ni desde arriba; aunque su bellísima cabellera dorada la delataría, señalaría su presencia como si fuese una hoguera en el suelo.

En el impresionante silencio reinante los sonidos de las cuernas eran como emotivas llamadas al infinito, llamadas sin respuestas.

Se trataba de una región hostil donde de noche solía hacer frío y de día un sol achicharrante. Abundaban, aparte de las inofensivas sabandijas, alimañas ponzoñosas y temibles arácnidos; las víboras, las bichas y los escorpiones tenían allí su hábitat; permanecían ocultas buscando el fresco debajo de la arena y de las piedras y en grietas del reseco terreno; atacaban por sorpresa, y si la persona agredida no recibía rápida ayuda, podía morir. Por otra parte, eran unos parajes muy poco transitados, sobre todo a tales horas en que el sol caía de pleno y, por ende, el calor era poco menos que asfixiante; pero no era imposible ver a algún beduino montado en un asno, o a pie, uno de esos hombres a los que les gustan vivir solos, como ermitaños; aunque son gentes humanitarias y generosas, y si encuentran a alguien necesitado de ayuda, se la brindan sin condiciones, hasta se los llevan a sus chozas para cuidarles...

«Cuánto ansío estar a tu lado, amor mío, para tomarte en mis brazos y protegerte de todo mal... Señor de los cielos, ya me diste un durísimo golpe al arrebatarme a mis padres de manera harto dolorosa, atiende ahora mi súplica, haz que encontremos pronto a mi esposa sana y salva, concédeme esta suprema gracia y te prometo que el hospital infantil que tengo en proyecto se hará realidad lo antes posible y llevará su nombre: Hospital Pediátrico lala Suzanne Abdelkrin...

Siempre tenía cerca a sus fieles Mohamed y Saíd a caballo y a Abdallah conduciendo el Land Rover.

Cuando después del distante sonido de una cuerna, un sonido más prolongado del normal, como para llamar la atención, empezaron a oír los disparos de fusil, Cheik Abdelkrin se envaró sobre su caballo, alerta, casi conteniendo la respiración para poder contar el número de tiros consecutivos sin temor a equivocarse:

Uno... dos... tres... cuatro... cinco... seis... ¡Seis disparos!

Era la contraseña, la habían encontrado viva.

En las alturas, el helicóptero verde efectuó un giro acompañado del ensordecedor ruido de las hélices al mismo tiempo que el petardeo de las bengalas que comenzaron a salir en profusión por las ventanillas del aparato.

Mohamed y Saíd ya se acercaban a galope tendido.

—¡Por allá! —voceó Cheik Abdelkrin acompañándose de gestos con las manos, dirigiéndose a los caballistas y para que le entendiera Abdallah, que llegaba con el Land Rover—: ¡A uña de caballo, mis fieles servidores, a uña de caballo!

Y dando ejemplo clavó las espuelas en los ijares del bello corcel blanco.

Ya no estaba sentada directamente en el suelo al lado de la enorme piedra, sino bastante retirada de aquella y en una silla de montar. El cambio lo efectuó de la siguiente manera: llegó un moro, desmontó como una exhalación, la silla al caballo, la puso en un lugar liso del suelo, sin grietas, corrió hacia ella, instándola presuroso a que se levantara y a que se sentase en la silla de montar, metiéndole bulla, diciéndole en defectuoso francés que no podía estar sentada en el suelo al lado de la piedra...

—¡Piedra mucho peligro, lala, pronto, tú levantando de suelo y retirando de piedra! ¡No, lala, no lo mismo! ¡Vengo, tú sentando aquí! ¡Vengo, vengo!

Ayudándola, hasta atreviéndose a cogerla de un brazo al observar que ella se derrumbaba, consiguió llevarla hasta la silla y que se sentara. Luego le dio agua de una cantimplora, advirtiéndole que bebiera despacio y no tomara mucha de golpe, retirándole el recipiente a viva fuerza cuando ella, sedienta, quería beber más. Enseguida llegaron más hombres, entre ellos sidi Harrak y sidi Alí, quienes, tras echarle un vistazo a la señora y ver que estaba bien atendida y que, al parecer, no tenía nada grave, se pusieron a sonar largamente la cuerna y disparar. Con diferencia de escasos minutos, aparecieron más, entre estos sidi Idris, sidi Mojtar y sidi Hassan, los cuales, de inmediato, se hicieron cargo de la situación, reemplazando al que la atendía y encargándose ellos, solícitos, con gran cariño, como lo hubiesen hecho con una hija:

—Ya pasó el disgusto, pequeña.

—Tranquilita..., ¿sí? No pasa nada, ya estamos todos aquí para ayudarte.

—Cheik ya viene para acá y enseguida regresarás a casa.

Ahora aterrizó muy cerca el helicóptero pilotado por Omar Abdelkrin, llevando con él a bordo a un primo segundo: Mohammad. El primero descendió del aparato portando un botiquín de urgencia, conteniendo entre otras cosas potentes antídotos contra venenos, de insectos y de animales. Enseguida relevaron a los tíos carnales y se pusieron a atender a Suzanne, ellos también con gran solicitud.

Omar Abdelkrin, después de limpiarle las manos con un algodón y agua oxigenada, pues las rozaduras le habían sangrado un poco del roce de las bridas del caballo, le refrescaba la frente con un blanquísimo pañuelo húmedo...

—No sufras, bella flor de mi hermano, ya pasó todo. Él no va a tardar en llegar, venía siguiendo al helicoptero..., ¿no te lo dije? Ahí viene con sus dos acólitos.

Suzanne miró hacia donde le indicaba su cuñado y vio una gran nube de polvo que se acercaba velozmente, suficiente para que se le acelerase el ritmo cardiaco.

Los jóvenes le sonrieron y se fueron a donde estaban los tíos carnales, con otros hombres que habían ido llegando, entre los últimos, sidi Moulay.

Casi al momento emergieron de la nube de polvo los tres caballos con sus jinetes, en primer lugar el blanco, a los lados y algo retrasados, los dos negros; y detrás, dando bandazos a un lado y al otro, el Land Rover conducido por Abdallah.

El bello corcel, al ser obligado a detenerse en seco por un fortísimo tirón de las riendas que forzaron brutalmente el bocado de oro, relinchó protestando.

El sirviente que había encontrado a Suzanne, secundado al momento por los otros, acogieron la llegada del amo con voces de júbilo.

—¡Albricias, sidi, albricias!

—¡Albricias, sidi! ¡Albricias! ¡Albricias!

Cheik Abdelkrin, con el rostro pálido de ansiedad, desmontó de un ágil salto, corrió hacia ella, se acuclilló y la tomó en sus brazos:

—¿Cómo estás, mi vida? ¿No te puedes levantar? ¿Te duele algo? ¿Estás herida? ¿Te sientes débil, mareada?

—Tranquilízate, hermano —dijo Omar al ver que su cuñada con la emoción no podía contestar—: ella está bien, solo cansada y débil, y magullada —y añadió señalando al hombre que la había hallado, pues sabía que su hermano querría saberlo para darle una buena recompensa—: Él fue quien la encontró y quien la ayudó los primeros momentos con gran acierto, procediendo; figúrate que según nos ha dicho, estaba sentada en el suelo junto a ese peñasco con la espalda y la cabeza apoyadas en él, gracias a Dios no ha pasado nada y en cierta medida su sombra la protegió del sol.

Porque sucedió que Suzanne, después de todo lo que había sufrido, al sentirse tan tiernamente abrazada por los amantes brazos de su marido y leer la ansiedad en su rostro, se relajó del terror pasado, y fue tanta su emoción, que al principio casi no podía hablar:

—Cheik... Cheik... Cheik... —repetía una y otra vez llorando.

—Cálmate, bien mío, ya estoy contigo y nada debes temer.

—Tengo que contarte algo —consiguió decir al fin más calmada—: y no quisiera tenerlo que hacer porque me consta todo cuanto quieres a los tuyos, lo cual te honra; pero tienes que saberlo, y de lo que decidas dependerá que regrese contigo a tu casa o no.

—Este no es lugar para hablar, en casa lo haremos cumplidamente. Lo sé todo y todo está en orden, nadie volverá a hacerte daño, te lo prometo, porque yo te protegeré y te defenderé de todo el que lo intente, yo seré tu custodio de por vida, yo, tu marido.

Pero a ella le dio la impresión de que él se había enterado de lo que pasó pero por tratarse de la queridísima prima intentaba echarle tierra al asunto.

—¡No, tú no puedes saber todo lo que me ha dicho tu prima Tima porque no estabas conmigo! ¡Y no trates de forzarme para que regrese contigo porque soy capaz de quedarme a morir aquí antes de volver a tu casa para convivir con esa impúdica grosera, tu graciosa primita del alma!

—Mi casa es tu casa, vida mía —dijo él, paciente—, Tima Ziat no volverá a molestarte nunca jamás, ni ella ni nadie, porque tú, mi esposa, eres para mí lo primero, y esa persona, que ya ha salido de nuestra casa para no volver a poner los pies en ella jamás, ni en esa casa ni en ninguna otra morada nuestra, también ha dejado de ser prima mía, ya no pertenece a la familia Abdelkrin de nuestra noble dinastía, ha sido repudiada, no solo por mí, por la familia en pleno. Te ruego no nos juzgues a todos por la maldad y grosería de una sola persona; Tima Ziat es el garbanzo negro de mi familia, y no puedes tirar a la basura una olla de garbanzos buenos y tiernos porque haya uno duro y malo.

—Me dijo tantas obscenidades —replicó ella, apaciguada—, tantas cosas asquerosas, que logró que me sintiera sucia, que sintiese asco de mí y de ti.

—¡Eso nunca, vida mía, no vuelvas a decir tal cosa, ojos míos, nunca, jamás, porque te amo, te amo, te amo! ¿No te basta con saber esto, mi niña?

—¡Oh, Dios mío, sí que me basta, era lo que más necesitaba escucharte decir, porque yo también te amo, te amo, te amo muchísimo!

Ya no pudo más él, se olvidó de que estaban rodeados de muchas otras personas y se desbordó en apasionados besos que repartía sin orden ni concierto por todo el rostro de su mujer, al tiempo que le prodigaba encendidas frases de amor, sin darse cuenta en su fogosidad de que había dejado de hablarle en francés para hacerlo en árabe, una lengua que para él era la única que poseía una modulación especial para expresar el amor en palabras, para decir: te amo.

—*¡Latechqueli balek yahayati behebek...!*

—No te entiendo nada; pero no importa, me gusta la entonación.

—En nuestra casa, en el castillo y en todas nuestras otras moradas, y muy especialmente en la intimidad de nuestra alcoba matrimonial, te lo repetiré, noche tras noche y día tras día, a todas las horas, en francés, en español, en inglés..., en el idioma que tú quieras, sé bastantes y en todos las frases de amor son muy dulces de pronunciar... Ahora, vida mía, urge que tomes algún alimento para que podamos emprender el regreso sin que te marees por el camino; debes estar completamente desfallecida, te encontrarás mal...

—Antes sí me encontraba muy mal, creía que me iba a morir; pero desde que has venido y me has tomado en tus brazos no siento ninguna molestia.

—¡*Habibati!* Por recomendación de mi tío abuelo te hemos traído yogur, y por la de otro anciano, un entrañable amigo tuyo, un tarrito con miel para que le añadas una cucharadita. ¿Sabes a quién me refiero?

—¿El ancianito del té?

—Exacto, al ancianito del té. Él y mi tío abuelo, y todos los otros, ellos y ellas, viejos y jóvenes, señores y sirvientes, todos se han quedado recitando versículos del Corán por mi bella sultana.

—Espera un momento, tengo que decirte algo más que tampoco puede esperar: sé que de lo sucedido yo tengo parte de culpa, podría haberme evitado el rato tan amargo que he pasado si en vez de salir corriendo como una loca te hubiera mandado aviso y te lo hubiese contado todo... Por favor, déjame continuar, es solo un momento: yo no tenía confianza en ti, pensaba que si te decía lo que había pasado no me apoyarías, que te pondrías de parte de tu prima, porque como me dijo, es de tu raza y de tu sangre y yo no era más que una intrusa; pero te prometo que a partir de ahora voy a confiar ciegamente. Te pondré un ejemplo: si alguna vez me dijeras que me tire de cabeza a un pozo, aunque yo creyera que estaba lleno de alimañas ponzoñosas, me lanzaría sin dudarlo, porque seguro que estaba equivocada y lo que me parecían bichos eran pétalos de rosas que me envolverían en sus delicadas fragancias.

La emoción de Cheik Abdelkrin al oírla, al ver que ella recordaba sus palabras y las creía, fue indescriptible.

Los otros hombres presentes, señores y sirvientes, que discretamente habían desviado las miradas pero que les escuchaban, y todos mejor o peor les entendían, los primeros asintieron entusiasmados y Omar, el hermano, los tíos carnales y sus hijos, el tío Moulay, y el suyo, que había aterrizado con el helicóptero amarillo hacía un instante, se miraron entre sí sonrientes; el tío Idris resumió los pensamientos de todos:

—Eso es auténtico amor.

Finalmente se cumplieron los ardientes deseos de Cheik Abdelkrin, pues aunque insistió para que Suzanne se dejase llevar en uno de los helicópteros, con el fin de que fuese más rápida y cómoda; ella se opuso con firmeza, alegando que prisa ya no tenía tanta puesto que él estaba a su lado y había calmado el hambre y la sed; aunque estaba deseando meterse en su bañera recubierta de nácar llena de agua con espuma aromatizada de rosas, eso podía esperar, y para ella lo más cómodo del mundo eran los brazos de su marido y su amplio tórax. ¡Pero si él la llevaría igual, iría con ella en el helicóptero llevándola entre sus brazos y el aparato pilotado por su hermano, o por su primo! Nada, que no, ¿no decía que la tradición exigía que el esposo llevase a la esposa al que sería su nuevo hogar en común, a caballo y entre sus brazos? Pues para ella la primera vez no contaba porque era ahora cuando se conceptuaba su esposa de verdad.

Y como era también lo que él quería, todos contentos. La subió al caballo blanco, montó él, la rodeó con sus fortísimos brazos, tomó las riendas que le entregaron Mohamed y Saíd, ella adoptó la misma postura de la otra vez y emprendieron el regreso; y se encontró tan a gusto y tan protegida entre los amantes brazos de su marido que el camino se le hizo corto.

CAPÍTULO XXX

Pasar días de henna y de seda
(Proverbio árabe)

—Por favor, no me mientas, necesito saber la verdad: ¿tú tienes un serrallo de esos que decís vosotros?

Después de bañarse, para que no tuviera que molestarse en vestirse adecuadamente para ir al comedor, puesto que enseguida iba a acostarse un rato para descansar, habían comido solos en la alcoba. La mesita rodante con el servicio ya se la había llevado la criada Amina, que estaba que no cabía en sí de alegría, por la recompensa que iba a recibir y porque había ayudado a salvar a su bella señora.

—¡Pero, cariño mío!

—Sin evasivas: ¿sí o no?

—¿Y eres tú la que me has asegurado tenerme una confianza ciega?

—¡Y te la tengo, te juro que te la tengo! Solo necesito que me digas si tienes o no un serrallo, o un harén con mujeres, como digas; si lo tienes, naturalmente como es de antes no me importa, pero tendrás que quitarlo inmediatamente, ahora mismo, ya.

—¿Qué hago, me enfado o me lo tomo a guasa? No, no voy a enfadarme contigo, amor mío, bastante has sufrido; pero sí deseo que te metas en esa cabecita fantasiosa de una vez por todas que mi serrallo es esta habitación, y en él no tiene cabida más que una mujer: tú, mi esposa, la que va a ser madre de mis hijos, mi bella hurí, mi concubina, mi sultana, mi favorita para toda la vida, mi estrella, mi luna, mi sol, mi cielo, mi universo, mi niña, mis ojos..., ¡mi todo!

Y Suzanne ya no dudó más, porque Cheik Abdelkrin, su marido, le demostró lo que le decía, con hechos y con creces, y por su parte tampoco tuvo inconveniente en manifestarle a su vez, con hechos y con creces, que lo de su fobia hacia los moros había pasado a la historia, y que él también lo era todo para ella.

Han transcurrido poco más de diez meses, y al igual que en otras ocasiones memorables para la noble familia, el jefe, Cheik Abdelkrin, impresionante, con una hermosísima túnica blanca con arabescos bordados con hilos de oro, los dedos de las manos con valiosos anillos y al cuello la gruesa cadena de oro con el medallón de esmalte negro representando la efigie del mítico grifo, desde la galería inició el descenso por la espléndida escalinata, diríase que con cautela, tal vez por temor a cualquier accidente que pudiera poner en peligro el delicado contenido del envoltorio de batista y encajes blancos y lazos azul celeste, que lleva amorosamente entre los brazos, un tanto desmañadamente, hay que reconocerlo, pero con sumo cuidado. Le sigue en segundo término otro marroquí, más o menos de su misma edad, con gafas y vestido a la europea: terno oscuro, camisa blanca y corbata estampada en granate y gris, y más rezagada, lala Salma.

La grandiosa sala circular se halla atestada de gente conocida, aparte de la familia en pleno, incluidos los ancianos y entre estos el tío abuelo, y sidi Yilali todavía más delgado y encorvado, están los ocho hombres de la escolta, y todos los sirvientes, ya que en la regia morada todo ha quedado paralizado.

Al ver aparecer a Cheik Abdelkrin por la escalinata los hombres prorrumpieron en aplausos y las mujeres lanzaron sus acostumbrados gritos de júbilo.

Sentado entre los señores se halla *monsieur* Marcel Desbois, y en el grupo de chicas solteras hay una preciosa jovencita rubia, que, sin pertenecer a la categoría de las señoras, ha sido admitida graciosamente entre ellas. Es Connie, que ha llegado hace algo más de una hora en un avión procedente de Francia al aeropuerto de Dar el-Beida (Casablanca), llamada por su antigua señorita con una carta que le mandó ofreciéndole una estupenda paga para que retomase su puesto de doncella, a compartir con una morita que también cumplía a la perfección y a quien le debía estar con vida, le decía en la misiva, y que cuando se vieran ya le contaría esto, y también con detalles la fabulosa fiesta que dio su esposo para su presentación donde lució un caftán y unas joyas de ensueño, aunque era posible que algo hubiese leído, ya que salieron reportajes con su fotografía en todas las revistas de actualidad de casi todo el mundo y, efectivamente, sí que lo había leído y visto las fotografías. Y sucedió que, cuando Connie llegó al castillo en un coche de la casa Abdelkrin que había ido a recogerla al aeropuerto, los hombres armados de las garitas les permitieron entrar abriendo la portadela, después la condujeron unos respetuosísimos criados hasta esta maravillosa sala circular con una escalinata de ensueño y se encontró con tanta gente que le dijeron que estaban reunidos esperando el gran acontecimiento, el nacimiento del nuevo primogénito, o sea, que su señorita estaba de parto, casi se desmayó, se puso a llorar y así continuaba por mucho que intentaban animarla aquellas guapas y simpáticas chicas marroquíes.

Pues bien, la preciosa, rubísima, enrojecida y llorona Connie tenía completamente arrobado nada menos que a Mohamed, uno de los jefes de escolta de Cheik Abdelkrin; tan embebido se halla, tan inmerso en su muda y admirativa contemplación que, cuando su compañero Saíd le hizo un comentario respecto al aspecto tenso que ofrecía el rostro del amo, él, sin apartar la mirada que mantenía como pegada en la bonita cara de Connie, sin parpadear, replicó como en éxtasis:

—¡Es un capullito de rosa, un capullito de rosa!

—¿Qué dices, so chalado, que el amo es un capullito de rosa? —se burló el otro, cruel, pues sabía muy bien a quién se refería el compañero.

—¡Claro que no me refiero al emir, sino a la francesita que ha llegado hace un rato con carita de pasmada, ella es un capullito de rosa!

—Nada sacarás por ahí —aseguró rotundo Saíd.

—¿Por qué, porque ella es cristiana y yo musulmán? Hay muchos matrimonios así, acuérdate de los padres de nuestro emir, ella era cristiana y él musulmán, ¿y qué? Muy bien que les fue en la vida. Lo de la religión es lo de menos, además, si ella me pone el inconveniente me hago cristiano y todo arreglado, yo no tengo manías, a mí me da lo mismo un Dios que otro.

—¡Sí que te ha entrado fuerte, si ni siquiera la habías visto antes, acabas de verla por primera vez!

—Así es la vida. Estas cosas del amor ocurren en un instante, te enamoras y ya no tienes remedio; no se puede luchar contra el amor —se hizo pesimista Mohamed, pues lo cierto era que él tampoco veía el asunto muy claro.

—Lo peor que yo veo en una mujer fina —filosofó Saíd—, y esa lo es aunque no sea de alcurnia, es que son muy lloronas, por un sí o por un no, ya están con la llantera, ¡figúrate que hasta lloran cuando se les rompe una uña!

—¿Y tú cómo sabes cosas de mujeres finas si nunca has tratado a ninguna?

—Porque me lo han contado.

—¡Conque te lo han contado! ¿Pues sabes lo que te digo? ¡Que me chiflan las mujeres lloronas, y ese capullito de rosa con los ojitos color del cielo y rojos como tomates de tanto llorar me tiene sorbido el seso, me matrimoniaría con ella ahora mismo!

Más nos vale dejar a estos dos con sus dialécticas:

Cheik Abdelkrin, con su liviana y dulce carga, llegó junto al jardincillo y, afincado sobre las largas piernas entreabiertas, en el silencio que se produjo, habló así:

—Es innecesario que diga nada, puesto que habéis recibido la noticia por el altavoz enseguida de producirse el alumbramiento; empero, no voy a privarme de pronunciar unas palabras que para mí entrañan un gran orgullo, una intensa emoción y una inconmensurable felicidad. Queridos familiares, soy portador del don más preciado con que Dios, con su infinita generosidad, suele premiarnos a los mortales: helo aquí, mi hijo, mi primogénito... Estimados sirvientes, este es sidi Cheik Ben Abdelkrin, para que siguiendo nuestra milenaria tradición, le sirváis con lealtad y respeto.

—¡Larga vida a nuestro nuevo emir sidi Cheik Ben Abdelkrin! —clamaron muchas voces, masculinas y femeninas, entre las primeras las de sidi Harrak y sidi Alí, y entre las segundas la de lala Sohora.

A continuación, también emocionados, hablaron los tíos carnales en el siguiente orden: sidi Idris, sidi Mojtar y sidi Hassan, después el tío carnal de la criatura: Omar Abdelkrin y, por último, sidi Moulay.

—Gran día hubiera sido hoy para nuestros hermanos, Cheik y Helén.

—Alá les llevó a su seno antes de conocer esta dicha, ¡triste destino!

—Él sabe siempre lo que hace y por qué lo hace, acatemos su voluntad sin rebeldía.

—Ellos no están físicamente con nosotros, pero sí en espíritu, dentro de nuestros corazones.

—Cada criatura al nacer trae escrito su destino en la frente.

Aunque todos querían ser los primeros en ver al neófito, este privilegio, que le pertenecía por derecho, le fue concedido por unanimidad, y hasta alentándole con aplausos, al abuelo de la criatura, *monsieur* Marcel Desbois.

—¡Aquí tiene a su nieto, el niño más hermoso que ha parido mujer!

—Sí que es muy hermoso mi nieto, sí... ¿Y ella, cómo está mi pequeña?

—Perfectamente. Todo ha discurrido por los cauces normales, sin el menor contratiempo gracias a Dios, tal y como nos había asegurado con antelación el excelente médico comadrón español que ha vigilado todo el embarazo y que la ha asistido en el parto; al principio sufrió, mas luego le inyectaron la epidural y todo fue mejor; ahora se encuentra relajada, y como yo, muy feliz. Las enfermeras se han quedado arreglándola, después la llevarán a la alcoba, y en cuanto que nos avisen subiremos usted y yo; seguramente cuando le digamos que ha llegado Connie, querrá verla enseguida. Estimado suegro y amigo, por si en estos días que ha convivido con nosotros esperando el fausto acontecimiento no se ha dado cuenta; aunque yo creo que sí, le diré que amo a su hija, mi mujer, más que a nada y más que a nadie del mundo, que haberla encontrado en mi camino, haberme casado con ella y, sobre todo, haber conseguido su amor, me parecen dones inmerecidos del cielo. Y hasta me ha resultado muy inteligente —continuó, como en broma, si bien enseguida retomó el tono serio—, en escaso tiempo le he enseñado, sin dificultad por mi parte, bastante de mi idioma, un poco de español y otro tanto de inglés; y ya tiene preparado su pequeño discurso en árabe para el día de la inauguración del centro pediátrico benéfico que lleva su nombre, ya sabe, que abrirá sus puertas dentro de un mes, cuando ella esté restablecida; así mismo, además de en francés dirá unas palabras en inglés, y en español; con miras a los reporteros que vendrán para el acontecimiento desde muchos países. En cuanto a generosidad, figúrese, ya tiene en mente abrir otro centro para ayudar a las chicas a valerse por sí mismas aprendiendo otras cosas que fregar y limpiar; y, por supuesto, yo la apoyo. Habrá observado también cuánto la quieren todos mis familiares, y cuánto la admiran mis primas que hasta tratan de imitarla, y los padres encantados. Y en cuanto a la servidumbre, todos la adoran. Mi abuelo materno me decía, medio en serio medio en broma, que para elegir esposa y no llevarse luego alguna desagradable sorpresa, había que buscarla con un candil.Yo no hubiese podido elegir mejor ni aun buscándola con ese utensilio. Con su hija me he llevado algunas sorpresas; pero todas maravillosas. Es la compañera ideal, y como esposa del jefe de la familia Abdelkrin de los Grifos de Marrakech, ¿qué voy a decirle que usted no sepa, si todas las revistas de actualidad del mundo entero se hacen eco ensalzándola? Es perfecta, por su belleza, por su saber estar, su saber decir, su distinción, su gracia, su exquisitez, su inteligencia, su bondad..., por todo. Es mi amor y mi orgullo. Somos muy felices, y con este hermoso hijo que me ha dado mi felicidad es inconmensurable, y me consta que la de ella también, porque si ella no fuese feliz conmigo, yo sería el más desdichado de los hombres, ya que su dicha es la mía.

A continuación, igualmente por derecho, se acercaron a ver al neófito Omar, sidi Idris, sidi Hassan, sidi Mojtar y sidi Moulay y, bajo la sonriente mirada del orgulloso padre y la un tanto inquieta por parte del abuelo, medio desnudaron a la criatura, luego, y mientras entre lala Sfía y lala Salma lo arreglaban otra vez, cada uno dio su veredicto, por el mismo orden que les hemos citado, incluido sidi Moulay, pues este, si no le daban voz y voto en todos los acontecimientos de la familia, se enfadaba.

—No caben dudas, es un auténtico Grifo de los pies a la cabeza, ¡menudo lo bien armado que viene!

—¡Nuestra estirpe se renueva!

—¡Este pondrá muy alto el pabellón de nuestro noble linaje!

—¡Con el tiempo será igual que su padre, mi hermano, un castizo!

—¡Un jabato de primera, sí, señores!

Los ancianos y las ancianas también se extasiaron ante el bebé:

—¡Ya tenemos nueva semilla!

—¡Un nuevo Grifo!

—¡Un machito de oro!

—¡Ay, qué pena haber dejado tan atrás la juventud y no servir ya para procrear, cuánto envidio a la feliz madre!

—Pero a cada una le llega su momento y hay que conformarse.

—¡Ángel mío, qué hermoso eres!

—¡Qué ricura de niño!

—¡Ay, si yo te hubiera parido!

—Debéis tener mucho cuidado con él, adviértele a tu esposa y a la niñera que le tapen la carita cuando lo saquen a la calle, pues existen personas que, sin saberlo ni ellas mismas, llevan el mal dentro, y cuando ven a una criatura tan hermosa como esta la maldad se les sale por los ojos, y si no hallan barreras pueden hacer mucho daño a un ser tan indefenso.

—Haz caso a la voz de la experiencia, hijo, el mal de ojo existe.

—Yo he pensado en ello, y aunque sé que tú no crees en estas cosas, te he traído un amuleto que me hizo un ermitaño santón y que lo han usado mis cinco hijos varones, los que parí, y los que tengo casados y con hijos, ya que me viven todos, pues ninguno se me desgració en sus primeros años de vida gracias a este mágico objeto; también lo han llevado mis nietos y mis bisnietos. Ahora todos son grandes y por el momento no lo necesito, dile a tu esposa que se lo ponga a tu niño en las ropitas interiores sujeto con un imperdible.

Cheik Abdelkrin, escuchando atento y sonriente, sumamente agradecido cogió el amuleto, pues para él lo que contaba no era el valor mágico del objeto (como había dicho la anciana y en lo cual no creía en absoluto), sino la intención con que ella lo había llevado desde su lejana casa, cuidadosamente envuelto en papel de seda con el exclusivo fin de entregárselo a él, para su niño, para que no le pasara nada malo.

De pronto se oyó un ensordecedor estrépito procedente del exterior, pero del mismo castillo: eran nutridas salvas de artillería a las que seguirán potentes cañonazos disparados por dos antiquísimos cañones instalados en las almenas desde tiempos remotos. Es la tradición, pues la noble familia goza de ciertos privilegios desde tiempos inmemoriales, hasta durante un largo periodo en que esta parte de Marruecos fue protectorado francés y la otra español, cuando nace un hijo varón del primogénito disparan salvas de artillería y diez cañonazos, y si es hembra igualmente salvas y en este caso seis cañonazos.

Casi enseguida se oyó el primero, tan tremendo zambombazo que, a pesar de que todos lo sabían, y los estaban esperando (menos Connie, que se llevó el gran sobresalto de su vida, para amoroso regocijo de Mohamed, que continuaba sin quitarle ojo), muchas mujeres soltaron grititos, mientras que los hombres se burlan en broma de la pusilanimidad femenina, pero al mismo tiempo encantados por ello, tal es el caso del joven médico pediatra sidi Ibraim Ben Jaldün, cuyos negros e inteligentes ojos brillan tras los cristales de las gafas al fijar la mirada con placentero detenimiento en una de las jóvenes criadas bajo el mando de la abuela Sohora; una encantadora chiquilla de apenas dieciséis años de piel blanca y fina, nariz pequeña, deliciosa boquita de labios gordezuelos, ojazos negrísimos y cabellos del mismo tono, ondulados, que se le veían por abajo del pañuelo que como todas llevaba en la cabeza... ¡Ah, caramba, esto tenía que verlo él más de cerca!

En cuanto a ella, que de inmediato se percató, para su inmenso placer, del interés despertado por su persona en el joven doctor, sintiendo que el corazón le late con peligrosa celeridad, atrevida, con disimulo que no pasó desapercibido a la perspicaz mirada del recientemente licenciado en medicina infantil, se retiró del grupo de criadas, rodeó el jardincillo y se detuvo al otro lado, donde no había gente.

Ibraim Ben Jaldün, acentuando la sonrisa, se preguntó con incredulidad si aquel bombón hecho mujer le estaba invitando a un acercamiento lejos de sus compañeras y de la fiscalizadora mirada de la gobernanta.

—¿Te asustan los cañonazos, linda?

Oh, Alá todopoderoso, oh, Alá magnánimo, oh, Alá bendito, oh, Alá, oh, Alá…, oh, Alá..., ¡lo sabía, sabía que él se le iba a acercar!

—Me impresionan mucho —atinó a decir la jovencita casi desmayada.

—¿Cómo te llamas, preciosa...?

—Latifa, sidi Ibraim.

—¿Sabes quién soy?

—¿Quién no en el castillo? Tu abuela anda diciéndoselo a todo el mundo.

—Ya, mi abuela... Bueno, Latifa, si mi proximidad te evita los sobresaltos me quedaré muy gustoso a tu lado.

—Tu abuela no lo vería con buenos ojos —dijo la morita, toda temblorosa.

—Olvídate de esa vieja gruñona; desde que he bajado a la sala yo solo veo los tuyos, esos ojazos gachones que me están trastornando el juicio... ¿No podemos perdernos los dos un rato?

—¡Qué descaro el tuyo, sidi Ibraim!

—¡Y dale con sidi Ibraim! ¿Qué se te ha metido en la cabeza, niña?

—A mí no se me ha metido nada en la cabeza, nadie con más merecimientos que tú, un *alfaquí*, para llevar con orgullo el tratamiento de señor.

—De acuerdo en cuanto a otras personas, pero para ti eso no reza.

—Yo soy una simple criada.

—¡Vaya con lo que me sales! Mis padres también son criados de esta santa casa, y mi abuela, según me han contado, sirve aquí desde que tenía doce años, y si retrocedo más en el tiempo, no sé de ningún antepasado mío que no haya servido también en la casa Abdelkrin, de aquí, de Marrakech o de donde sea. Yo mismo estaba destinado a ser un criado más, y si no lo soy, eso lo sabes tú como lo saben todos, ha sido gracias a nuestro querido y respetado sidi Cheik Abdelkrin, que es el hombre más noble, bueno y generoso que existe sobre la faz de la Tierra; por tanto, niña, conmigo no te las des de humilde, desecha el protocolario, señor, que en tus preciosos labios hasta me parece un chungueo, y llámame por mi nombre a secas, hasta que te decidas a decirme *habibi*...

—Tú corres mucho —trinó la chiquilla.

—Corriendo se llega antes a la meta... Para que no se percate la cascarrabias de mi abuela, yo saldré antes y te esperaré junto al surtidor de la ninfa.

Los cañonazos atronaban el espacio en muchos kilómetros a la redonda y, como también estarán disparando desde otros lugares, contando naturalmente Marrakech, cuna de la dinastía de los Grifos, se estarán oyendo en muchas ciudades, por ejemplo: Rabat, Salé, Dar-El Beida, Kenitra, Agadir, Tetuán, Tánger, Larache, Assilah, Xauen, Nador, El Rif, Ksar-el-Kébir y, por supuesto, en los aduares. Y en todos los sitios estarán contando los disparos, y como ya pasan de los seis la noticia estará corriendo de boca en boca: lala Suzanne, la bellísima esposa de sidi Cheik Abdelkrin, el insigne noble de los Grifos de Marrakech, ha parido un varón; y ante tan magno acontecimiento la semana próxima empezarán las fiestas de regocijo que durarán una semana. Siete días y siete noches, donde todos lo pasarán muy bien, con muchas diversiones y muchas cosas buenas para comer, especialmente dulces, y todo gratuito; pero sin duda el festejo más importante será la *Fantasía árabe.* Avezados caballistas ataviados con bellas capas blancas y provistos de espingardas se reunirán frente al castillo con las monturas, que a su vez estarán ricamente enjaezadas y engalanadas con guilindujes de colores, se pondrán uno al lado del otro, a una señal partirán todos a galope tendido y aproximadamente a unos cien metros del lugar de arrancada obligarán a las fogosas monturas a detenerse en seco, los animales relincharán al sentir el dolor que les producirá el bocado a causa del fuerte tirón de las riendas, levantando una gran polvareda con los cascos, al mismo tiempo que los diestros caballistas, sincronizando los movimientos, levantarán la espingarda balanceándola graciosamente en el aire, terminando con ella vertical apuntando al cielo y disparando, haciendo que el ambiente ya lleno de polvo también se llene de humo con olor a pólvora. Pero lo más interesante sucederá el último día, porque como también es tradicional, en la *Fantasía árabe* participarán exclusivamente miembros de la noble familia de los Grifos de Marrakech: sidi Cheik Abdelkrin, el feliz padre del neófito, con una hermosísima capa blanca, que cada vez que interviene en la *Fantasía árabe* saca una diferente, mas siempre bordada con hilos de oro y con maravillosos broches, y el hermano, el joven Omar, que, así mismo, se cubrirá con una bellísima capa blanca también bordada con hilos de oro e igualmente con una fabulosa gema como broche, y sidi Idris, sidi Mojtar y sidi Hassan, todos con estupendas capas blancas bordadas con hilos de oro y con broches espectaculares. Al reclamo de la fiesta acudirán rapsodas y bululús que recitarán, cantarán y relatarán emocionantes y románticas historias, con letras de otros cuentos y poemas, o argumentos de otras retocadas, o enteramente inventadas; pero que de una forma u otra tendrán semejanza con la bella historia de amor que están viviendo el arrogante noble árabe y su hermosa esposa francesa. También entonarán loas y endechas recordando a los padres de él, a aquel gran señor muerto trágicamente en plena madurez de su vida junto a su amada esposa, otra francesa, así mismo una gran dama que llegó a comprender tan bien a los marroquíes como si ella misma hubiera sido marroquí, de manera que a más de una, y a más de uno, se les saltarán las lágrimas.

Al pie de la escalinata, a un lado, en actitud de respetuosa espera, hay ahora una mujer de nacionalidad inglesa, sobriamente vestida y peinada y con un amplísimo delantal blanco. Es la *nurse* que espera por si sidi Cheik Abdelkrin quiere entregarle al bebé para que ella lo suba; aunque él ha dejado dicho que lo descenderá en sus brazos y que se lo regresará a su madre de igual manera.

—Vamos, *monsieur* Desbois, ella ya nos está esperando en la alcoba.

Mientras, Mohamed, que se ha ido solo a un lado del jardincillo para no continuar oyendo las críticas del amigo, no cesa de echarle a Connie miradas incendiarias a la par que de una humildad conmovedora, y con la cabeza por dentro como un puchero hirviendo de ideas, imaginando mil y una apasionadas declaraciones de amor para ablandar y conquistar el corazón de la preciosa francesita, sintiéndose por momentos tan desmoralizado que ya se ve convertido en un eremita, o en un *derviche* apartado para siempre de los placeres terrenales sin más consuelo para sus penas de amor que el retiro y la oración.

Afuera, en el maravilloso jardín, las cosas van mucho mejor, cerca del surtidor de la ninfa, en un recoleto lugar rodeados de olorosos arbustos de albahaca de limón, arrayanes y mejorana, Ibraim Ben Jaldün y la jovencísima Latifa prosiguen con notable éxito el romance iniciado en la sala circular.

Templado atardecer, apenas corre una ligera brisa que mueve levemente las frondas de las copas de los árboles produciendo tenues roces y chasquidos; como fondo, el sonido del agua del surtidor cayendo incesante como cascada sobre la ninfa de alabastro y el piar de innumerables pájaros buscando en las altas hojarascas cobijo para pasar la noche.

Misteriosa armonía.

Por donde no hay árboles, o por donde no están muy tupidos, por entre ramas y hojas, se vislumbran trozos de un cielo de increíble tonalidad: fuerte arrebol, como si las nubes estuvieran encendidas.

Claroscuros en un jardín moro.

Hora mágica.

Sortilegio.

Sobrecogedora belleza por doquier.

Penumbra véspero.

Embrujo en el ambiente.

Poesía...

Amor...

Perfecta combinación, exaltado romanticismo y arrebatada sensualidad a flor de piel.

Los altos alminares de las dos mezquitas cercanas clavan en el arrebolado cielo sus estilizadas y blancas estructuras embelleciendo aún más el éter, ofreciendo una impresión visual tan hermosa, que no parece real, sino una ilusión onírica.

Como si hubieran estado aguardando el enmudecimiento de los cañones, las voces de los dos almuédanos exhortando a los fieles musulmanes para la oración de la tarde irrumpen nítidas en el esplendoroso jardín cubriendo por unos minutos los otros sonidos más tenues, no obstante, sin llegar a romper la impresionante paz, y aunque Ibraim Ben Jaldün les está oyendo, y es un fiel musulmán, es muy probable que por esta vez postergue cumplir con sus preceptos religiosos, ya que se halla inmerso en una situación que de ninguna manera puede interrumpir dejándola a medias, pues el hierro hay que golpearlo con el yunque cuando está caliente; pero esto no tiene mucha importancia, luego cumplirá con Alá como los buenos y todos contentos, ya que sabida es su proverbial comprensión para con sus criaturas, sobre todo si median asuntos del corazón. Por lo demás, todo aquel al que ninguna obligación perentoria o enfermedad se lo impida, estará humillando el cuerpo y la cabeza hasta tocar el suelo con la frente, sin olvidar la dirección correcta hacia la Meca, para que sus plegarias no se pierdan por los espacios infinitos y sean recibidas por el Supremo, el gran Providente, el mejor juez: Alá, el Dios único cuyo profeta es Mahoma... Alquibla.

FIN

ÍNDICE

Capítulo I 3
Capítulo II 11
Capítulo III 25
Capítulo IV 39
Capítulo V 53
Capítulo VI 69
Capítulo VII 79
Capítulo VIII 93
Capítulo IX 103
Capítulo X 115
Capítulo XI 127
Capítulo XII 139
Capítulo XIII 151
Capítulo XIV 161
Capítulo XV 179
Capítulo XVI 189
Capítulo XVII 203
Capítulo XVIII 217
Capítulo XIX 231
Capítulo XX 245
Capítulo XXI 257
Capítulo XXII 273

Capítulo XXIII 291
Capítulo XXIV 305
Capítulo XXV 321
Capítulo XXVI 331
Capítulo XXVII 339
Capítulo XXVIII 351
Capítulo XXIX 363
Capítulo XXX 377